Re:

민병운
이형기
문지현

리:티핑 포인트
위기 극복의 11가지 반전 포인트와 45가지 실전 전략

Tipping Point

11 Reverse Points and
45 Practical Strategies
to Overcome the Crisis

학지사

추천의 말

　한국에서 기업의 구성원으로 일하고 있으며, 올해 각자가 조직에서 부여받은 KPI를 달성하고자 하는 경영자 포함 주요 리더들은 2020년 1월에 발병한 코로나19 시대에서의 약 2년간의 팬데믹으로 인한 일상에서의 변화와 곧 직면하게 될 코로나19 종식 이후의 시장 환경과 소비자 행태 변화를 미리 예측해야 한다는 부담감을 갖고 있을 것이다. 이와 관련하여 각자가 소속해 있는 집단에서 올해 준비하고 있는 여러 선제적 조치들이 팬데믹 이후에 나타나게 될 주요 시장과 소비자의 행동에 비례하여 작동해 주기를 그들은 바라고 소망할 것이다. 이에 관련한 간절한 질문의 답들을 품고 있는 기업 내 리더들에게 이 책을 추천하고 싶다. 왜냐하면 이 책에는 최근 2년간 우리의 생활에 밀접하게 다가온 콘텐츠와 컬처, 그리고 이것을 영리하게 이용하여 소비자의 선택을 받은 기업들의 사례를 선별하고 분석하여 매년 초에 습관처럼 접하는 트렌드 리포트를 뛰어넘는 이미 변화된 소비자의 행동에 주목하고 있기 때문이다.

_JTBC PLUS 럭셔리부문 스튜디오닷 본부장 곽도훈

사막의 오아시스 같은 책이 나타났다. 우리는 이 책이 제시하는 방향대로 따라가기만 하면 된다. 코로나 팬데믹 위기로 지친 많은 사람에게는 괜찮아질 거라는 말뿐인 위로보다 더욱 섬세하고 날카로운 해결책이 필요하다. 이 책은 우리가 지금 겪고 있는 문제들의 보다 실용적이고 명쾌한 해법을 제공한다. 영리하고 세련된 방법들은 우리가 지금까지 앓고 있던 고민들을 한 방에 해결해 줄 것이다.

_도레도레 대표, 로컬자문위원 김경하

꿈쩍도 하지 않는 시장을 폭발적으로 반응하게 만드는 것은 모든 CEO의 관심이다. 하지만 경영은 과학이 아닌 생물이고, 그래서 항상 어렵다. 특히, 위기 상황에서는 더더욱 예측과 대응이 힘들어진다. 이 책의 다양한 사례를 편안히 따라가다 보니 어느새 역발상의 리:티핑 포인트로 무장된 자신을 보게 되었다. 『리:티핑 포인트』는 위기의 시대를 살아가는 경영자에게 특별한 관점과 인사이트를 줄 것이다.

_한국마케팅협회 이사장 김길환

소비, 욕구, 문화의 거대 물결 변화에 맞춰 새로운 시각으로 변주할 수 있도록 끌어내 주고, 순간을 즉결하고, 위기에 발 빠르게 대처하는 것이 지금 이 시대에 긴실하다는 것을 문자로 친절하게 표현해 준 책. 생각이 멈춰 있고 고민에 방황하고 있다면 꼭 보면 좋겠다!

_뷰티 크리에이터, 에크멀 대표 김보배(라뮤끄)

기업과 브랜드가 왜 성공했는지에 대한 전략은 많지만, 왜 실패했는지 분석하고 또 반등할 수 있는 전략을 제시한 경우는 드물다. 그래서 기업가들은 위기 극복 전략에 대한 갈증이 항상 있다. 이 책은 코로나19로 많은 기업과 브랜드가 어려움을 겪고 다시 일어날 수 있었던 전략을 분석하고 있어 반가웠다. 특히, 많은 경영전략서와 마케팅전략서가 다소 추상적인 위기 극복 전략을 제시했다면, 이 책은 구체적인 11가지 전략과 45가지 솔루션 조합을 제시하고 있다는 것이 흥미롭다. 그런 점에서 이 책을 적극 추천한다.

_스위트스팟 대표 김정수

팬데믹과 같은 위기에는 과거와 다른 새로운 시각으로 전략을 제시해야 한다. 『리:티핑 포인트』는 위기 극복의 포인트를 효과적이고, 미래에 알맞게 새로운 프레임을 제시하는 책으로 필독을 권한다.

_SSG닷컴 마케팅담당 광고운영팀장 김준태

디지털 기술의 도입 이후 우리가 알고 있던 지식과 성공 방정식은 빠르게 파괴되고 있다. 자고 일어나면 디지털 유행어들이 홍수처럼 쌓이고 있기 때문에 수많은 유행을 좇는 것만 해도 대단한 수고이고, 디지털 시대의 올바른 대처법인 것 같은 착각이 들 정도다. 그러나 디지털 시대에 능동적으로 대처하고자 하는 경영자는 현상 뒤에 숨어 있는 본질을 봐야 할 것이다. 『티핑 포인트』가 디지털 시대의 새롭게 뜨고 지는 브랜드들 틈에서 통찰력 포문을 열어 주었다면, 『리:티핑 포인트』는 코로나19와 저성장 고물가 시대에 맞쳐 티핑 포인트를 기업들이 어떻게 활용해야 하는지 인사이트 있게 풀어낸 전략서이자 실용서이다. 이 책은 디지털 시대의 시장 전략을 새롭게 해석해 줄 것으로 기대한다.

_전 웰컴저축은행 부사장 김형태

코로나19 이후 고객과 가장 많은 대화를 나눈 토픽 중 하나는 새로 일하는 방법(New Ways of Working)에 대한 것이었다. 나 역시 처음에는 버추얼로 고객들과 워크숍을 하고, 쌍방향 토론을 한다는 것에 대해 의심했고 '저항'했다. 하지만 곧 생각을 바꾸고 버추얼로 소통하고 일하는 것의 장점을 발견하자 오히려 새로운 기회가 생겼다. 과거 생각하지 못했던 상황에서 살아가고 일하는 우리에게 더욱 발상을 바꾸는 것이 필요하다는 점에 모두 동의할 것이다. 하지만 어떻게 바꿔야 할지 모른다면 『리:티핑 포인트』가 도움을 줄 수 있다. 이 책이 주는 가치는 45개의 3C 조합(이보다 더 많은 조합도 가능하다) 속에서 자신의 길을 만드는 데 구체적 도움을 받을 수 있으며, 대표적 조합의 최근 사례(특히, 국내 사례가 많아 좋다)를 풍부하게 다루고 있다는 점이다. 이 책을 읽고 '폴리 스페셜리스트 × 데이터이즘 × 본질주의'라는 각도에서 나의 리:티핑 포인트를 생각해 보게 되었다.

_코치, 더랩에이치 대표, 전 에델만코리아 대표,
「직장인에서 직업인으로」 저자 김호

비즈니스 현장은 선택의 연속이다. 특히, 위기 상황에서의 선택은 더 조심스러울 수밖에 없다. 그래서 의사결정을 할 때 올바른 길로 이끌어 줄 지침서가 필요하다. 그런 의미에서 이 책은 시시각각 변하고 위기인 상황에서 비즈니스를 해야 하는 경영자와 마케터에게 지침서로서 충분하다. 이 책에서 다루고 있는 위기 극복의 구체적인 옵션들과 45가지 전략을 꼭 습득하기를 바란다.

_비에이치앤컴퍼니 대표 겸 파나메리카나 대학교 교수,

『너는 흥정해라 나는 협상한다』 저자 배헌

2022년 슈퍼볼 광고 중 가장 주목받은 것은 단연코 코인베이스의 QR코드 광고이다. 순간을 캡처하여 가장 단순하면서도 정직하고 데이터에 기반한 그 광고는 이 시대의 소비자와 비지니스 트렌드의 축소판이라고 할 수 있다. 도대체 60초 내내 QR코드 하나를 보여 주는 광고가 어떻게 시대를 대표할 수 있을지 어리둥절했다면 당신은 바로 찾아 왔다. 말콤 글래드웰의 『티핑 포인트』─사람, 메시지, 상황을 한 단계 발전시켜 커뮤니케이터, 콘텐츠, 컬처 코드라는 세 가지 포인트를 발굴하고, 사례와 함께 상세한 설명으로 그것을 표현한 이 책이 당신의 궁금증을 해소시키고, 더 나아가 폭넓은 식견을 제공할 것이다. 이 책의 유익은 비즈니스 세계에서 끝나지 않는다. 발생하고 있는 현상의 핵심 인사이트를 접하면 시장이 더 명료하게 보일 뿐만 아니라 동시대를 사는 나와 주위 사람들이 더 이해될 수 있기 때문이다. 스스로와 상대에 대한 더 나은 이해는 더 나은 경영전략뿐만 아니라 삶 전반으로 이어진다. 이 책은 우리 각자의 삶에서 어떤 컬처 코드 위에서 어떤 콘텐츠로 어떤 커뮤니케이터와 소통하고 있는지를 생각하게 한다.

_Moloco ML 시니어 PM 백산

'어떻게 소비자와 소통할까, 어떤 콘텐츠로 메시지를 던질까, 그리고 어떻게 문화 코드와 잘 접목할 수 있을까.' 이 책은 코로나19로 초유의 팬데믹 속에서 살아남은 것은 물론, 오히려 가치가 뛰어오른 브랜드의 행보를 이렇게 요약한다. 새로운 변화를 위기가 아닌 기회로 만든 브랜드는 무엇이 다른지 늘 궁금했다. 이 책을 통해 그 답을 명쾌하게 정리해 볼 수 있었고, 다양한 사례를 통해 내 일에 바로 적용해 볼 수 있는 포인트도 찾을 수 있었다. 위기를 반전하고 싶은 모든 분께 이 책을 강력하게 추천한다.

_블로거, 『생각의 쓰임』 저자 생각노트

코로나19 상황을 겪으며 MZ세대 아트테크 열풍으로 시작된 현재 미술시장의 확장을 '티핑 포인트' 개념으로 설명할 수 있었다. 『리:티핑 포인트』 알고리즘은 이에 그치지 않고 앞으로 있을 위기 상황의 극복과 안정적인 미술시장을 향한 선순환 시스템을 고민하는 미술계 모두에게 권하고 싶은 책이다.

_케이옥션 이사 서민희

4차 산업혁명과 더불어 디지털 데이터 중심의 모바일 웹 환경, 재창조된 사람들의 연결과 새로운 콘텐츠 메시지가 왜 필요한지, 어떤 방식으로 활용해야 할지에 대한 내용을 풍부하고 쉽게 설명하고 있다. 특히, 기업들의 최신 사례를 통해 위기를 넘어서는 솔루션 팁을 정교하게 제시하고 있어 현장에서 반전, 반등이 필요한 순간 이 책은 필수 지침서가 될 것이다.

_퓨처리더십연구소 대표 이익돈

추천의 말

'위기의 기업을 어떻게 살릴 것인가'에 대한 질문은 컨설턴트인 나에게는 날마다 치열하게 해결해야 하는 과제이다. 『리:티핑 포인트』는 그러한 고민을 해결할 수 있는 방안을 다양한 각도에서 풍부한 사례를 통해 제시하고 있다. 저자들은 경제 상황을 논리적으로 분석하고, 기업을 정확하게 진단하는 통찰력을 지녔다. 독자들은 다양한 사례와 역발상을 통해 티핑 포인트를 확대, 재해석하는 재미를 느낄 수 있을 것이다. 마치 AI가 진화하듯이, 티핑 포인트도 이 책을 통해 더 강력한 이론으로 계속 진화하고 있다.

_한국생산성본부 스마트제조컨설팅센터 선임전문위원 이창윤

지능화 사회로 급변하고 있는 변곡점에 우리가 서 있다는 것은 모두가 공감한다. 하지만 미래를 예측하고 대비하는 전략을 수립하고 실행에 옮긴다는 것은 결코 쉬운 일이 아니다. 특히, 이런 변곡점에서 적절한 타이밍을 잡는다는 것은 기업의 번영과 쇠망에 직접 관련된 핵심 생존 키워드다. 따라서 모든 기업 경영자와 마케터 및 연구개발부서의 초미의 관심사는 어떻게 통찰력 있게 트렌드 수준을 파악하고 타이밍을 정할 것인가 하는 문제로 볼 수 있다. 그간 이 분야에서 큰 관심을 받았던 말콤 글래드웰의 『티핑 포인트』 버전이 한국 실정과 글로벌 비즈니스 환경에 맞춰 업그레이드되어 나왔다니 많은 기업 경영자와 실무진에게는 도움이 될 것이고, 한국 기업의 글로벌 경쟁력 강화에 큰 기여를 할 것으로 예상된다. 또한 학계에도 큰 반향을 불러일으킬 것으로 보여 기대가 크다.

_대한무역투자진흥공사(KOTRA) 부단장, 언론학 박사,

『쉽게 브랜드 가치 30% 올리기』 저자 이창현

이 책은 20년 전의 베스트셀러로 관심을 모았던 『티핑 포인트』를 요즘의 방식으로 재해석한 책이다. 특히, 현재 우리가 당면한 팬데믹 상황을 어떤 방식으로 헤쳐 나아가고 또 어떻게 위기를 기회로 삼아 리딩 기업으로 갈 수 있는지 풍부한 최신 사례를 통해 알려준다는 점에서 현업에 종사하는 마케팅 실무자들에게 유용한 내용이 많다. 쉽고 구체적인 설명으로 어렵지 않게 이해할 수 있는 경영서로서 이 책을 추천한다.

_대상(주) 종가집 마케팅담당 차장 임병익

우리는 흔히 유명한 저자와 베스트셀러라고 하면 의심하지 않고 그대로 받아들이고는 한다. 하지만 그들이 항상 맞는 것은 아니고, 비즈니스 상황에 따라 달리 해석해서 적용해야 할 때도 많다. 그런 점에서 이 책은 기존 베스트셀러를 그대로 받아들이지 않는 발칙한 발상이 돋보인다. 발상의 전환만 돋보이는 것이 아니라 충분한 근거와 사례를 제시한다는 점에서 매우 유용하다. 발상의 전환을 통해 새로운 기회와 인사이트를 원하는 사람들에게 이 책을 적극 추천한다.

_3M Korea Business Transformation Lead 임진아

코로나19 팬데믹 위기를 겪고 있는 오프라인 기반의 비즈니스를 논하기에 F&B는 두 번째 가라면 서럽다. 임대료, 인건비 등 고정비를 감내하지 못한 수많은 자영업자에게 새로운 매장 오픈은 사치였으며, 눈물의 폐업은 운명이었다. 배달 서비스 등의 온라인 흐름을 탔지만 높아지는 수수료로 인해 또 한 번의 좌절을 맛보아야 했다. 이런 때에 『리:티핑 포인트』는 브랜드가 성장하기 위한 지속가능한 요소들을 다룬다. 저자본으로 시작하는 스몰 브랜드, 특히 오프라인에서 해답을 찾아야만 하는 F&B 브랜드도 적용할 수 있는 힌트를 담고 있다. 이 책에 나온 요소들로 위기를 극복한 F&B 브랜드의 실제 이야기도 다룬다. 브랜드와 비즈니스에 먹구름 가득한 위기는 언제든지 찾아올 수 있다. 뜻밖의 위기를 마주했을 때, 강한 신념으로 내일을 그리고 싶은 사람들에게 추천한다.

_신세계까사 콘텐츠개발팀장,

전 쉐이크쉑 마케팅 & 메뉴팀장 차승희

지난 2년간 전례 없는 팬데믹 상황에서 고객의 행동은 코로나 현상 및 정부의 정책에 따라 예측하기 힘들 정도였다. 고가의 제품은 계속해서 좋은 성과를 내고 비대면 거래로 인한 배달 직종이 부상하는 등 비지니스 상황 또한 급변하였다. 코로나19가 곧 끝날 것이라는 희망이 들려오지만 여전히 코로나 이후의 우리의 삶과 비지니스는 어떻게 진행될지 모르는 상황이다. 특히, 자동차업계는 전기차와 자율주행 등 급변하는 패러다임 속에서 그 불확실성은 매우 크다고 할 수 있다. 이러한 시점에서 『리:티핑 포인트』는 미래를 준비하는 사람이라면 꼭 필요한 책이다. 이 책은 위기 속 반전과 성장을 가능하게 하는 많은 인사이트와 아이디어를 줄 수 있을 것이다.

_메르세데스 벤츠 코리아 CS마케팅 부장 최왕호

얼마 전 대선이 끝났다. 정치는 생물이라는 오랜 이야기처럼 브랜드 역시 생물이라고 생각한다. 그 태생이 언제였든 오늘 우리와 함께 살아가고 있는 브랜드라면 생물처럼 오늘에 적응하고 변화해야 한다고 생각한다. 이러한 관점에서 『리:티핑 포인트』는 의미 있는 메시지를 던진다. 오래된 브랜드에는 오늘의 브랜드로 변화하기 위한 다양한 무기를, 오늘 태어난 브랜드에는 앞으로 성장하기 위해 필수적으로 갖추어야 할 다양한 역량을 이해하기 쉽게 보여준다. 오늘의 브랜드에 대한 고민이 있는 분들에게 적극 추천한다!

_스타트업 마케팅 투자회사 브릿지3 대표 최정열

곤경에 빠지는 건 뭔가를 몰라서가 아니다.

뭔가를 확실히 안다는 착각 때문이다.

– 마크 트웨인(Mark Twain) –

들어가는 말

마크 트웨인의 말이자 영화 〈빅 쇼트(The Big Short)〉의 첫 장면에서 인용된 앞 페이지에 나온 문장은 두 가지를 의미한다. 첫째, 이 말 그대로 뭔가를 확실히 안다는 착각을 하면 곤경에서 빠져나올 수 없다는 것이다. 둘째, 이 말의 반대로 위기 상황을 제대로 파악하고 잘 대처한다면 그 위기를 헤쳐 나올 수 있다는 것이다. 흥미로운 건 〈빅 쇼트〉의 배경이 2008년 세계 금융 위기였고, 실존 인물이자 이 영화의 주인공인 마이클 버리(Michael Burry)가 세계 금융 위기에 대처하기 위해 아이디어를 얻은 사건이 1930년대 미국 부동산 붕괴 사태였다는 점이다. 결국 위기 상황은 반복된다. 다만, 그 위기 때의 상황을 잘 분석하고 교훈 삼아 다음 위기에 어떻게 대처하는가, 현재의 좋지 않은 상황을 어떻게 극복하는가가 중요한 것이다.

우리는 코로나19로부터
무엇을 배웠나

역사적으로 반복되는 위기 상황 중 가장 최근의 위기라고 한다면 단연코 코로나19라고 할 수 있다. 그리고 2020년 3월, 세계보건기구(WHO)가 코로나19로 인한 팬데믹을 선언한 지 만 2년이 지났다. 최근 2년간 우리가 일상에서든, 직장에서든, 그리고 비즈니스상에서든 사람들을 만나면서 가장 많이 나눴던 질문은 이 중에 하나였을 것이다. 앞으로 이런 일이 또 일어나지는 않을까? 그렇다면 우리는 무엇을 어떻게 대비해야 할까? 그래서 우리는 코로나19 상황에서 무엇을 배웠나? 그렇게 배운 교훈들을 우리는 어떤 상황에서 어떻게 활용할 수 있을까? 누군들 이 질문들에 속 시원하게 답해 줄 수 있을까마는 세 가지는 확실하게 말할 수 있다.

첫째, 코로나19와 같은 팬데믹은 근시일 내에 또 다시 발생할 수 있다. 구체적으로 따져 보면 다음과 같다. 2020년 3월 11일, WHO는 코로나19에 따른 팬데믹을 선언했다. WHO가 1948년 설립된 이래 팬데믹을 선언한 경우는 1968년 홍콩독감과 2009년 신종플루뿐이었으니 매우 이례적인 상황이 발생한 것이다. 여기서 우리는 팬데믹이 흔치 않은 경험이라는 것과 동시에 그 주기가 매우 짧아졌다는 것을 알 수 있다. 1968년 홍콩독감과 2009년 신종플루의 간격은 41년이었던 반면, 2009년 신종플루와 2020년 코로나19의 간격은 11년에 불과한 것이다. 이에 대해 몇몇 학자들은 '바이러스 변이 10년 주기설'을 주장하기도 했다.[1] 그리고 이렇게 짧아진 주기를 보면 『총, 균, 쇠(Guns, Germs, and Steel)』의 저자 재러드 다이아몬드(Jared Diamond)가 "인류의 역사는 세균과 바이러스와의 전쟁이다."라고 말한 것이 과장은 아닌 것처럼 보인다. 그래서 네 번째 팬데믹이 지금으로부터 약 10년 이내에 또 선언될지 모를 일이다.

둘째, 코로나19 상황에서도 위기를 극복했던 사례가 다수 있었다. 사실 팬데믹 기간 동안 실물경제의 수많은 지표는 하락 곡선을 보였다. 대부분의 기업 실적이 악화되었고, 소비 심리는 위축되었으며, 사람들은 변화에 적응하지 못해 우울감에 시달리기도 했다. 하지만 그 와중에 반등에 성공한 기업도 있었고, 새로운 기회를 창출해 사상 최대 실적을 거둔 기업도 있었다. 수많은 비즈니스에서 부침이 있었지만 위기 속에서 기회를 만든 사례들이 있었다는 것이다.

이 부분에서 매우 중요한 시사점이 있다. 즉, 코로나19 상황이었다고 하더라도 모든 업계, 모든 사람이 좌절하고 위기를 겪었던 것이 아니다. 물론 카카오, 넷플릭스, 배달의 민족 등 코로나19로 인해 빨라진 디지털 전환에 따라 업종 자체가 호재를 맞은 기업들도 있었다. 하지만 여기서 논하고자 하는 사례들은 그런 기업들을 말하는 것이 아니다. 코로나19 상황임에도 불구하고 위기를 극복한 사례, 위기 속에서도 기회를 재창출하고 반등에 성공한 사례를 말하는 것이다. 따라서 이를 면밀히 분석하고 깊이 들여다보면 앞으로의 위기에도 효율적으로, 효과적으로 대응할 수 있는 가능성이 생긴다는 뜻이다. 게다가 이런 사례들을 바탕으로 사고를 확장하다 보면 여기서 얻는 교훈들이 꼭 팬데믹과 같은 대규모 위기 때에만 적용되는 것이 아니라는 점을 알 수 있다. 즉, 팬데믹과 같이 큰 규모의 위기를 극복한 교훈들이라면 오히려 그보다 작은 위기 상황들, 시시때때로 접할 수 있는 위기에도 적용하기 쉽다. 한편으로는 이 교훈들을 잘 활용하면 1등 기업이 갑작스러운 위기에 닥치거나 혹은 만년 2등 기업이 상황을 반전시키기 위한 경우에도 효과를 발휘할 수도 있다.

셋째, 위기를 극복하기 위해 우리가 할 수 있는 건 과거 경험을 바탕으로 한 '매뉴얼'을 준비하는 것뿐이다. 이에 대해 워런 버핏 (Warren Buffett)은 유명한 말을 했다. 수많은 불확실성과 변동성이 난무하는 주식 시장에서 "미래는 예측할 수 없고, 다만 대응할 뿐이다."라고 한 것이다. 이 말의 핵심은 어떤 돌발 변수, 특히 악재가 발생했을 때, 그것을 미리 예측하는 것은 불가능하고, 다만 과거의 경험과 그에 따른 교훈을 바탕으로 순간순간 대응하는 것이 최선이라는 것이다. 즉, '위기 대응 매뉴얼과 알고리즘'을 최대한 구체화하고 정교화해서 어떻게 위기에 대응하고 극복해 가는가가 중요하다는 것이다.

요컨대, 코로나19로 인해 최근 2년간 많은 변화가 있었고, 많은 기업과 사람들은 예상치 못한 어려움을 겪었다. 그리고 짧아진 팬데믹 주기에 따라 빠르면 10년 내, 혹은 부지불식간에 또 다시 팬데믹, 어떤 위기가 들이닥칠지 모른다. 하지만 코로나19 상황에서도 부침이 없었거나 또는 위기를 슬기롭게 극복해서 오히려 사상최대 실적을 거둔 기업과 사람들이 있었다. 이에 따라 필자들은 그 기업과 사람들이 어떻게 위기를 극복할 수 있었는지 면밀히 분석해서 정리해 보았다. 또한 필자들은 이렇게 주장하고 싶다. 앞으로 팬데믹 또는 어떤 위기 상황이 닥친다고 하더라도 너무 두려워할 필요가 없다. 위기는 예측 불가능하지만 최선을 다해 대응하면 된다. 그래서 위기에 대해 겁을 먹고 공포심을 느끼기보다는 이 책을 통해 제대로 알고 대비하자는 취지가 크다. 결국 이 책은 앞선 질문들에 대한 일종의 해결의 실마리이다. 그리고 바로 지금이 그 해결의 실마리를 찾기 위해 최근 위기 상황에 대한 복기가 필요한 시점이다.

위기 극복 매뉴얼을 위한
해결의 실마리

필자들이 위기 극복 매뉴얼을 위한 단초를 찾던 중 공통적으로 떠올린 것은 바로 말콤 글래드웰(Malcolm Gladwell)의 『티핑 포인트(The Tipping Point)』였다. '티핑 포인트'란 작은 변화들이 어느 정도 기간을 두고 쌓여, 이제 작은 변화가 하나만 더 일어나도 갑자기 큰 영향을 초래할 수 있는 상태가 된 단계, 그 임계점을 뜻한다. 즉, 『티핑 포인트』는 뭔가 잠재력을 갖고 있는 것들이 한순간 폭발적인 성공을 이루는 것에 대한 이야기이고, 상황이 어떻게 개선되는지에 대한 내용을 다루고 있기 때문에 여러 상황에 적용될 수 있다.

그래서인지 2000년에 처음 출간된 이 책은 약 20년이 지난 지금 시점에도 유효하게 작동하는 것으로 보이고, 여전히 이 책에 대한 리뷰, 이 책의 개념과 법칙을 활용한 기사와 칼럼이 넘쳐 난다. 그리고 2020년 『티핑 포인트』는 국내에서 재출간되기도 했다. 아마도 코로나19로 인한 팬데믹 상황에서도 이 책의 개념들이 유효하다고 생각한 사람들이 많았을 것이고, 거기서 많은 영감을 얻었으리라 생각된다.

필자들 역시 그런 관점에서 『티핑 포인트』를 다시 살펴보고 팬데믹이라는 초유의 환경에 적용해 보았다. 그리고 다음과 같은 내용에서 공감하였다. 우선, 티핑 포인트는 세 가지 법칙, 즉 소수의 사람, 고착성 메시지, 극적인 상황에 따라 발생되고, 결국 '사람, 메시지, 상황'이 만나면 빅 트렌드가 만들어진다는 것이다. 또 '사람,

20

메시지, 상황'이라는 세 가지 조건은 상황을 반전시킬 때에 여전히 강력하게 작용할 수 있다. 특히, 이를 홍준의 시그니처 대표가 도식화[2]하였는데, 말콤 글래드웰이 글로 설명한 것보다 티핑 포인트를 매우 쉽게 이해할 수 있어 유용하다.

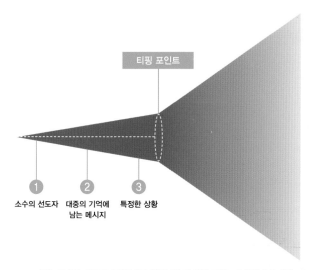

사람, 메시지, 상황이 순차적으로 일어났을 때 티핑 포인트가 일어날 수 있다.

홍준의 시그니처 대표의 티핑 포인트 구성도

출처: 뉴스퀘스트

위기와 불황기에
필요한 포인트

티핑 포인트는 위기 극복 매뉴얼을 위해 여전히 유효한 힌트를 제공하고 있지만 재구성의 필요성 역시 제기되었다. 우선 시기적으로 『티핑 포인트』가 출간된 이후 20년이 넘게 흘렀고, 그만큼 대외적인 환경이 많이 변했기 때문이다. 게다가 최근 코로나19로 인한 팬데믹 상황 역시 과거의 팬데믹 상황과 비교해서 시기적으로, 환경적으로 매우 큰 차이를 보였기 때문에 이 역시 반영할 필요가 있다.

결론적으로 필자들은 약 20년에 걸쳐 대외적인 환경이 어떻게 변했는지 확인하기 위해 PEST 분석을 활용하였다. PEST 분석이란 대표적인 대외 환경분석 프레임으로 대외 환경을 정치(Political), 경제(Economic), 사회(Social), 기술(Technological) 요인으로 나누어 분석해 보는 것이다. PEST 분석을 활용하면 대외 환경 변화를 일목요연하게 알 수 있고, 그에 따른 대응책을 구체화할 수 있다는 점에서 많이 활용되어 왔다.[3] 필자들은 PEST 분석 요인 중 주로 개인 단위에서 나타나는 사회적 요인을 제외하고, 비즈니스 단위에서 주도적으로 나타나는 정치적, 경제적, 기술적 요인을 중심으로 대외 환경 변화의 흐름을 살펴보았다.[4]

첫째, 정치적 변화로 정부의 규제(regulation) 강화를 확인할 수 있었다. 즉, 최근 20년 동안 정부는 시장을 자율에 맡기기보다 정부 규제 중심으로 나아가는 큰 정부를 지향하고 있다. 왜냐하면 전

들어가는 말

세계의 많은 국가가 성장의 한계와 복지 정책의 확대 등을 바탕으로 정부의 역할을 중시하기 시작했고, 대부분의 국가 인프라와 시스템을 자율에 맡기기보다 정부가 적극적으로 개입하는 규제 중심으로 나아가고 있기 때문이다. 그리고 이런 흐름을 코로나19로 인한 팬데믹이 가속화시켰다.[5] 각 국가 내부적으로는 사적 모임과 집회 등이 규제되었고, 여행, 항공, 호텔, MICE 등 각종 교류 역시 규제 대상이 되었다. 더불어 외부적으로는 입국 규제가 강화되면서 무역, 비즈니스, 관광 등이 거의 멈추게 되었다. 실제 한국지능정보사회진흥원(NIA)이 빅데이터 기반으로 연구한 결과 코로나19 발생 이후 국민의 건강을 보호하고 경기 침체를 완화시키기 위한 큰 정부의 역할이 더욱 강화된 것으로 나타났다.[6]

이렇듯 정부의 규제가 지속적으로 강화되어 왔고, 특히 최근 팬데믹을 거치면서 정부의 규제가 더욱 확대된 흐름은 세계은행 규제의 질 지수(Regulatory Quality Index: RQI)를 통해 직관적으로 확인할 수 있다. 이에 따르면 전 세계 규제의 질 지수는 2000년 이후 꾸준히 증가 추세에 있었고, 2000년 대비 2020년 규제의 질 지수는 약 2배 증가한 수치를 보이고 있는 것으로 나타났다.[7] 이뿐만 아니라 글로벌 PR 컨설팅 기업 에델만(Edelman)의 신뢰도 지표 조사(Trust Barometer)에 따르면 정부에 대한 신뢰도 역시 꾸준히 증가해 온 것으로 나타났다. 이에 따르면 최초 발표된 2001년부터 2020년까지 정부 신뢰도는 꾸준히 증가해 왔고, 2001년 대비 2020년 정부 신뢰도는 약 1.7배 증가하였다.[8]

이를 종합해 보면 2000년 대비 2020년은 정부의 규제가 강해진 시대이고, 정부에 대한 신뢰도 역시 높아진 만큼 정부의 역할이 매우 중요해진 시대라고 할 수 있다. 그만큼 기업과 브랜드가 자율적으로 역량을 발휘할 수 있는 운신의 폭이 좁아졌다고 할 수 있고, 기업과 브랜드가 성장하려면 정부와의 공조가 매우 중요하게 작용

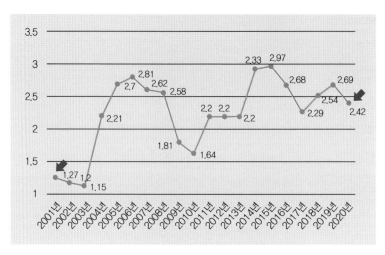

전 세계 규제의 질 지수(2001~2020년)

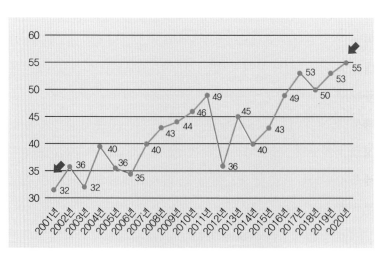

전 세계 정부 신뢰도(2001~2020년)

한다는 것을 뜻한다. 그리고 정부가 정한 기업의 기준과 가치를 충족시키는 기업만이 성장을 유지할 수 있다는 것도 의미한다. 소위 "기업, 너 하고 싶은 거 다 해."라는 시대가 아니라는 뜻이다. 이에 대해 관련 전문가들은 이런 정부의 역할 증대가 일시적인 것이 아니고 앞으로도 지속될 현상이라고 밝혔다.[9]

둘째, 경제적으로 호경기와 불경기(recession)의 차이를 들 수 있다. 『티핑 포인트』가 첫 출간됐던 시기는 2000년이었는데, 보통 출간 시기와 원고를 쓰는 시간차를 생각하면 이 책은 대략 1999년을 전후로 기획되고 쓰여졌을 확률이 크다. 1999년은 1990년대 이후 미국 기준 사상 최고의 GDP 성장률(4.8%)을 기록했던 해이고, 2000년 역시 4.1%로 높은 GDP 성장률을 기록했었다.[10] 이뿐만 아니라 1999년은 세계 경제 기준으로도 매우 높은 GDP 성장률(3.2%)을 기록했고, 2000년 역시 4.4%로 매우 높은 GDP 성장률을 보였다.[11] 즉, 1999~2000년은 미국으로나 전 세계적으로나 호경기 때의 시기였던 것이다. 반면, 코로나19로 팬데믹이 선언되었던 2020년은 미국 GDP 성장률(-3.5%), 전 세계 GDP 성장률(-3.6%) 등 1990년대 이후 사상 최악의 GDP 성장률을 기록했던 시기였다. 무엇보다 플러스(+) 경제 상황과 마이너스(-) 경제 상황의 차이는 매우 크기 때문에 호경기 때의 티핑 포인트는 불경기 때의 환경을 고려해 수정 및 보완이 불가피하다. 심지어 세계은행은 2020년 6월 발표된 세계경제전망(Global Economic Prospects)을 통해 선진국을 비롯한 전 세계 국가가 약 반세기 만에 최악의 경기 침체를 겪을 것이고, 전 세계 국가의 93%가 1870년 이후 최악의 국내총생산(GDP) 감소를 겪을 것이라고 밝혔다. 여기에 더해 노벨 경제학상 수상자인 조지프 스티글리츠(Joseph Stiglitz)는 전 세계적 경기 침체와 함께 더욱 악화된 불평등이 더해질 것이라고 주장하였다.[12]

셋째, 기술적 변화로 혁명적 기술 진보(revolution)가 일어났다.

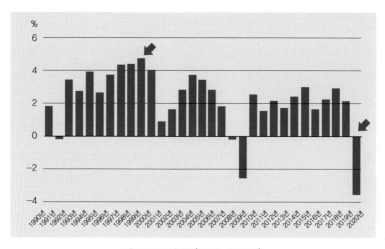

미국 GDP 성장률(1990~2020년)

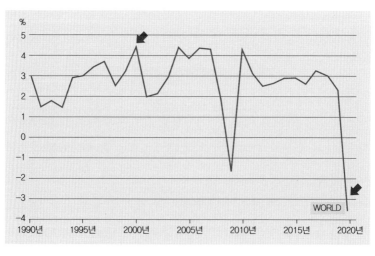

전 세계 GDP 성장률(1990~2020년)

들어가는 말

즉, 기술적으로 2000년대 초까지는 3차 산업혁명의 시대였지만 2016년 이후 전 세계는 4차 산업혁명 시대로 진입하였다. 그래서 코로나19는 WHO가 세 번째로 선언한 팬데믹이지만 비즈니스 환경으로 보면 사실상 첫 번째 팬데믹 또는 첫 번째 위기이다. 이것이 무슨 말인지 의아해하는 사람들이 있을 줄로 안다. 풀어서 설명하자면 1968년 홍콩독감과 2009년 신종플루, 심지어 2002년 사스와 2012년 메르스까지 본격적인 4차 산업혁명 시대인 2016년[13] 이전에 발생했던 사건들로, 코로나19는 인공지능, 사물 인터넷, 빅데이터, 모바일, 소셜 미디어, 메타버스 등 초연결, 초지능, 초융합으로 대표되는 4차 산업혁명 시대의 첫 번째 팬데믹이라는 것이다. 그래서 팬데믹에 대응하는 사회 시스템과 사람들의 일상에 끼친 영향, 그것을 극복해 나갔던 과정 등의 양상이 과거와 완전히 달랐던 것이다. 따라서 우리가 앞으로 다음 팬데믹 또는 위기 상황에 대비하기 위해서는 무엇보다 최근 상황에서 교훈을 얻어야 한다. 아니, 단

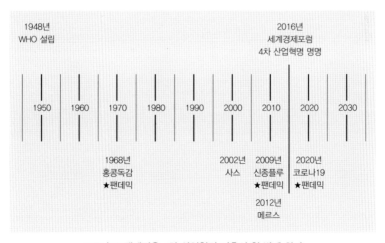

코로나19 팬데믹은 4차 산업혁명 이후의 첫 번째 위기

언컨대 과거의 법칙은 모두 잊고 최근 상황에서 새로운 위기 대응 방향을 찾아야 한다. 이에 대해 『동아비즈니스리뷰』는 "과거 매뉴얼이 아닌 새로운 지도가 필요하다."고 했다.[14]

결국 정부의 규제(regulation), 불경기(recession), 4차 산업혁명(revolution)은 약 20년 전과 매우 다른 상황을 만들어 냈다. 그리고 이것이 『티핑 포인트』를 그대로 적용하는 데 무리가 있다는 근거로 작용된다. 더불어 이런 변화들이 티핑 포인트를 재해석하고 재구성해야 하는 원인으로 작용한다고 할 수 있다. 그렇다면 티핑 포인트를 재해석하고 재구성한 결과는 어떻게 제시될 것인지 구체적으로 살펴보자.

차례

제1부
리:티핑 포인트

01 발 없는 전달자 · 41

02 문제는 콘텐츠 · 77

RE:
TIPPING

리:티핑 포인트
위기 극복의 11가지 반전 포인트와 45가지 실전 전략

제1부

리:티핑 포인트

POINT

사회적 통념은 무시하라.

모든 사람이 똑같은 방법으로 일하고 있다면

정반대 방향으로 가야 틈새를 찾아낼 기회가 생긴다.

— 샘 월턴(Sam Walton) —

제1부 리:티핑 포인트

 그동안 티핑 포인트는 '작은 아이디어를 빅 트렌드로 만드는' 전략을 수립하는 데 크게 기여해 왔고, 여러 성과로 검증되었다. 하지만 『티핑 포인트』 출간 후 20년이 넘게 흘렀고, 그만큼 대외적인 환경과 시대는 크게 변화하였다. 그리고 그렇게 바뀐 환경과 시대적 흐름은 당분간 지속될 확률이 높다. 그렇기 때문에 앞으로 기존 티핑 포인트를 그대로 적용하기에는 다소 무리가 있고, 특히 위기 상황에서는 더더욱 활용되기 어렵다. 왜냐하면 티핑 포인트란 잠재력을 갖춘 것들이 어떤 계기를 통해 한순간 성공을 이루는 포인트이고, 티핑 포인트가 제시되었던 시점이 호경기 시절이었다는 점을 잊으면 안 된다. 결국 티핑 포인트는 호경기 시절, 성공 잠재력이 있던 흐름을 잘되게 만드는 포인트로, 악조건 속에서 위기 상황을 반전시키는 것에 적용하기에는 무리가 있다.

 따라서 필자들은 위기 상황 혹은 2인자 입장에서 상황을 반전시키는 개념인 '리:티핑 포인트(Re: Tipping Point)'를 제안하고자 한다. 리:티핑 포인트는 위기 극복의 포인트, 후발 주자의 역전 포인트에 대한 것이다. 그래서 리:티핑 포인트는 위기를 반전시키는 변곡점이고, 기존 흐름과 반대되는 방향성을 지향한다. 그런 점에서 리:티핑 포인트의 핵심은 '반등(rebound)'이고, 기존 티핑 포인트와 비교해서 그래프에서도 차이가 난다.

 한편, 티핑 포인트는 소수의 사람, 고착성 메시지, 극적인 상황에 따라 발생된다. 즉, 소수의 사람과 고착성 있는 메시지와 극적인 상황이 더해지면 '전염성'이 생기고, 급격한 상승의 변곡점인 티핑 포인트가 만들어진다는 것이다. 필자들은 이 점은 여전히 유효한 조합

35

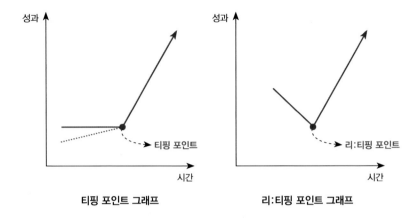

티핑 포인트 그래프   리:티핑 포인트 그래프

이라고 생각했고, 그래서 티핑 포인트의 핵심인 사람, 메시지, 상황의 조합은 그대로 유지하기로 했다. 다만, 개념에 있어서 최근 상황을 반영하기 위해 커뮤니케이터(communicator), 콘텐츠(contents), 위기 속 컬처 코드(culture code) 등 3C로 '재창조(recreate)'하였다.

첫째, 티핑 포인트에서 거론된 '사람'은 얼마나 많은 사람을 알고 있는가, 또는 얼마나 많은 사람과 연결되어 있느냐가 중요한 요소였다. 하지만 4차 산업혁명 이후 소셜 미디어와 플랫폼 등이 중요해지면서 얼마나 잘, 깊이 상호작용을 하고 소통하느냐가 매우 중요해졌다. 커뮤니케이션이 매우 중요하다는 의미에서 사람은 '커뮤니케이터'로 재정의되는 것이 적절하다고 판단하였다.

둘째, 과거에는 텍스트를 중심으로 한 메시지로 전달하고자 하는 내용을 담아내는 것이 일반적이었으나 최근에는 사진뿐만 아니라 영상을 중심으로 한 미디어 환경으로 나아감에 따라 단순한 메시지보다는 '콘텐츠'가 개념 확장성에 맞는다.

셋째, 기존에는 상황을 파악할 때 전후 사정이 분명한 맥락이 중요했다. 하지만 위기 때에는 불확실성과 변동성이 난무하기 때문에 위기를 바탕으로 어떤 분위기, 또는 어떤 문화가 형성되는가가 매우 중요하다. 그런 의미에서 막연하고 추상적인 상황보다 위기 속에서 두드러지는 '컬처 코드'가 설명력이 높다. 여기서 컬처 코드는 위기 상황에서 두드러져 보이는 사람들의 라이프스타일 변화, 소비 경향 변화, 트렌드 변화 등이다. 특히, 컬처 코드는 순간 사라지는 트렌드가 아니다. 컬처 코드는 특정한 환경과 문화를 바탕으로 형성된 것으로 특정 조건이 맞아 떨어지면 언제든 다시 나타날 수 있는 지속성을 띤다. 그래서 위기 속 컬처 코드는 팬데믹과 같은 유사한 위기, 또는 어떤 위기에서든 반복적으로 등장할 수 있는 코드이다.

보다 중요한 것은 리:티핑 포인트의 3C를 위기 상황에 맞춰 구체화하는 것이다. 이를 위해 '역발상(reverse)'이라는 아이디어 콘셉트를 적용하였다. 왜냐하면 그동안 공고하게 자리 잡고 있던 이론을 뒤집어 봐야 하고, 또 재구성의 고민 끝에 제안되는 것들이 실제로 적용 가능해야 하며, 효과도 있어야 한다고 생각했기 때문이다.

구분	티핑 포인트	리:티핑 포인트
구성	사람(law of the few)	커뮤니케이터(communicator)
	메시지(stickiness factor)	콘텐츠(contents)
	상황(power of context)	컬처 코드(culture code)
도식화		

티핑 포인트 vs. 리:티핑 포인트

즉, 기업이 성공한 이유로는 여러 가지가 도출될 수 있겠지만 위기의 순간을 극복한 방법에는 역발상만한 것이 없다. 그리고 문제 해결에 있어서 벽에 부딪힐 때 역발상으로 생각하면 새로운 길이 보인다. 특히, 불확실성과 변동성이 일상화되는 위기 상황에서는 기존에 적용해 왔던 전략들이 잘 통하지 않는다. 티핑 포인트 역시 마찬가지이다.

과거에도 역발상에 관한 이론이나 책은 많았다. 하지만 위기 상황을 어떻게 극복할 수 있는지에 대한 논의에 역발상을 적용한 사례는 거의 없었다. 특히, 위기 극복에 대한 역발상을 잘 활용하면 2등 기업이 1등 기업으로 역전할 수 있는 기회를 마련할 수도 있다. 그리고 역발상은 어려운 것이 아니다. 혹자는 역발상을 기발한 아이디어나 불가능을 가능하게 하는 어떤 마법쯤으로 생각하는 경우가 있는데, 그렇지 않다. 역발상은 매우 논리적인 프로세스에 의해 만들어진다. 그래서 그 방법론과 알고리즘을 파악하면 실무에 적용하는 데 큰 문제가 없다. 따라서 필자들은 역발상을 바탕으로 티핑 포인트를 재구성하여 많은 기업과 사람들이 위기 상황을 겪었을 때 상대적으로 쉽게 위기를 극복할 수 있는 실마리를 제안하고자 한다. 또한 꼭 위기 상황이 아니더라도 상황을 역전시킬 수 있는 리:티핑 포인트를 제안하고자 한다.

티핑 포인트에 정부의 규제(regulation), 불경기(recession), 4차 산업혁명(revolution)의 외부 변화와 반등(rebound), 재창조(recreate), 역발상(reverse)의 내부 방향성이 반영된 함수[r(x)]를 대입하면 기존과 다른 포인트, 즉 리:티핑 포인트가 만들어진다. 리:티핑 포인트는 한마디로 말해서 역발상을 바탕으로 위기 상황을 반전시키기 위

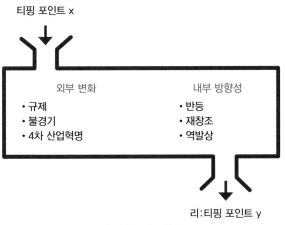

리:티핑 포인트 함수

해 재구성된 티핑 포인트로 최초로 제안되는 개념이다.

이렇게 재창조된 커뮤니케이터, 콘텐츠, 컬처 코드 등 3C는 다시 구체적으로 세분화될 수 있다. 이를 위해 필자들은 다음과 같은 과정을 수행하였다. 먼저, 팬데믹 상황이었던 2020~2021년 사이에 위기를 극복했거나 상황의 반전을 이룬 다양한 사례를 조사하였다. 조사를 위해 기사, 경영 및 비즈니스 매거진[1], 전문 보고서[2] 등을 참고하였고, 특히, '위기에서의 리:티핑'에 대한 포인트를 찾기 위해 코로나19 이후, 즉 2020년 이후 출간된 도서들[3]도 확인하였다. 이렇게 수집된 폭넓은 자료를 바탕으로 역발상, 반전, 위기 극복에 활용되었던 여러 요인들을 추출하였다. 그리고 그 요인들을 '커뮤니케이터, 콘텐츠, 컬처 코드'에 맞춰 분류하였다. 그런 다음 분류된 내용들을 카테고리별 주요 키워드로 묶어 보았다. 즉, 위기 상황에 따라 어떤 커뮤니케이터가 필요했고, 어떤 콘텐츠가 주효했으며, 어떤 컬처 코드가 적용되어서 위기를 극복하였는지 구체화한 것이다.

그 결과, 커뮤니케이터는 안티 컨슈머, 슈퍼 팔로워, 폴리 스페셜리스트 등 3가지로, 콘텐츠는 아너십, 모먼트, 데이터이즘 등 3가지로, 컬처 코드는 기술주의, 본질주의, 초프리미엄, 역 매슬로, 하이퍼 코피티션 등 5가지로 세분화되었다. 이제 각각의 리:티핑 포인트에 대해 보다 구체적으로 살펴볼 차례이다.

01 발 없는 전달자

리:티핑 포인트의 첫 번째 구성 요인은 커뮤니케이터(communi-cator)이다. 이를 『티핑 포인트』에서는 '소수의 사람'으로 정의했다. 여기서 소수의 사람이란 커넥터(connector), 메이븐(maven), 세일즈맨(salesman)이다. 각각 살펴보면 커넥터는 많은 사람을 알고 있고, 다양한 네트워크에 소속되어 있는 사람이다. 또한 메이븐은 지식을 축적한 사람으로 잡학다식, 호기심, 이타심으로 주변 사람들의 문제를 해결해 주는 사람이다. 그리고 세일즈맨은 유려한 말솜씨와 매력적인 행동으로 우리를 설득하는 기술을 가진 사람이다. 말콤 글래드웰은 유행을 촉발시키려면 자원을 이 세 집단에 집중시켜야 하고, 커넥터, 메이븐, 세일즈맨과 같이 강한 사회적 힘을 가진 소수의 특별한 사람을 발견하여 접촉하기만 해도 사회적 유행을 형성할 수 있다고 하였다.

이를 보면 사실상 우리가 흔히 얘기하는 인플루언서(influencer)

를 말하는 것으로 보인다. 최근 소셜 미디어의 영향력이 커지면서 커넥터, 메이븐, 세일즈맨이라는 사람들이 인플루언서로 활동하게 된 것이다. 그런 점에서 커넥터, 메이븐, 세일즈맨을 중심으로 한 소수의 사람은 현재의 상황에서 놓고 봐도 전혀 틀린 말은 아니다. 하지만 불경기나 위기 상황에서는 이를 그대로 적용하기 어렵다. 예를 들어, 불경기 때에는 사람들은 누구나 힘들고 불만이 쌓이고, 그렇기 때문에 전달되는 정보에 대해서도 잘 신뢰하지 않는다. 게다가 사람을 많이 안다고 해서, 팔로워가 많다고 해서 그것이 위기를 극복할 수 있을 정도의 영향력을 행사할 수 있을지 의문이 든다. 왜냐하면 인플루언서들의 뒷광고 논란 등으로 수십, 수백만 명의 팔로워를 가졌다고 해도 그 효과가 크지 않고 오히려 역효과가 나타나는 경우도 많기 때문이다.

게다가 말콤 글래드웰은 소수의 사람이 파레토 법칙(Pareto's law)에 따라 각각의 비즈니스 영역에서 약 20%를 차지할 정도라고 하였다. 하지만 소셜 미디어 시대에는 20%의 사람들을 소수라고 하기 어렵다. 플랫폼마다 다르겠지만 유튜브나 인스타그램 등의 경우 상위 1%의 인플루언서들이 대부분의 수익을 발생시키기 때문이다. [1] 그리고 최근 인플루언서는 팔로워의 규모에 따라 우선순위가 결정되는 것이 아니라 각 분야마다 전문성을 바탕으로 약 1만 명 정도로 적당한 팬덤을 형성하고 있는 마이크로 인플루언서(micro influencer)나 나노 인플루언서(nano influencer)의 영향력이 더욱 크다. [2] 실제로 소셜 미디어 마케팅 플랫폼 기업 소셜퍼블리(SocialPubli)의 조사에 따르면 광고주 중 89%가 팔로워 수 10만 명 미만인 인플루언서를 마케팅에 활용하는 것을 선호하였고, 광고주 중 35%가 더 높은 접근성과 더 나은 참여율을 가지고 있는 1만 명 미만의 나노 인플루언서를 선호한다고 밝혔다.[3] 따라서 특정 비중이나 숫자로 '소수'를 논하는 것은 의미가 없다.

결과적으로 소수의 사람은 전달자의 상호 소통 능력이 강조된 개념인 커뮤니케이터로 재정의될 필요가 있다. 왜냐하면 4차 산업 혁명 시대에는 소셜 미디어나 각종 플랫폼을 통한 상호작용과 소통, 그리고 정보 공유가 매우 중요해졌기 때문이다. 사실 과거에는 마케팅의 목적이 수단과 방법을 가리지 않고 매출을 증대시키는 것에 초점이 맞춰져 있었다. 그래서 영업적인 측면에서 많은 사람을 알고 연결되는 것이 매우 중요했다. 하지만 최근에는 마케팅의 관점이 근본적으로 바뀌었다. 매출 증대도 중요하지만 기업과 브랜드의 가치를 전달하고 공유하는 것이 더욱 중요해진 것이다. 이에 대해 저명한 마케팅 구루(guru) 필립 코틀러(Philip Kotler)는 이제 기업 경영과 마케팅이 가치를 창조하고 소통하고 전달하는 CCDV(Create, Communicate, and Deliver Value)에 초점을 맞춰야 한다고 강조했다.[4] 그래야 소셜 미디어와 플랫폼 시대에서 살아남을 수 있고, 위기에서도 적절한 대응이 가능하다는 것이다.

한편, 커뮤니케이터는 위기 상황에 따라 안티 컨슈머(anti-consumer), 슈퍼 팔로워(super-follower), 폴리 스페셜리스트(poly-specialist)로 세분화될 수 있다. 안티 컨슈머는 부정적 영향력의 극단에 있는 사람들로 이들이 꼬집는 문제를 잘 받아들이면 위기를 극복할 수 있는 힌트를 얻을 수 있다. 반대로 슈퍼 팔로워는 긍정적 영향력의 극단에 있는 사람들로 이들의 절대적 지지를 바탕으로 한다면 위기에서도 쉽게 무너지지 않는 하방경직성(downward

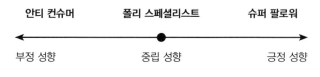

[그림 1-1] **커뮤니케이터 세분화**

rigidity)을 확보할 수 있다. 마지막으로 폴리 스페셜리스트는 특정 영역의 전문성을 확보한 사람들로 중립적이고 객관적인 정보를 전달하기 때문에 불신과 불안의 시대에 상대적으로 높은 신뢰와 안정성을 담보해 준다.

이제 이들이 어떤 이유에서 위기 상황에서의 커뮤니케이터가 될 수 있는지, 그 영향력은 어떠한지 각각 특징과 사례를 통해 살펴보자.

안티 컨슈머
– 침묵하는 다수보다 소리치는 소수

팬데믹을 비롯한 위기 상황에서는 모든 것이 불만족스럽다. 평소의 상황과 많이 다르기 때문이다. 그래서 모두 날이 서 있고, 혹평과 비난, 악플의 빈도와 영향력이 커진다. 특히나 이에 동조하는 사람들도 많아진다. 비난의 목소리에 동조함으로써 대리로 스트레스를 풀고자 하기 때문이다. 호경기 시절이라면 어느 정도의 너그러움과 관용으로 혹평과 비난을 일부의 의견이라고 치부하겠지만 팬데믹과 같은 위기 상황에서는 다르다. 특히, 부정적인 상황에서는 부정적인 메시지의 확산 속도가 훨씬 빨라진다. 이에 대해 『컨테이저스(Contagious)』의 저자 조나 버거(Jonah Berger)는 생리적 각성이라는 원리 때문에 불황에 분노와 불안을 자극하는 정보가 나오면 부정적 정보의 공유 욕구가 높아진다고 하였다.

하지만 반대로 이런 불만, 부정적 정보를 잘 활용한다면 어떻게 될까? 필립 코틀러는 다음과 같이 정리하였다. 고객이 문제를 제기했을 때 그것을 방치하는 경우 91%의 고객이 떠났는데, 그 문제가 해결될 경우 재구매율은 9%에서 54%로 6배나 상승했고, 그 문제가 보다 신속하게 해결된다고 느꼈을 경우에는 재구매율이 95%까지 상승한다는 것이다. 특히, 불만이 해결될 경우 고객은 불만 해결에 대해 평균적으로 다섯 사람에게 이야기한다고 하였다. 필립 코틀러만이 아니다. 많은 경영자는 고객의 불만에 대해 귀를 기울여야 한다고 말한다. 마이크로소프트의 빌 게이츠(Bill Gates)는 "불만이 가장 많은 고객으로부터 배울 게 가장 많다."고 했고, 글로벌 컨설팅 기업 TMI의 자넬 발로(Janelle Barlow)는 "고객에게 불만을 들으면 선물을 받은 것처럼 기뻐하고 그 즉시 고마워해야 한다."고 했다. 정용진 신세계 부회장 역시 경영 일선에서 "고객 불만에서 기회를 찾아라."라고 임직원들을 독려했다.

이런 배경을 바탕으로 위기 속에서 두드러지는 존재가 바로 안티 컨슈머이다. 안티 컨슈머에서 안티(anti)란 안티 백서(anti-vaxxer)에서 비롯되었다. 안티 백서란 백신의 부작용 등을 우려하여 백신을 일부러 맞지 않겠다는 사람들을 뜻한다. 다수를 위해서 백신을 맞지 않는 선택이 전적으로 옳다고 볼 수는 없지만 그들이 지적한 백신의 부작용 또한 간과해서는 안 될 일이다. 그런 점에서 안티 백서의 캠페인, 일련의 활동은 아마도 백신 개발사나 정부의 백신 접종에 일정 부분 영향을 미쳤을 것이다. 필자들은 그 점에 주목하였다. 어떤 기업이나 브랜드에 대해 안티 활동을 하고 안티 발언을 드러낸다는 점, 그리고 그것이 일정 부분 영향을 미쳐 결국에는 좋은 결과를 도출해 내는 자양분이 된다는 점 등이 중요하다고 생각되었다.

그렇다면 이렇게 불만, 부정적 정보를 양산하는 안티 컨슈머는 누구인가. 먼저, '소리치는 소수'에 대해 알아보자. 위기관리 컨설팅 기업 스트래티지샐러드(strategysalad)의 정용민 대표는 한 칼럼에서 침묵하는 다수보다 소리치는 소수의 목소리에 귀 기울여야 한다고 말했다. 그러면서 소리치는 소수에서 '소수'에 초점을 맞추기보다 '소리치는'에 방점을 둬야 한다고 말했다. 왜냐하면 이슈나 위기 관점에서 모든 부정 상황에서는 소리치는 자들이 생기고, 그들의 영향력은 위기 상황일수록 커지기 때문이다.[5] 특히, 진심으로 소리치는 자들은 사실 제품이나 서비스 관련 경험을 깊이 있게 한 사람이고, 불만을 토로할 정도로 헤비 유저(heavy user)일 확률이 높다. 때로는 그들이 해결책까지 가지고 있는 경우도 있다. 그들은 감정적으로 진심이기 때문이다.

침묵하는 다수는 찾기 어렵고, 그들이 침묵하는 이유는 사실 아무 생각이 없거나 큰 불만이 없기 때문에 주로 동조하는 경향이 짙다. 그러나 소리치는 소수는 쉽게 관찰이 가능하고 실재한다. 이에 대해 정용민 대표는 극소수의 극단적 의견까지 수용할 필요가 있다고 주장했다. 극소수의 극단적 의견이 기업에게 보이고 피부에 와 닿을 정도라면 이미 무시할 수 있는 수준이 아니라는 뜻이기 때문이다. 그래서 침묵하는 다수를 찾기보다는 소리치는 소수에 먼저 집중하고 그들의 불만을 해결하는 것이 보다 효율적이고 효과적이라고 하였다.

던킨 도넛의 안티 사이트 사례를 살펴보자. 1997년 미국 코네티컷주에 살고 있던 데이비드 펠턴(David Felton)은 자신이 자주 가던 한 던킨 도넛 매장이 1% 저지방 우유 등 주요 제품을 취급하지 않는다는 사실에 불만을 품고 dunkindonuts.org라는 웹사이트를 개설해 누구든 던킨 도넛에 대한 불만을 제기할 수 있도록 했다. 지금은 각 기업과 브랜드별로 고객센터가 잘 구축되어 있지만 당시에는 그런 기능을 할 수 있는 곳이 없었기 때문에 데이비드 펠턴의 웹사이트는 온라인 최초의 '기업 안티 웹사이트'였고, 던킨 도넛의 불만 아카이브가 되었다. 이후 이 웹사이트가 알려지면서 던킨 도넛의 전현직 직원들까지 던킨 도넛에 대한 불만을 제기했다. 소리치

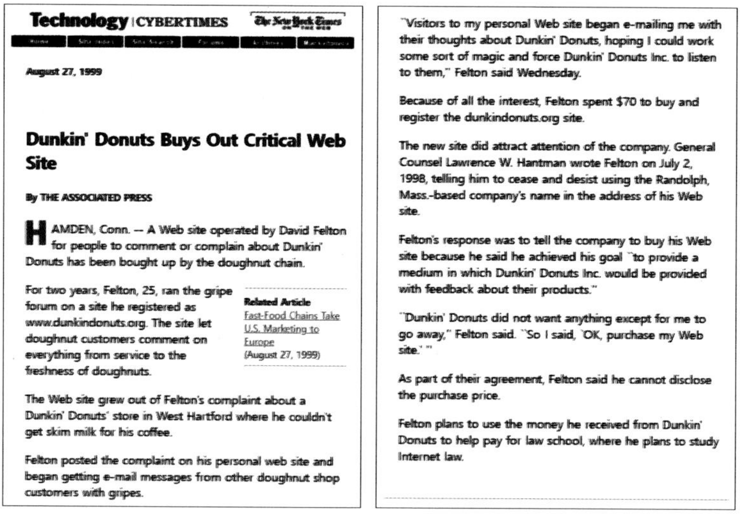

August 27, 1999

Dunkin' Donuts Buys Out Critical Web Site

By THE ASSOCIATED PRESS

HAMDEN, Conn. — A Web site operated by David Felton for people to comment or complain about Dunkin' Donuts has been bought up by the doughnut chain.

For two years, Felton, 25, ran the gripe forum on a site he registered as www.dunkindonuts.org. The site let doughnut customers comment on everything from service to the freshness of doughnuts.

Related Article
Fast-Food Chains Take U.S. Marketing to Europe
(August 27, 1999)

The Web site grew out of Felton's complaint about a Dunkin' Donuts' store in West Hartford where he couldn't get skim milk for his coffee.

Felton posted the complaint on his personal web site and began getting e-mail messages from other doughnut shop customers with gripes.

"Visitors to my personal Web site began e-mailing me with their thoughts about Dunkin' Donuts, hoping I could work some sort of magic and force Dunkin' Donuts Inc. to listen to them," Felton said Wednesday.

Because of all the interest, Felton spent $70 to buy and register the dunkindonuts.org site.

The new site did attract attention of the company. General Counsel Lawrence W. Hantman wrote Felton on July 2, 1998, telling him to cease and desist using the Randolph, Mass.-based company's name in the address of his Web site.

Felton's response was to tell the company to buy his Web site because he said he achieved his goal "to provide a medium in which Dunkin' Donuts Inc. would be provided with feedback about their products."

"Dunkin' Donuts did not want anything except for me to go away," Felton said. "So I said, 'OK, purchase my Web site.' "

As part of their agreement, Felton said he cannot disclose the purchase price.

Felton plans to use the money he received from Dunkin' Donuts to help pay for law school, where he plans to study Internet law.

[그림 1-2] dunkindonuts.org에 관한 언론 보도

출처: The New York Times Company[6]

는 소수가 수면 위로 올라오는 순간이었다.

최초 던킨 도넛은 이 웹사이트를 사장시키기 위해 노력했다. 하지만 불만 아카이브의 내용을 보니 던킨 도넛에서 제품과 서비스를 개선할 포인트를 다수 발견할 수 있었다. '어떤 매장은 도넛 관리가 잘 안 되어 도넛이 촉촉하지 않다.', '어떤 매장은 커피를 담아줄 때 양을 적게 준다.', '점원이 음료 내용물에 손가락이 닿는 것을 주의시켜 달라.' 등 불만과 함께 개선 방향을 제기했던 것이다. 그래서 던킨 도넛은 데이비드 펠턴이 제기했던 문제인 1% 저지방 우유를 코네티컷 매장에 유통시키고, 그동안 제기되었던 다른 문제들에 대해서도 적절한 조치를 취했다. 더불어 불만을 제기했던 고객들에게 던킨 도넛 할인 쿠폰을 증정하기도 했다. 급기야 던킨 도넛은 해당 웹사이트를 인수했고, 그 기능을 유지하기로 결정했다.

최근 사례로는 에어비앤비(Airbnb)를 들 수 있다. 에어비앤비는 코로나19로 경영 악화의 직격탄을 맞았다. 거기에 그동안 쌓였던 사기, 사건, 사고들로 고객들의 신뢰를 크게 잃었기 때문에 반등의 여지가 없어 보였다. 하지만 에어비앤비는 코로나19가 한창이던 2019년 말, 대대적인 변화를 발표했다. 숙소와 체험 호스트에 대한 100% 인증, 불만 고객 상담을 위한 상시 핫라인 설치, 좀 더 투명한 재예약 및 투숙객 환불 정책 시행 등이 그것이었다.[7] 코로나19로 에어비앤비의 사용자가 줄었지만 그 사이에 정책을 개선했고, 2021년 에어비앤비는 거꾸로 사상 최대 실적을 기록했다.

이를 보면 최근 AI나 챗봇으로 대체되고 있는 고객센터에 대해 다시 생각해 보게 된다. AI나 챗봇을 통해 더 많은 사람이 불편함을 쉽게 해소하는 것도 사실이지만 정말 소리치는 소수의 목소리를 듣고 해결할 수 있는 창구는 따로 있어야 하기 때문이다. 그래서 주변을 돌아보면 일반적인 궁금증이나 불편함은 기존 고객센터를 활용하고, 진지하고 심각한 불만의 경우에는 아예 리뷰를 작성해서 그들이 속한 커뮤니티에 올리는 경우가 많아진 듯하다. 여기에는 지역 커뮤니티, 육아 커뮤니티, 취미 등 동호회 커뮤니티 등이 해당한다. 그래서 몇몇 기업의 경우 이런 커뮤니티만 모니터링하는 직원을 따로 두고 있을 정도다.

한편, 다른 안티 컨슈머는 어디서 찾을 수 있는가 하면 유튜버나 블로거 등 '리뷰어(reviewer)'에게서 찾아볼 수 있다. 이런 리뷰어들은 각자의 관심사, 일정 수준의 전문 지식을 바탕으로 다양한 제품들을 리뷰한다. 그리고 리뷰들이 쌓이다 보면 일반 소비자가 발견하기 힘든 단점도 발견하게 된다. 특히, 리뷰어들은 하나의 콘텐츠를 만들기 위해 수많은 노력을 기울이고, 메시지와 콘텐츠가 잘 전달될 수 있도록 핵심을 짚어 내기 때문에 그들이 제기한 불만에 주목해야 할 필요가 있다. 심지어 이런 유튜버나 블로거 중에는 콘텐츠 방향 자체가 '비판'인 경우도 있다. 영화 유튜버 '라이너', '거의없다', 음악 유튜버 '데일리 뮤직' 등이 여기에 해당하는데, 이들은 소위 '독설 유튜버'라는 영역으로 다양한 콘텐츠에 대해 일침을 가하는 것이 주된 목적이라 무엇이 불만 사항인지 쉽게 알아낼 수 있다. 여기에 전문적이고 솔직한 리뷰로 유명한 IT 유튜버 '잇섭', 자동차 유튜버 '카라큘라' 등도 있다. 이들의 리뷰는 실제 제품이 개선되는 데 영향을 주기도 했다.

마지막으로 짚어 볼 수 있는 안티 컨슈머는 '내부자들'이다. 최근 코로나19로 이직을 하거나 퇴사하는 사람이 늘어나면서 인스타그램에는 '#퇴사한 사람이 밝히는 내막'이라고 하여 각 기업과 브랜드, 그리고 매장 등에서 일했던 사람들이 털어놓는 불만이 널리 공유되었다. 그 내용들을 보면 그 기업을 다니지 않고서는 알 수 없는 내용들이 다수 있었다. 이를 좀 더 확장해 보면 직장인 커뮤니티 플랫폼인 '블라인드(Blind)'에 주목할 필요가 있다. 실제로 이런 플랫폼을 통해 내부 직원들의 불만이 가장 직접적이고 빠르게 전파될 수 있기 때문이다.

물론 안티 컨슈머 중에서도 악의적이고 무차별적으로 악플을 양산하는 사람들은 예외다. 여기서 중요한 것은 진정한 안티 컨슈머와 블랙 컨슈머[8]를 어떻게 구분하느냐이다. 먼저, 블랙 컨슈머에 대한 분류는 '플랫폼'이 책임져야 한다. 티핑 포인트 시절과 달리 최근에는 소셜 미디어와 다양한 플랫폼의 참여 시스템으로 소위

'별점 테러' 등 악의적인 사례가 빈번하게 나타나는데, 이는 기업과 개인 사업자가 일일이 대처하기 어렵다. 따라서 블랙 컨슈머 필터링 시스템과 이를 분별할 수 있는 플랫폼을 구축하는 것이 플랫폼 사업자 입장에서는 경쟁력으로 작용할 수 있다. 이 블랙 컨슈머 필터링 시스템을 누가 선도할지, 얼마나 좋은 사례가 나타날지 주목할 부분이다.

한편, 이런 안티 컨슈머를 어떻게 알아낼 수 있을까. 앞서 언급했듯이 고객센터에 접수되는 민원, 각종 커뮤니티에서의 악평, 유튜버나 블로거 등 리뷰어 또는 독설 리뷰어, 내부 직원들의 목소리나 '블라인드'와 같은 직장인 플랫폼 등을 통해 확인할 수 있다. 여기에 더해 보스턴 컨설팅 그룹(Boston Consulting Group)의 마틴 리브스(Martin Reeves) 등은 어떻게 하면 이들의 불만을 좀 더 체계적으로 발굴할 수 있는지에 대해 논하였다.[9]

마틴 리브스 등은 앞에서 논한 불만들을 '이상현상(anomalies)'이라고 정의하고, 이 이상현상을 발견하기 위해서는 기업 외부의 시각으로 바라봐야 한다고 말했다. 그리고 그 외부의 시각은 일반적이지 않은 목소리를 내는 고객, 어떤 이유에서든 최근 비활성된 고객으로 향해야 한다고 말했다. 더불어 소셜 미디어 등을 통해 고객 데이터를 취합하더라도 평균을 내지 말라고 조언한다. 왜냐하면 데이터에 심취해 모든 항목에 대해 평균을 내다 보면 차이점은 드러나지 않고 묻히기 때문이다. 그래서 고객 데이터에서 평균값이나 최고점을 준 고객보다 최하점을 준 고객의 답변에 집중하고, 그 고객을 직접 만나서라도 충분한 의견을 들어볼 것을 조언한다.

어떻게 보면 안티 컨슈머의 목소리를 파악하는 것이 어렵게 느껴질 수도 있다. 하지만 그렇지 않다. 모든 것에는 '정답은 없지만 오답은 있기 때문'이다. 즉, 위기 상황에서 어떤 장점을 살려야 하는지 알기 어려울 수도 있지만, 단점이나 개선점을 보완해야 할 것은 명확히 보인다. 사람도 그렇다. 누군가의 장점이 무엇인지 물어본다면 쉽게 대답이 안 나올지도 모른다. 어쩌면 뻔한 대답이 나올 수도 있다. 그러나 누군가의 단점을 물어본다면 잠깐의 스쳐 지나감에도 불구하고 그동안 거슬렸던 점, 껄끄러웠던 점이 생각나면서 단점이 술술 나올지도 모른다. 우리는 이처럼 어떤 것에 장점을 찾는 것보다 단점을 찾는 데 익숙하고 더욱 쉽게 느낀다. 기업이나 브랜드도 마찬가지이다. 결국 소수의 안티 컨슈머에게서 답을 찾아야 한다. 그들과 접촉해서 그들이 무엇에 불만이 생겼는지 듣고 커뮤니케이션하고 그들에게서 대안을 찾을 수 있도록 노력해야 한다. 이제 위기 상황에서 안티 컨슈머가 어떤 목소리를 냈는지, 그리고 어떻게 해결되어 어떤 결과가 만들어졌는지 몇몇 사례를 통해 살펴보자.

먼저, 소리치는 소수, 소위 악플을 남긴 사례다. 와이즐리(Wisely)라는 한 작은 면도기 회사가 있다. 한국 면도기 시장을 질레트 등 해외 기업이 장악하고 있기에 그에 대항해서 합리적인 가격에 구독 서비스로 이용할 수 있는 면도기를 출시하였다. 그런데 한 고객의 평가는 아주 안 좋았다. 그는 "솔직히 가격 때문에 썼는데, 수염이 많은 사람에게는 맞지 않는 제품이네요. 디자인은 예쁜데, 절삭력은 별로입니다. 좀 실망했습니다."라는 리뷰를 남겼다. 그런데 와이즐리는 이 한 명의 고객이 남긴 불만을 받아들여서 절삭력을 높인 제품으로 다시 개선하고, 그 고객뿐만 아니라 소셜 미디어나 커뮤니티 등에 다른 불만을 남긴 고객에게도 직접 연락해 신제품 한정 키트를 제공하였다. 심지어 제품 패키지에 고객이 남긴 불만 리뷰를 인쇄하여 누구나 볼 수 있도록 하였다.

이렇게 신제품 한정 키트를 받은 고객은 "혼자 투덜거리듯 리뷰 써 놓은 걸 보고 실제로 절삭력이 업그레이드된 제품을 보내 주셔서 놀랐어요! 제가 유명한 인플루언서도 아닌데 세심하게 신경 써 준 것 같아 좋았습니다."라고 화답했다. 이에 대해 와이즐리의 이 혜현 프로덕트 매니저는 고객이 1점짜리 리뷰를 줬다고 해도 우리 제품을 쓴 고객이고, 그 불만을 해결해야 하는 책임감을 느꼈기 때문에 그런 캠페인을 진행했다고 밝혔다. 결과적으로 이 캠페인을 통해 기존 제품에 불만족했던 고객의 신제품 만족도는 90% 가까이 높아졌고, 구독을 해지했던 고객 중 2만 명이 다시 돌아오는 성과를 거뒀다. 이에 와이즐리는 '떠났던 고객들이 돌아온 이유'라는 영상도 만들어 추가적인 입소문 효과를 톡톡히 누리고 있다.

이와 유사하게 고객의 쓴소리를 그냥 넘기지 않고 더 나은 품질과 서비스로 개선하기 위해 노력하는 사례가 더 있다. 최근 배달의

[그림 1-3] 평점 테러 받고 오히려 신제품을 선물한 면도기 브랜드
출처: 인사이트[10]

민족에 항의성 리뷰를 남긴 고객이 있었다. 그동안 음식 맛도 좋고 양도 많았는데, 배달 주문이 밀리면서 배달이 늦는 일은 허다하고, 음식이 식어 더 이상 못 시켜 먹겠다는 리뷰였다. 이에 대해 해당 업체의 사장은 많아지는 주문을 감당할 수 있을 때까지 하루 판매량을 제한하겠다고 밝히고 수급을 조절하였다. 그리고 매장 테스트를 거쳐 직원을 늘리기로 결정하였다. 여기에 더해 최초 불만을 제기했던 고객에게 무료로 음식을 제공하고 확인을 받았다. 이런 노력의 결과, 이 업체는 배달의 민족에서 주문이 3배 더 늘어나게 되었다.[11]

그리고 삼성페이 사례도 있다. 스마트폰 갤럭시 사용자들은 삼성페이를 사용하면서 '인앱 광고(in-app advertising, 애플리케이션 속 광고)'에 대한 불만이 컸는데, 이를 파악한 삼성전자는 인앱 광고를 모두 없애며 삼성페이의 경쟁력을 한층 강화했다. 사용자 편의성이 서비스의 생사를 가른다는 점을 적극 반영한 것이다.[12]

한편, 유튜브 리뷰어 사례도 있다. 영국의 자동차 저널리스트이자 리뷰어로 활동하고 있는 유튜버 맷 왓슨(Mat Watson)은 그동안 유독 한국 자동차에 대해 평가가 인색했다. 전 세계 유명 자동차 브랜드와 비교해 한국 자동차는 가격 경쟁력 이외에 디자인이나 기술력, 퍼포먼스 등에서 혹평을 받아 왔던 것이다. 그렇게 한국 자동차 평가에 인색했던 맷 왓슨은 기아자동차의 신형 전기차 EV 6에 대해 반대로 호평을 남겼다. 그동안의 한국 자동차와 달리 디자인이 매우 뛰어나고 실내 인테리어와 공간, 트렁크의 수납력까지 매우 좋은 평가를 받았던 것이다. 실제로 기아자동차는 글로벌 시장을 겨냥하면서 전기차로 전환하는 과정에서 더 이상 가성비로 어필하는 자동차가 아닌 디자인과 사용자 편의를 최대한 인정받고자 노력했다고 한다. 그리고 유튜브 리뷰어 시대에 그동안 혹평을 받았던 여러 리뷰어에게 인정받고자 노력했다고 한다. 그 결과, 맷 왓슨이 혹평에서 호평으로 입장을 바꿨고, 기아자동차는 2021년 8월 기준 영국 자동차 시장에서 시장점유율 2위(8.3%)를 기록하게 되었다.[13]

마지막으로 내부자들의 이야기를 들어 보자. 2020년 어느 날, 삼성전자 내에서 스마트폰 신제품 개발을 위해 노태문 사장과 직원들 간에 열띤 토론이 벌어졌다. 당시 삼성전자 스마트폰은 애플에는 디자인과 OS로, 샤오미에는 가격 경쟁력에서 밀려 고전하고 있는 상황이었다. 그래서 젊은 연령대의 직원들은 "갤럭시는 아저씨들이 쓰는 폰이라는 인식이 많습니다.", "폴더블폰은 20~30대가 주로 구매하는데, 계속 기술의 삼성만 강조하실 겁니까."라고 하며 갤럭시의 '이미지'에 대한 쓴소리를 이어 갔다.[14] 이런 직원들의 발언을 주의 깊게 들은 노태문 사장은 갤럭시Z 플립3을 개발하면서 무엇보다 디자인을 강조했고, 디자인을 중점적으로 개선했다. 그 결과, 갤럭시Z 폴드3 및 플립3의 글로벌 판매량은 한 달 만에 200만 대를 넘어섰고, 그중 약 70%를 갤럭시Z 플립3이 주도했다.[15] 게다가 내부 직원들의 원성을 들었던 디자인과 그에 따른 이미지가 개선되면서 아이폰에서 갤럭시로 갈아타는 '환승족'까지 만들어 냈다.

반대로 안티 컨슈머의 목소리를 간과하여 문제가 커진 사례도 있다. 가짜 상품 관리에 대한 고객 불만이 꾸준히 제기되어 온 쿠팡은 결국 이 문제를 바로잡지 못한 영향 때문인지 주가가 최고점 대비 절반 이하로 하락한 것이다.[16]

이렇듯 위기 상황에서는 안티 컨슈머의 목소리가 커진다. 하지만 우리는 그 불만에서 위기 극복의 실마리를 발견할 수 있다. 심지어 안티 컨슈머는 해결 방향도 제시해 줄 수 있다. 우리가 위기 상황에서 안티 컨슈머의 목소리에 더 귀를 기울여야 하는 이유가 바로 여기에 있다. 파괴적 변화(disruptive change)에 대한 이론을 만든 하버드 대학교 경영대학원의 클레이튼 크리스텐슨(Clayton Christensen) 교수는 자신의 연구실 문에 '이상현상 구함(Anomalies Wanted)'이라는 표지판을 걸어 두었다. 그는 이상현상, 즉 어떤 상황에 대한 불만을 마주하면 변화와 발전을 도모할 수 있다는 것을 알고 있었기 때문이다.[17] 이를 현재 기업환경에 적용한다면 위기 상황에서 모든 기업은 홈페이지와 소셜 미디어 계정에 '불만 접수', '불만 환영'이라는 것을 크게 내걸고 고객의 불만을 적극적으로 들으려고 노력해야 할지도 모른다.

#소리치는 소수 #고객센터 #지역 커뮤니티 #육아 커뮤니티 #동호회 커뮤니티 #직장인 커뮤니티 #리뷰어 #독설 리뷰어 #내부자들 #내부 직원 #블라인드 #이상현상

〈표 1-1〉 안티 컨슈머 관련 추천 도서

책 제목	저자 및 역자	출판년월	추천 포인트
컨테이저스-전략적 입소문	조나 버거, 정윤미	2013. 9.	부정적 정보의 공유 욕구에 대한 설명이 돋보인다.
TAKE OFF-치열한 온라인 시장에서 마케팅 차별화를 위한 12가지 법칙	이상규	2021. 10.	내용 중 제품의 단점을 뒤집어 반전 매력을 발산하라는 전략을 참고할 만하다.

슈퍼 팔로워
– 추락하는 것에 날개를 달아 줄 최후의 보루

'슈퍼 팔로워'라는 개념은 2021년 9월 트위터가 론칭한 유료 구독 서비스인 '슈퍼 팔로우(Super Follows)'에서 비롯되었다.[18] 트위터의 슈퍼 팔로우는 크리에이터가 팔로워들로부터 구독료를 받고 수익을 낼 수 있도록 한 기능으로, 핵심은 세 가지이다. 다음의 핵심이 잘 살아 있는 집단이 슈퍼 팔로워인 것이다.

- 크리에이터와 팔로워들이 공적인 관계를 넘어 사적인 소통(private communication)을 할 수 있다.
- 팔로워들이 크리에이터의 콘텐츠를 유료로 지불(paid contents)하면서까지 보고 싶어 한다.
- 그 비용 지불이 단발성에 그치지 않고 정기적 결제를 하는 구독 서비스(subscription service)이다.

슈퍼 팔로워의 또 다른 이름으로 슈퍼팬덤(superfandom)이 있다. '슈퍼팬덤'이라는 용어는 조이 프라드블래너(Zoe Fraade-Blanar)와 에런 M. 글레이저(Aaron M. Glazer)의 2017년 『슈퍼팬덤』에서 처음 명명되었다. 이 책은 지금까지 팬덤이 어떻게 진화해 왔는지, 그리고 팬덤이 브랜드에 미치는 영향과 팬덤을 통해 브랜드를 어떻게 지속시킬 수 있는지에 대한 내용을 다루었다. 당시 소셜미디어와 커뮤니티 등을 바탕으로 형성된 더욱 강력한 팬덤을 정

[그림 1-4] **트위터의 유료 구독 서비스 슈퍼 팔로우**

출처: New York Tech Media[19]

의했다는 점에서 의의가 있다. 하지만 슈퍼팬덤의 구체적 특징, 주로 어떤 집단들을 슈퍼팬덤이라고 부를 수 있는지에 대해서는 논의가 다소 부족했다. 그래서 이 슈퍼팬덤이라는 개념을 현재에 적용해 보면 가장 직관적으로 표현한 용어는 '찐팬'이다. 찐팬은 '진짜 팬'을 뜻하는데, 다른 팬보다 충성도가 높고 확산성도 매우 높은 팬덤을 뜻한다. 그리고 이 용어는 K-pop 팬덤 문화에서 파생된 용어로, 해외에서는 이를 'Jjin-paen'으로 널리 쓰기도 한다.[20]

한편, 슈퍼팬덤 또는 찐팬을 다른 말로 슈퍼 고객이라는 말로 표현하기도 한다. '슈퍼 고객'이란 특정 제품이나 브랜드를 주변 사람들에게 적극적으로 홍보해 주는 고객을 뜻하는데, 이때 슈퍼 고객의 특징은 제품이나 브랜드에 대한 신념과 신뢰를 본인과 동일시하여 주변 사람들로 하여금 실제 구매로 이어질 수 있게 한다는

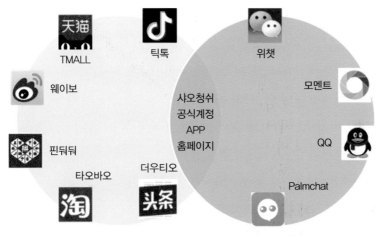

[그림 1-5] 공적 트래픽과 사적 트래픽 플랫폼 차이[21]

출처: KOTRA

데 있다. 그래서 슈퍼 고객은 충성 고객보다 한 단계 위에 있다. 이에 대해 중국 처디앤(策點)연구소는 충성 고객을 슈퍼 고객으로 전환시키기 위해 가장 중요한 것이 '사적 트래픽(private traffic)'이라고 말한다. 즉, 기업과 브랜드가 일반적인 소셜 미디어나 커뮤니티를 통해 공적 트래픽(public traffic)을 형성시키고 관리하는 것과 동시에 다른 채팅 플랫폼, 단체 채팅방 등을 통해 고객과 상호 교류를 하면서 개인적인 영역을 공유하도록 해야 한다는 것이다.

결과적으로 이 공적 트래픽과 사적 트래픽이 기존 팬덤과 슈퍼 팬덤의 차이, 나아가 충성 고객과 슈퍼 고객의 차이를 만들어 낸다. 그래서 슈퍼팬덤은 기업 및 브랜드와 강력한 관계(engagement)가 된다. 그리고 이들은 기업과 브랜드에 대한 존경(respect)이 있고, 따라서 이들은 위기 상황, 리스크를 줄여야 하는 상황에서도 강력한 옹호자(endorser)가 된다. 또한 이들은 브랜드 디깅(brand digging), 즉 스스로 브랜드를 연구하고 분석한 전문성을 바탕으로 주변 사람들까지 슈퍼 팔로워로 만드는 적극성도 갖고 있다. [22]

그렇기 때문에 최근 미국과 중국에서는 코로나19에 따른 팬데믹 상황에서 이 사적 트래픽을 바탕으로 한 특정 집단, 즉 슈퍼팬덤과 슈퍼 고객을 비롯한 슈퍼 팔로워를 기업과 브랜드를 유지시키고 성장시킬 수 있는 가장 큰 원동력으로 주목하고 있다. [23] 심지어 최근 '패노크라시(fanocracy)'라는 신조어도 등장했다. 팬(fan)과 통치(-ocracy)의 합성어인 패노크라시는 팬들이 통솔하는 집단 행위를 뜻한다. 좀 더 풀어서 설명하자면 팬들이 주도하여 기업, 브랜드, 셀러브리티의 문화를 형성하고, 또 이를 통해 팬덤을 결속시키는 것이다. 소셜 미디어가 활성화되면서, 위기가 일상화되면서 이런 패노크라시의 역할이 부각되고 있다. [24]

이에 대해 네트워크 과학자 데이먼 센톨라(Damon Centola)는 『변화는 어떻게 일어나는가(Change: How to Make Big Things Happen)』에서 "많은 연결보다 끈끈한 유대가 더 많은 성공 감정을 누리게 해 준다."고 말했다. '약한 유대'는 소식을 빠르게 전할 수는 있지만, 혁신이나 메가 트렌드를 만들어 내는 것은 생각보다 적은 규모 집단의 '강한 유대'라는 것이다. [25]

한편, 앞서 안티 컨슈머가 부정적 영향력의 극단에 있는 사람들이라면, 슈퍼 팔로워는 긍정적 영향력의 극단에 있는 사람들이다. 이들은 반대 의미에서 매우 중요하다. 왜냐하면 팬데믹과 같이 불안하고 변동성, 불확실성이 커진 상황에서 안티 컨슈머는 고객층의 이탈을 가속화시키고, 반대로 슈퍼 팔로워는 기업과 브랜드를 지키는 핵심이자 최후의 보루로 작용하기 때문이다. 그런 점에서 위기 상황에서는 슈퍼 팔로워의 중요성이 더욱 커진다. 위기 상황에서 기업과 슈퍼 팔로워, 그리고 슈퍼 팔로워 내에서의 관계는 더욱 끈끈해지고 의존력도 커지기 때문이다.

이를 업계 상황에 맞춰서 얘기하면 기존 고객을 유지하는 것과 신규 고객을 새로 유치하는 것에 드는 노력의 차이로 설명할 수 있다. 유통업계 기준으로 신규 고객을 새로 유치하는 데 드는 노력과 비용은 기존 고객의 재구매율을 높이는 데 드는 노력과 비용의 약 3배이다. 그리고 이 차이는 위기 상황에서 더욱 커진다. 실제로 한 조사에 따르면 기존 고객이 신규 고객보다 주문당 약 33% 더 많은 비용을 지출하고, 기존 고객은 신규 고객보다 주변 사람들에게 브랜드를 추천하고 추가 매출을 올릴 가능성이 약 77% 더 높게 나타났다. 왜냐하면 소비자의 92%는 구매할 때 광고보다 주변 지인의 개인적인 추천을 훨씬 더 신뢰하기 때문이다.[26]

이렇게 기존 고객과 신규 고객의 차이가 크듯이 슈퍼 팔로워의 중요성 역시 위기 상황일수록 더욱 커진다. 좀 더 구체적인 수치를 통해 이 슈퍼 팔로워의 위력을 살펴보면 슈퍼팬덤을 위시한 슈퍼 팔로워는 전 세계적으로 연간 6조 달러 이상의 소비를 주도하고, 일반 소비자에 비해 신규 매출에 2~3배 더 많은 영향을 미친다고 한다.[27]

위기일수록 이런 슈퍼 팔로워가 얼마나 중요한지 한 사례를 바탕으로 살펴보자. 2020년 6월, 엠넷에서 하이브(HYBE)의 방시혁 의장이 직접 참여하는 아이돌 오디션 프로그램인 아이랜드(I-LAND)를 론칭하였다. 이 프로그램의 시청률은 닐슨 코리아 조사결과, 최고 0.7%에 그쳤다. 1%도 되지 않는 시청률이었던 것이다. 시청률로만 보면 실패한 프로그램으로 치부될 수도 있지만 이 프로그램에서 배출한 아이돌 그룹인 엔하이픈(ENHYPEN)은 놀라울 정도의 관심을 받고 있다. 엔하이픈은 데뷔한 지 반년 만에 빌보드 앨범 차트 18위를 달성했고, 2주 연속 진입을 이어 간 것이다. 여기에 일본에서는 오리콘 데일리 싱글 차트 1위를 달성하기도 했다. 이런 성과를 거둔 배경에는 하이브의 팬 커뮤니티 플랫폼인 위버스(Weverse)가 있다. 즉, 국내에서 본방송을 시청하는 시청자들은 적었지만 시청률 조사에는 잡히지 않는 글로벌 찐팬들이 슈퍼 팔로워로 자리 잡고 있었다는 뜻이다. 그래서 방송업계에서는 시청률보다 열렬히 시청하는 마니아를 확보하는 것이 더 중요하다는 주장이 제기되었다.[28] 이를 바꿔 얘기하면 시장점유율보다 재구매율이 더 중요하다는 뜻이다.

그렇다면 이들은 구체적으로 어떤 형태로 나타나는지 살펴보자. 우선 슈퍼 팔로워는 다양한 모습으로 나타날 수 있는데, 진입 장벽과 질적 차이에 따라 순서대로 언급하면 다음과 같다.

첫째, 나노 인플루언서 팔로워이다. 앞에서도 언급된 나노 인플루언서는 약 1만 명 정도로 적당한 팬덤을 형성하고 있는 인플루언서로 이들의 팔로워는 다른 팔로워들보다 밀집된 결속력과 공통 관심사, 그리고 인플루언서의 방향성에 활발한 참여도를 보인다. 그래서 나노 인플루언서의 정보 공유와 추천에 대한 신뢰가 매우 높고, 다른 사람에게 피드를 공유하거나 댓글을 쓰는 경우도 많다.

실제로 인플루언서 마케팅 플랫폼 크리에이터아이큐(CreatorIQ)에 따르면 인플루언서의 팔로워 규모가 작아질수록 캠페인의 평균 참여율과 확산력이 더욱 커졌다.[29] 그리고 이런 슈퍼 팔로워는 돈이

들더라도 기업과 브랜드, 사람을 추종하는 데 아까움이 없다. 그래
서 기업 입장에서는 나노 인플루언서를 마케팅에 활용함으로써 적
은 비용으로 큰 효과를 도모할 수도 있다. 게다가 최근에는 메가 인
플루언서들이 나노 인플루언서들을 팔로우하면서 많은 정보를 얻기
도 한다. 팔로워의 규모가 큰 메가 인플루언서가 거꾸로 나노 인플
루언서의 슈퍼 팔로워가 되는 경향도 있다는 것이다.

둘째, 서브스크립션(subscription) 구독자이다. 소비자가 필요한
물건을 정기적으로 배송받거나 또는 특정 취향에 맞춰 서브스크립
션 제공사가 알아서 제품과 브랜드를 골라 배송해 주는 서비스인
서브스크립션은 소비자 입장에서 우연히 소비하게 되는 것이 아니
라 보다 적극적으로 구독한다는 의미가 담겨 있다. 그래서 어떤 제
품과 브랜드를 구독한다는 것은 '찐팬'이라는 증거이고, 구독경제
(subscription economy)와 슈퍼 팔로워는 밀접한 관련이 있다. 그렇
기 때문에 위기 상황에서는 보편적 소비자보다 자발적 적극성을
보이는 서브스크립션 구독자가 중요하다. 더불어 기업 입장에서도
변동성과 불확실성이 커지는 위기 상황에서 정기적인 수요 예측이
가능한 서브스크립션이 매우 유용하다.

이런 서브스크립션은 다양한 영역에서 발생될 수 있는데, 최근
팬데믹 상황에서도 성장한 서브스크립션 사례를 살펴보자. 간단한
온라인 설문조사를 통해 맞춤형 영양제를 정기 구독할 수 있는 필
리(Pilly)는 코로나19 상황에서도 4만 명의 구독자를 확보했고, 이
런 성장세에 힘입어 2021년 7월, 40억 원 규모의 투자까지 유치했
다. 심지어 필리는 서브스크립션 서비스임에도 불구하고 2021년
1월, 오프라인 매장을 열기도 했다. 또한 매달 전통주 소믈리에가

추천하는 전통주 3~4병을 '담화박스'라는 박스에 담아 정기 배송하는 술담화는 코로나19 상황에 오히려 가입자가 1만 명을 돌파하면서 매출이 늘어 2021년 연 매출 50억 원을 달성했고, 2022년 연매출 100억 원을 목표로 하고 있을 정도다. 게다가 롯데월드몰은 2020년 5월, 팝업 플랫폼 '가치공간'이라는 '공간 구독 서비스'를 론칭했다. 이곳은 약 한 달 주기로 유명 패션 디자이너 브랜드를 선보이는 곳인데, 이곳을 통해 롯데월드몰 고객들은 '월간 롯데월드몰'의 구독자가 되어 매달 새로운 브랜드와 아이템을 쇼핑할 수 있다.[30]

셋째, 멤버십이다. 멤버십이란 기업이나 브랜드가 특정 테마를 바탕으로 소비자 집단을 묶는 것을 뜻한다. 소위 소비자 록인(lock-in) 효과를 노리는 것인데, 소비자는 자발적으로 멤버십에 가입하고, 멤버십 혜택을 누리면서 자연스럽게 기업과 브랜드의 슈퍼 팔로워가 된다. 그래서 코로나19 이후 각 업계에서는 멤버십 혜택을 강화했고, 위기 상황에서도 그 효과는 매우 긍정적으로 나타났다. 예를 들어, 롯데호텔은 무료 멤버십 프로그램 '롯데호텔 리워즈(Lotte Hotel Rewards)'를 운영하고 있었는데, 코로나19에도 불구하고 오히려 멤버십 혜택을 강화하면서 2020년 내국인 회원 수는 2019년 대비 약 30% 증가했고, 이들이 올린 매출 역시 2019년 대비 20% 이상 상승했다.[31]

이런 무료 멤버십뿐만 아니라 유료 멤버십 역시 큰 효과를 발휘했다. 조선호텔앤리조트는 2020년 8월 유료 멤버십인 '클럽 조선 VIP(Club Josun VIP)'를 론칭했는데, 론칭 후 가입자가 큰 폭으로 증가했다. 이에 대해 조선호텔앤리조트 관계자는 "멤버십 혜택을 받을 수 있는 시설이 늘어난 만큼 고객의 관심도 커졌다."고 전했다.[32] 이뿐만 아니라 한화호텔&리조트는 990만 원의 어린이 전용 멤버십 '키즈Q'를 출시했고, 혜택이 커진 만큼 멤버십 제한 인원에 육박할 정도의 문의와 가입이 이어지고 있다. 더불어 CJ푸드빌에 따르면 2021년 우수 고객 멤버십 '빕스 매니아' 고객 방문 수가 일반 고객 대비 3배 이상 높았다.[33]

넷째, 브랜드 커뮤니티를 들 수 있다. 세계 최대 크리에이티비티 행사인 칸 라이언즈(The Cannes Lions)의 2021년 화두 중 하나는 브랜드 커뮤니티였다. 팬데믹과 같은 위기, 저성장 시대에는 반대로 내부 결속력을 다질 수 있는 커뮤니티십(communityship)이 매우 중요하기 때문이다.[34] 그래서 칸 라이언즈에서는 위기 상황에서 브랜드 커뮤니티가 얼마나 중요하고 어떻게 작동하는지에 대한 세미나가 이어졌다. 그중 코카콜라의 글로벌 광고 전략담당 마케팅 임원을 지낸 조너선 밀텐홀(Jonathan Mildenhall)은 '일반 청중과 커뮤니티는 뭐가 다른지'에 대한 질문에 대해 "이 방에 있는 당신은 나의 커뮤니티의 일원"이라며 일반 청중과 커뮤니티의 차이에 대해 설명했다. 조너선 밀텐홀은 "브랜드 커뮤니티는 소비자를 동료(peer to peer group)로 대하는 차이가 있다. 그래서 브랜드 커뮤니티를 형성하고 유지하려면 대화에 참여해야 하며, 소셜 미디어를 통해 적극적으로 모든 사람과 대화를 나누어야 한다."고 강조했다.[35] 그러면서 그는 대표적인 사례로 글로벌 뷰티 브랜드 글로시에(Glossier)를 꼽았다.

사실 조너선 밀텐홀뿐만 아니라 많은 마케팅 전문가는 글로시에와 룰루레몬, 무신사의 성공 요인으로 브랜드 커뮤니티를 꼽는다.[36] 그리고 이들의 브랜드 커뮤니티가 성장의 밑바탕이자 위기에서의 최대 장점이라고 강조한다. 글로시에는 '인투 더 글로스 (into the gloss)'라는 블로그로 출발했고, 고객의 목소리에 귀 기울이며 그들의 요구에 따라 제품을 만들어 냈다. 흥미로운 것은 블로그를 브랜드로 편입시키지 않고 글로시에와 별도로 운영 중이라는 점이다. 즉, 상품 판매 공간과 브랜드 커뮤니티의 공간이 섞이지 않도록 분리한 것이다.

룰루레몬 역시 요가 모임을 먼저 시작하였고, 그 모임에서 자연스럽게 요가복을 판매하였다. 룰루레몬은 여전히 '땀 흘리는 생활 (#sweatlife)'이라는 슬로건을 중심으로 매장과 집을 연결하는 브랜드 커뮤니티를 유지하고 있다. 그리고 무신사 역시 '무진장 신발이 많은 사이트'라는 커뮤니티로 시작했다. 특히, 무신사는 글로시에와 마찬가지로 '무진장 신발이 많은 사이트'를 여전히 유지하며 그들끼리의 문화를 이어 가고 있다. 심지어 이 사이트에서의 리뷰와 평점이 무신사 판매 사이트의 리뷰와 평점보다 더욱 확산되고 있다. 그래서 이런 흐름 속에서 최근 삼성전자는 '조인 더 비스포크(Join the Bespoke)'라는 팬덤 커뮤니티를 만들기도 했다.[37] 그러나 이런 브랜드 커뮤니티는 꼭 브랜드에만 유효하지 않다. 공통된 가치를 지향하는 공간으로 묶인 '성수동 피치스 도원', 정기 모임을 지향하는 '소셜 살롱 문토', 취향 저격 커뮤니티라고 하는 '리슨(Lysn)' 등 다양한 형태로 존재한다.

이렇게 나노 인플루언서 팔로워, 서브스크립션 구독자, 멤버십, 그리고 브랜드 커뮤니티 등을 살펴보았다. 그렇다면 이런 슈퍼 팔로워는 어떻게 만들어 갈 수 있을 것인가. 이제 고전이 된 방식이지만 과거에도 이런 슈퍼 팔로워를 만들어 왔던 방식이 있었다. 한 제조업체를 운영하는 대표의 사례다. 그 대표는 자신이 만드는 여러 제품 중 샘플이 나오면 무료로 주변 거래처나 지인들에게 써 보라고 나누어 주는 게 일이었다. 그 가격이 적게는 몇 만 원에서 비싼 제품은 십만 원을 넘는 것도 있었다. 그리고 혹시 어떤 점이 좋고 나쁜지 피드백을 주면 아주 감사하게 들었다. 사실 그런 피드백을 바라고 준 것도 아니다. 그러다 그 제품을 주문하는 경우도 있지만 그렇지 않은 경우도 많다. 하지만 그 대표는 그걸 비용이라고 생각하지 않고, 투자라고 생각했다. 이런 그 대표의 활동이 빛을 보게 된 것은 위기가 닥쳤을 때였다. 평소에는 큰 의미가 없다고 생각했던 그 투자가 위기의 순간에 구매로 돌아오게 된 것이다. 아주 일차원적이고 옛스러운 방식이기는 하지만 여러 디지털 플랫폼 활용에 익숙하지 않거나 최신 프로모션을 꺼리는 사업자들에게는 여전히 유용한 방식이다. 이렇게 자신의 제품을 믿고 써 주는 거래처 역시 슈퍼 팔로워가 될 수 있기 때문이다. 이런 슈퍼 팔로워는 경제 위기나 어려움을 겪을 때 하방경직성을 만들어 준다.

　하지만 이렇게 아날로그적인 방식이 아니더라도 슈퍼 팔로워를 형성해 나갈 수 있다. 예를 들면, 작은 규모의 '브랜드 팬 미팅'이 있다. 브랜드 경험 플랫폼 비마이비(Be my B)는 정기적으로 브랜드 팬 미팅을 주최하기도 한다. 비마이비는 "당신은 어떤 브랜드의 팬인가요? 브랜드 '찐팬'인 당신을 브랜드 팬 미팅에 초대합니다!"라고 하며 다양한 브랜드와 그 브랜드의 찐팬들이 한자리에서 만날 수 있도록 하는데, 이 자리를 통해 마케팅 커뮤니케이션 실무자 그리고 다양한 브랜드의 찐팬들이 만나 '팬의 마음'에 대해 묻고 답하며 인사이트를 나누는 경험을 만들어 준다고 한다. 이를 좀 더 확장하면 '팬 파티(fan party)'가 될 수 있다. 예를 들어, 삼성전자 갤럭시의 경우 매년 정기적으로 갤럭시 팬 파티를 열어 갤럭시를 애용하는 소비자들과 파티를 즐기는데, 삼성전자 마케팅 관계자는 이를 통해 소비자들의 갤부심(갤럭시 자부심)을 높이고 있다고 한다.

굿즈를 만드는 것도 좋은 방법이다. 굿즈를 판매하고 제공한다는 것은 강력한 연결고리를 형성하는 중요한 동기가 된다. 그래서 많은 마케팅 전문가는 스타벅스의 성공요인 중 하나로 굿즈를 꼽고 있고, 최근 이슈가 된 '곰표' 역시 굿즈로 새로운 슈퍼 팔로워를 형성했다. 이에 대해 2021년 7월, 오브젝트 바이 프로젝트(object × project)는 25개 기업이 함께하는 굿즈 전시회를 열기도 했다.

슈퍼 팔로워는 규모의 문제가 아니다. 있느냐 없느냐의 차이다. 중요한 건 브랜드 커뮤니티를 기업과 브랜드 입장에서 '만들 수 있다'는 것이다. 그리고 이는 사실 앞으로도 유효하다. 앞으로도 슈퍼 팔로워를 유지하는 기업과 브랜드만이 위기를 극복할 수 있는 '자산(equity)'을 갖추게 된다. 그래서 슈퍼 팔로워가 자산으로 평가받을 수 있는 잣대도 매우 중요하다. 이것이 회사 자산에 명시되거나 주가로 평가받게 된다면 회사 평가에도 많은 변화가 있을 것이다. 만약 필자들에게 위기 상황에서 어느 회사에 투자하겠냐고 한다면 필자들은 다른 무엇보다 슈퍼 팔로워 규모가 크고 공고한 곳에 투자하겠다고 말하겠다. 적어도 슈퍼 팔로워가 있는 기업 및 회사들은 하방경직성을 담보하고 있기 때문이고, 그 슈퍼 팔로워를 통해 순간의 위기 또는 하락 추세를 막을 수 있다고 믿기 때문이다.

#사적인 소통 #유료 콘텐츠 #구독 서비스 #슈퍼팬덤 #찐팬 #슈퍼 고객 #사적 트래픽 #강력한 관계 #브랜드에 대한 존경 #강력한 옹호자 #브랜드 디깅 #패노크라시 #끈끈한 유대 #강한 유대 #나노 인플루언서 팔로워 #서브스크립션 구독자 #멤버십 #브랜드 커뮤니티 #커뮤니티십 #하방경직성 #브랜드 팬 미팅 #팬 파티 #굿즈

〈표 1-2〉 슈퍼 팔로워 관련 추천 도서

책 제목	저자 및 역자	출판년월	추천 포인트
팬덤 경제학–팬을 무기로 강력한 브랜드를 만드는 9단계 브랜딩 전략	데이비드 미어먼 스콧, 레이코 스콧, 정나영	2021. 2.	위기 상황에서 팬덤을 거느리는 자만이 살아남는다는 것을 잘 설명하고 있다.
슈퍼팬–비즈니스를 성장시키는 이 시대의 가장 큰손	팻 플린, 이영래	2021. 4.	자발적 열성 고객을 확보하는 가장 쉽고 빠른 길을 안내하고 있다.
미치게 만드는 브랜드–가심비의 시대 마음을 사로잡는 브랜드의 비밀	에밀리 헤이워드, 정수영	2021. 8.	좋은 브랜드는 고객을 만들고, 탁월한 브랜드는 팬덤을 만든다는 명제에 대해 잘 설명하고 있다.

폴리 스페셜리스트
- 전문가는 죽지 않는다. 모습이 바뀔 뿐이다

갑작스러운 팬데믹 이전에 전문가들은 상대적으로 덜 주목받았다. 아니, 갈수록 그 위상이 낮아지고 있었다. 인터넷을 통한 정보가 폭증했고, 너도 나도 근거 없이 쉽게 의견을 개진할 수 있는 환경이 조성되다 보니 전문가의 목소리가 상대적으로 작게 들렸던 것이다. 하버드 대학교 교수인 톰 니콜스(Tom Nichols)는 『전문지식의 죽음(The Death of Expertise)』이라는 책을 내기도 했다. 이 책에서 그는 사람들이 '나도 안다'는 자아도취에 빠져 더 이상 전문가의 말을 듣지 않으려고 하고, 과학적 합리성까지 위협을 받게 됐다고 꼬집었다.[38] 그래서 우스갯소리로 우리가 아플 때 '진료는 인터넷 후기에서 보고, 약만 의사에게 처방받는다'는 얘기까지 돌지 않았던가.

그런데 상황이 바뀌었다. 팬데믹이라는 위기가 닥치자 사람들은 기본적으로 의료 전문가에 의존할 수밖에 없었고, 의학, 약학, 과학, 통계 등 다양한 분야 전문가의 의견에 귀를 기울이기 시작했다. 사실 위기 때에는 자극적인 정보, 정화되지 않은 정보들이 더 넘쳐난다. 왜냐하면 위기 때의 불확실성을 빌미로 부정확한 정보를 전달함으로써 이득을 취하려는 이들이 늘어나기 때문이다. 실제로 위기 상황에서 가짜 뉴스, 정제되지 않고 확인되지 않은 뉴스들이 넘쳐 났다. 그렇기 때문에 반대로 깊은 지식과 식견을 바탕으로 정확한 정보를 전달할 수 있는 전문가들의 가치가 상대적으로 돋보이게 되었다.

그래서 코로나19 상황이 한창일 때 소셜 미디어에는 '#전문직이 알려드려요', '#전문직 말을 들어야 하는 이유', '#전공을 살려 유익한 정보를 말해보자' 등의 해시태그를 달은 피드가 급속하게 확산되었다. 이 피드들을 보면 한 업계에 오래 머물다 이제 은퇴한 사람들, 현직에 있으면서 실무를 보는 사람들 등 다양한 업계에서 각 분야의 전문성을 키운 사람들이 소위 '꿀팁'이라는 유용한 정보를 주고 있었고, 이를 많은 사람이 공유했던 것이다. 즉, 위기 상황에서는 전문가 그 자체의 가치와 신뢰도가 높아진다. 이에 대해 글로벌 PR 컨설팅 기업인 에델만(Edelman)은 코로나19 이후 전문가에 대한 신뢰도가 높아졌다고 했다. 아무래도 불확실성과 변동성에서 정확한 정보의 중심에 있는 사람들은 전문가이고, 그들의 말과 전달력에 힘이 실리게 마련이다. 더불어 바이브컴퍼니의 송길영 부사장은 위기 상황에서 전문가의 말에 더욱 귀를 기울이게 되는 이유가 '불안'때문이라고 밝혔다.[39] 일례로 그 전에도 활발히 활동했

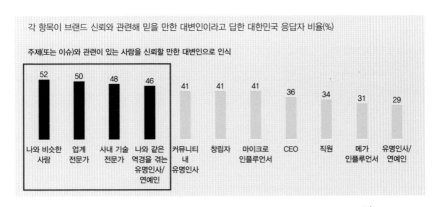

[그림 1-6] 신뢰와 관련해 믿을 만한 대변인이라고 답한 응답자 비율(%)[40]

던 오은영 박사가 육아 전문가로서 더욱 주목받게 된 배경은 무엇이었을지 생각해 보자. 팬데믹 상황이 되면서 가족 간 갈등이 심해지고 그 중심에 육아도 있었을 텐데, 그 상황을 전문가의 시선으로 진단해 주고 심도 있게 분석해 주는 오은영 박사의 의견과 조언이 평소에 비해 더 주의 깊게 들린 것이라고 할 수 있다.

그렇다면 여기서 말하는 전문가란 누구인가. 전문가란 여러 의미로 정의될 수 있는데, 협의의 개념으로는 '전문직'을 예로 들 수 있다. 즉, 우리가 흔히 얘기하는 의료계, 과학계, 학계, 법조계, 세무·회계 등 일련의 어려운 시험을 통과해서 자격증을 취득한 사람들을 거론하기도 한다. 이들은 위기 상황에서 절대적으로 강력한 전파력을 갖는다. 하지만 지금은 4차 산업혁명 시대이다. 직업의 변화도 심해졌고, 직업의 경계도 모호해졌다. 그래서 '전문가=전문직'이라는 공식이 더 이상 통하지 않는다. 그렇기 때문에 전문가에 대한 정의도 좀 더 포괄적으로 적용할 필요가 있다. 따라서 필자들이 다양한 위기 극복 사례를 조사하면서 사람들이 귀를 기울였던 전문가들을 살펴보니 대략 이런 부류들이 눈에 띄었다.

첫째, 임플로이언서(employencer)이다. 임플로이언서란 직원(employer)이자 인플루언서(influencer)인 사람들인데, 이들은 쉽게 말해 앞서 여러 태그 속에 등장한, 현재 직장에서 실무를 하고 있는 사람들이다. 이들은 직장을 다니면서 획득한 업의 전문성을 바탕으로, 그리고 인플루언서의 영향력으로 소비자와 활발히 소통하는 특징을 갖고 있다.[41] 이들이 전문성을 담보할 수 있는 것은 'n년차 직장인'이라는 것이다. 이것이 평소에는 별것 아닐 수 있는 배경이지만 위기 상황에서는 누구보다 그 업종과 직장에서 오래 근무한 사람이 돋보인다. 그래서 이들을 전문가라고 할 수 있는 것이다. 이들은 패션, 화장품, 생활용품, 가전, 가구 등 소비와 밀접한 제품군에 주로 존재한다.

둘째, 지식 콘텐츠 플랫폼 저자이다. 퍼블리, 폴인, 북저널리즘과 같은 지식 콘텐츠 플랫폼은 각자의 직업과 전문성을 바탕으로 한 저자들의 콘텐츠를 게재하고 그에 따른 정기 구독료를 받는다. 물론 무료 플랫폼도 있지만, 주로 정기 구독자의 구독료를 바탕으로 한 플랫폼의 콘텐츠 전문성을 더욱 높게 평가한다. 이런 플랫폼에서 저자로 활동하는 사람들은 다양하다. 앞서 언급한 임플로이언서를 포함해 다양한 분야에 종사하는 사람들부터 전문직인 사람들까지 저자로 활동하고 있다. 중요한 것은 이런 지식 콘텐츠 플랫폼에서 공식적인 저자로 활동하기 위해서는 자신의 전문성을 검증받아야 한다는 점이다. 그것이 경력이 될 수도 있고, 활동 이력이 될 수도 있고, 독특한 아이디어가 될 수도 있지만 적어도 정제된 정보를 바탕으로 다른 사람들에게 인사이트와 유용한 지식을 줄 정도는 되어야 한다는 것이다.

특이한 점은 이런 지식 콘텐츠 플랫폼이 거의 대부분 '유료'라는 점이다. 정보가 넘쳐 나는데, 왜 사람들은 돈을 주고서라도 이런 플랫폼의 정보에 접근하려고 할까. 앞서도 말했지만 넘쳐 나는 정보가 오히려 반작용으로 작용한 것이다. 가뜩이나 불안하고 불확실한 시대인데, 공개된 정보에는 가짜 뉴스가 넘쳐 나고, 기획기사를 빌미로 한 광고도 넘쳐 난다. 게다가 그 방식이 교묘해져서 이것이 정확한 정보인지, 아니면 광고 글인지 알기도 어렵다. 그렇기 때문에 그것을 자체적으로 필터링하기보다는 지식 콘텐츠 플랫폼이 걸러 준 정보를 보겠다는 니즈가 강해지는 것이다. 그것이 유료라고 할지라도 정보 필터링의 수고를 덜어 주기 때문에 그 가치에 대한 지불 용의가 충분하다는 뜻이기도 하다. 그래서 지식 콘텐츠 플랫폼 자체도 늘었고, 각 플랫폼별 구독자도 늘었다. 2021년 기준 활성화되어 있는 지식 콘텐츠 플랫폼만 해도 뉴닉, 퍼블리, 부딩, 아웃스탠딩, 폴인, 캐럿, 닷페이스, 오디티 스테이션, 빵슐랭 가이드, 디독 등 다양하다.

셋째, 전문가 커뮤니케이터이다. 앞서 전문직들을 거론했을 때 '전문가=전문직'으로 단일화할 수 없다고 했지만 요즘 전문직의 행보가 달라졌다. 전문직이라고 하면 접근성이 낮고 고가의 비용을 지불해야만 만날 수 있었는데, 고맙게도 전문직을 비롯한 많은 전문가가 유튜브라는 플랫폼을 타고 다양한 분야의 커뮤니케이터로 활동하고 있는 것이다. 그래서 의학 커뮤니케이터, 과학 커뮤니케이터, 법률 커뮤니케이터라는 카테고리도 생겨났다. 게다가 이런 커뮤니케이터에는 전문직이나 박사들만 있는 것이 아니다. 여기에는 다양한 '기술'을 가진 기술자들이 대거 포함되어 있다. 타일 시공, 도배, 배관, 인테리어, 자동차, 영업, 악기, 노래 등 수많은 분야의 전문가들이 유튜브에서 커뮤니케이터로 매우 활발히 활동하고 있다.

한편, 이 모든 것을 포함하여 전문가에 대한 특징에 추가할 부분이 있다. 필자들이 전문가 또는 전문성에 대한 논의를 하며 주변 사람들에게 자문을 구하던 중 한 가지 의문이 들었다. 꼭 한 분야에서 큰 성취와 성과를 거두어야만 전문가라고 할 수 있을까. 여러 분야에서 다양한 경험을 쌓고, 그것이 한 사람 내에서 융합되어 폭넓은 지식으로 표현되는 사람들도 전문가라고 할 수 있지 않을까. 이에 대해 필자들은 '다양성도 전문성'이라고 결론 내렸다. 이것은 과거와 다른 양상의 전문성이다. 과거에는 소위 한 우물을 파는 사람들이 대세였다. 하지만 이제 다양한 경험을 하는 것 자체가 무기이다. 다양성이라는 것은 변화와 위기에 대한 대응 능력을 갖췄다는 뜻이기 때문이다.

특히, 앞서 언급했던 전문직, 임플로이언서, 지식 콘텐츠 플랫폼 저자, 전문가 커뮤니케이터 등 다양한 전문가 부류들 역시 사실 하나의 호칭만으로 부르기에 부족하다. 전문직이 지식 콘텐츠 플랫폼 저자이기도 하고, 임플로이언서가 전문적인 콘텐츠 프로바이더일 수도 있기 때문이다. 그래서 최근 등장한 개념이 폴리 스페셜리스트(poly-specialist)이다. 폴리 스페셜리스트란 넓은 범위에서 다양한 지식을 갖춘 제너럴리스트(generalist)와 특정 분야의 깊은 전문 지식을 갖춘 스페셜리스트(specialist)의 특징이 합쳐진 개념이다. 그래서 폴리 스페셜리스트는 다양한 분야의 융복합적 지식을 바탕으로 새로운 가치를 창출하는 전문가라고 할 수 있다.

실제로 코로나19를 겪으면서 시시각각 변화하는 상황과 불확실성에 대응하기 위해 다수의 전문가 부류가 폴리 스페셜리스트로 나아가고자 하고 있고, 시대가 그런 자질을 요구하고 있다. 그래야 위기 상황에서 발 빠르게 대처할 수 있고, 위기에 따른 문제를 신속하게 극복할 수 있기 때문이다. 결국 하나에 집중해서 전문성을 얻은 전문가나, 다양성을 바탕으로 한 전문가, 그리고 두 가지를 모두 갖춘 폴리 스페셜리스트 등 전문가들이 위기에 큰 전파력을 갖는다는 것은 분명하다.

#전문직 #임플로이언서 #n년차 직장인 #지식 콘텐츠 플랫폼 저자 #전문가 커뮤니케이터 #의학 커뮤니케이터 #과학 커뮤니케이터 #법률 커뮤니케이터 #기술 커뮤니케이터 #다양성도 전문성

〈표 1-3〉 폴리 스페셜리스트 관련 추천 도서

책 제목	저자 및 역자	출판년월	추천 포인트
폴리매스-한계를 거부하는 다재다능함의 힘	와카스 아메드, 이주만	2020. 9.	서로 연관이 없어 보이는 다양한 영역에서 출중한 재능을 발휘하며 방대하고 종합적인 사고와 방법론을 지닌 사람의 중요성을 강조하고 있다.
더 프랙티스-놀라운 성취를 이뤄낸 사람들의 비밀	세스 고딘, 도지영	2021. 6.	전문가가 되기 위해 얼마나 많은 실행과 연습이 바탕이 됐는지 알려 주고 있다.

02
문제는 콘텐츠

리:티핑 포인트의 두 번째 구성 요인은 콘텐츠(contents)이다. 『티핑 포인트』는 이 부분에서 주로 '메시지'를 강조했고, 그중에서도 소비자의 귀와 마음에 찰싹 달라붙는 '고착성 있는 메시지'를 더욱 강조했다. 여기서 고착성이란 어떤 메시지가 임팩트를 주는 것, 나아가 메시지가 머릿속에서 지워지지 않고 기억에 박혀 있는 것이다. 그리고 『티핑 포인트』는 고착성을 만드는 원리로 입에 딱 달라붙고 재미있는 카피, 아주 작은 아이디어, 사람이 가진 욕구를 자극하고 욕망을 충족시키는 것, 즐거움을 유발하는 것, 스토리텔링 등을 꼽았다. 이에 대해 칩 히스(Chip Heath)와 댄 히스(Dan Heath)는 『스틱!(Made to Stick)』에서 고착성 있는 메시지를 좀 더 세분화하고 구체화하기도 하였다.

하지만 영원불멸한 것은 없다. 특히, 불확실성과 변동성이 커지는 위기 상황에서는 더더욱 그렇다. 그래서 수많은 정보와 콘텐츠가 범람하는 세상에서 어떤 콘텐츠를 전달해야 하는가에 대해서는 재정의가 필요하다. 이에 대해 더글라스 B. 홀트(Douglas B. Holt)는 창의성이 대중과 상호작용을 하기 위해서는 반드시 정치 · 사회 · 문화적인 맥락 속에 있어야 한다고 주장했다. 이를 반대로 얘기하면 외부 환경이 바뀔 때에는 고착성과 창의성의 요소가 바뀌어야 한다는 뜻이다. 이를 하나의 예를 들어 설명하겠다.

디트로이트 업계에서는 자동차의 크기와 엔진의 크기가 '남성다움'의 상징이었고, 그에 대한 과장된 메시지와 화려한 이미지를 강조했다. 하지만 시대가 변하면서 폭스바겐은 '작게 생각하라(Think Small)'는 메시지로 자동차 광고의 방향을 바꿔 버렸다. 이제 자동차는 남성의 전유물이 아니라 실용성을 강조한 산물이 되어야 한다는 것이었다. 그래서 폭스바겐은 'Think Small'의 두 단어와 아무 내용 없는 심플한 이미지를 통해 당시 자동차업계의 풍조를 조롱했고, 자동차를 보다 여성스럽고 보헤미안적인 감성으로 대체했다.[1]

결과적으로 앞뒤, 시대적인 맥락 없이 극도로 창의적으로만 만들려고 하는 광고는 사실상 거의 통하지 않는다. 이에 대해 『브랜드는 어떻게 아이콘이 되는가』의 역자, 윤덕환은 "소비자가 원하는 창의성은 시대적 맥락에서 찾아야 한다."고 설명했다.[2] 그래서 필자들은 이런 배경에서 어떤 메시지, 어떤 콘텐츠를 전달해야 할 것인가를 고민하기 시작했다.

우선 필자들은 티핑 포인트의 메시지, 즉 고착성 메시지보다 '콘텐츠'가 개념 확장성에 맞다고 생각했다. 과거에는 텍스트를 중심으로 한 메시지로 내용을 담아내는 것이 일반적이었으나 최근에는 사진뿐만 아니라 영상을 중심으로 한 미디어 환경으로 나아가고 있기 때문이다. 그래서 여기서 말하는 콘텐츠는 메시지, 이미지, 영상을 포함해 공연, 전시 등 문화·예술 콘텐츠, 엔터테인먼트, 심지어 오프라인에서 펼쳐지는 VMD(visual merchandising)나 팝업 스토어를 포괄한다.

한편, 위기 상황에서의 콘텐츠는 아너십(honorship), 모먼트(moment), 데이터이즘(dataism)과 같은 가치를 담고 있어야 한다. 아너십이란 '진정성과 신뢰' 등을 포괄하는 개념으로 아너십이 있는 콘텐츠는 위기 상황에서 전면적으로, 그리고 소비자 불만에 대응할 수 있는 힘을 갖는다. 또한 모먼트는 긴 호흡으로 장기적인 관계를 형성하는 것보다 짧고(short), 빠르고(speedy), 단순하게(simple) '순간'을 지배하는 콘텐츠로 위기 상황을 주도적으로, 국지적으로 해결할 수 있는 힘을 갖는다. 마지막으로 데이터이즘, 즉 '데이터'가 담긴 콘텐츠는 모든 것을 명확한 근거로 증명할 수 있기 때문에 불확실성과 불안감을 해소시켜 줄 수 있다.

여기서의 핵심은 정보나 메시지를 전달하는 사람만 특별하다고 해서 티핑 포인트가 일어나지 않는 것처럼 리:티핑 포인트의 첫 번째 구성 요인인 커뮤니케이터만 특별하다고 해서 리:티핑 포인트가 일어나지 않는다는 점이다. 즉, 아무리 많은 사람에게 광고를 노출해도 광고의 콘텐츠 자체가 매력이 없거나 또는 그 광고의 대상

[그림 2-1] **콘텐츠 세분화**

이 되는 제품이나 서비스가 좋지 않다면 광고 효과는 반감되거나 거의 없게 되는 것이다.[3] 결국 커뮤니케이터와 함께 콘텐츠 그 자체의 힘도 필요하다. 이제 각각의 콘텐츠 속성이 위기 상황에서 왜 중요한지, 그 효과는 어떠한지 구체적으로 살펴보자.

아너십
– 강점을 등지고 약점을 강조하라

    팬데믹 상황에서 불안감이 높아짐에 따라 이를 자극하는 정보가 넘쳐 나기 시작했다. 뉴스뿐만 아니라 유튜버들까지 불안감을 해소시키기보다는 불안감을 자극시키는 데 집중했던 것이다. 그리고 사람들 역시 위기에 따른 불안감을 더 높은 자극을 통해 해소하려는 듯이 그런 뉴스와 콘텐츠에 반응했다. 그래서 콘텐츠 크리에이터들도 자극이 되고 돈이 되는 곳에 휩쓸리듯 몰려갔고, '사이버 렉카(cyber wrecker)'라는 신조어까지 나오게 되었다. 결과적으로 갈수록 더 높은 자극을 추구하는 '자극범람 시대'가 되었다.

    실제로 사회 혼란이 가중되고 정보가 발달할수록 잘못된 정보가 빠르게 확산되는 현상인 정보전염병, 즉 인포데믹(infodemic)이 심해진다. 팬데믹 상황에서 가짜 뉴스가 더 넘쳐 났던 원인이 여기에 있다. 이러다 보니 사람들의 판단력도 흐려지고 정보에 대한 민감도나 피로도가 쌓여만 갔다. 이런 상황에서 2020년 9월, 페이스북은 잘못된 정보의 확산을 차단하기 위해 메시지 전달을 제한하기로 결정했다. 이제는 한 번에 5명 또는 그룹에게만 메시지를 전달할 수 있게 한 것이다. 이에 대해 페이스북은 메세지 전달을 제한하는 것은 실제 세계에 해를 끼칠 가능성이 있는 유해 콘텐츠의 확산을 늦출 수 있는 효과적인 방법이라고 전했다.[4]

    결국 시간이 지나면서 자극적인 콘텐츠와 가짜 뉴스, 넘쳐 나는 정보와 무분별성에 지칠 대로 지친 사람들은 좀 더 진지하고 투명한, 그리고 신뢰할 수 있는 콘텐츠에 주목하기 시작했다. 즉, 사람들은 코로나19로 불안이 쌓이면서 모든 것에 '신뢰 프로세스'를 적용하고 싶어 했고, 어떤 정보가 진짜인지 알기도 힘들고 루머가 넘쳐 나면서 오히려 모든 것을 투명하게 열어 놓는 것에 중요성을 느끼기 시작했다. 그래서일까. 팬데믹이라는 절체절명의 위기 상황에서 ESG(environmental, social and governance), 그중에서도 지배구조(governance)가 중요해진 것은 우연이 아니다. 투명성 등 비재무적 요소가 투자의 기준이 된 것이다. 그뿐만 아니라 비대면 일상이 지속되고 사람과 사람이 아닌 사람과 디바이스로 커뮤니케이션이 전환되면서 사람들은 진실, 신뢰 등을 더욱 갈망하게 되었다.

그런 배경에서 최근 화두로 떠오른 개념이 아너십이다. 아너십은 말 그대로 명예와 규율을 중시하는 것을 뜻하는데, 쉽게 말해 진정성, 솔직함, 투명성 등을 바탕으로 신뢰를 확보하는 것을 말한다. 그래서 아너십은 지나친 성과 중심주의를 지양하고 기업과 브랜드의 꾸밈없는 모습, 문제에 대해 바로 책임지는 입장, 부족한 부분은 인정하고 개선하려는 의지 등을 지향한다. 그러므로 아너십이 있는 콘텐츠는 위기 상황에서 전면적으로, 그리고 소비자 불만에 대응할 수 있는 힘을 갖는다.

사실 아너십은 수년 전부터 거론되었는데, 최근 팬데믹을 거치면서 재조명된 것이다. 이렇게 재조명된 아너십을 좀 더 알기 쉽게 설명하기 위해 필자들은 최근 2년간 팬데믹 기간에 사람들이 아너십을 느꼈던 사례들을 모아 아너십의 조건을 몇 가지로 요약, 분류하였다. 그리고 아너십을 보다 명확하게 정의하기 위해 데이비드 마이스터(David Maister)의 '신뢰방정식'을 활용해 보았다. 이에 따르면 'H=(A+T+C)/S'로 설명될 수 있다. 즉, 아너십(honorship)은 [솔직함이 주는 진정성(authenticity)+모든 정보와 과정을 공개할 수 있는 투명성(transparency)+자기 결점을 고백할 수 있는 용기(confession)]÷이기적 성향(self-interest)의 결과라는 것이다.[5] 여기서 아너십을 감소시키는 이기적 성향은 차치하고 나머지 개념들에 대해서 구체적으로 살펴보자.

첫째, 진정성에 대해 알아보자. 바이브컴퍼니의 송길영 부사장은 팬데믹을 거치면서 디지털 전환뿐만 아니라 진정성 사회가 가속화되었고, 진정성 사회에서 사람들은 권력이나 성공이라는 단어보다 '선한 영향력'이라는 말에 주목하기 시작했다고 전했다. 또한 데이터 투명 사회가 되면서 모든 게 기승전 '진정성'으로 향하고 있다고 강조했다.[6] 이뿐만이 아니다. 팬데믹 시대, 헬스 커뮤니케이션이 중요해진 상황에서 2021년 7월에 열린 '헬스케어 홍보 포럼'에서도 역시 코로나19 시대 헬스케어 홍보 키워드로 '진정성'을 꼽았다.[7] 그리고 팬데믹 시대의 가장 큰 수혜를 얻은 배달의 민족이 개최한 '자란다데이 2020' 콘퍼런스에서도 코로나 생존 키워드 중 하나로 진정성을 거론했다.[8]

그렇다면 진정성이란 무엇인가. 막상 필자들이 진정성이 중요하다고 했을 때, 독자들은 좀 애매하거나 추상적이라고 생각했을 것이다. 이에 대해 2020년 한국광고학회 하계학술대회의 "포스트코로나 시대, 소비자 라이프스타일의 변화와 브랜드 마케팅"에서 대홍기획 정하림 박사는 진정성이란 "거짓이나 왜곡된 브랜드를 거부하는 경향"이라고 설명했다. 그러면서 진정성에 대한 키워드로 '공정성, 투명성, 감수성, 대응력' 등을 꼽았고, 위기 상황에서는 거짓과 오류에 대해 '적절하고 즉각적인 대응을 하는 것' 역시 진정성을 보여 줄 수 있는 행동 중 하나라고 하였다. 또한 제임스 H. 길모어(James H. Gilmore)와 B. 조지프 파인 2세(B. Josepe Pine II)의 『진정성의 힘(Authenticity)』에 따르면 진정성은 '솔직함'과 같다. 위기에서는 솔직함이 곧 무기가 된다. 괜한 아이디어나 멋을 부린 수사보다 솔직한 한 문장이 더 낫다는 뜻이다. 일반적인 경우, 즉 팬데믹 전에는 과장과 과대 포장의 시대였다. 사람들은 더 돋보이고 화려하고 보기 좋은 것들에 시선을 뺏겼다. 하지만 위기 상황을 거치면서 겉치레는 과감히 걷어지고 전달하고자 하는 핵심 메시지만 전달하는 것이 중요해진 것이다.

그리고 솔직함은 '잘못이나 오류가 있다면 솔직하게 사과하기'로 구체화된다. 특히, 솔직함은 리:티핑 포인트의 첫 번째 구성 요인인 커뮤니케이터 중 하나인 안티 컨슈머에 대한 효과적인 대응책이기도 하다. 게다가 '투명시대'로 일컬어지는 요즘 시대에서의 솔직함은 가히 화두이다. 왜냐하면 정보가 모두 공개될 수밖에 없는 환경에서는 과거와 과오를 감추는 것이 거의 불가능하기 때문이다. 기업 또는 개인이 남긴 여러 디지털 흔적들은 언제든 회자될 수 있고, 그것이 숨겨져 있었다고 하더라도 다양한 기술과 플랫폼을 통해 공개될 수 있다. 최근 많은 기업의 횡포와 잘못, 그에 대한 내부 고발뿐만 아니라 유명 방송인들이 과거 학교폭력과 비행의 주인공이었다는 일이 알려져 소비자 불매운동으로 이어지는 일이 비일비재한 것이 이를 증명한다.[9]

그래서 이런 위기 상황에서는 문제가 발생했을 때 솔직하게 시인하고 사과하는 것이 매우 중요하다. 뇌과학자인 정재승 교수와 더랩에이치의 김호 대표는 『쿨하게 사과하라』에서 사과는 패자의 변명을 넘어 승자의 가장 쿨하고 현명한 전략이고, 사과를 잘하면 신뢰 커뮤니케이션이 형성되어 위기를 기회로 바꿀 수 있다고 하였다. 이와 관련된 사례 하나를 살펴보자.

2021년 9월, 신세계푸드는 신세계 푸드몰에서 스토어찜과 소식 알림에 동의할 경우 각 1만 원, 1천 원 쿠폰을 발행했다. 1만 원 이상 주문 시 사용할 수 있었던 이 쿠폰은 각종 온라인 커뮤니티를 중심으로 널리 알려졌고, 쿠폰 발행액만 10억 원을 넘겼다. 하지만 소비자 입장에서 상당히 좋은 혜택이었던 이 쿠폰은 하루 만에 사용이 불가능해졌다. 이 쿠폰의 금액이 잘못 설정되어 이 쿠폰으로 주문한 건에 대해 취소하겠다는 공지 글이 올라온 것이다. 이에 대해 소비자는 스토어찜 10만 개는 달성해 놓고 쿠폰을 사용하지 못하게 되었다면서 신세계푸드를 '먹튀'라고 비난했다. 결국 신세계 푸드는 발행된 쿠폰을 정상적으로 사용하도록 하였고, 이 쿠폰으로 주문한 건에 대해서도 정상 배송을 진행했다. 더불어 소비자의 이해를 구하면서 사과문까지 공지했다.[10] 이에 대해 비난을 쏟아냈던 온라인 커뮤니티에서는 신세계푸드가 '대인배'라며 칭찬 글을 쏟아냈다.

최근 사용자가 많아지면서 리뷰에 대한 이슈가 있는 배달의 민족에도 좋은 사례가 있다. 한 고객이 배달 음식에 대해 불만족한 리뷰를 남긴 것이다. 배달이 늦어 음식이 식어서 고기가 질겼으며 심지어 비닐까지 들어 있었다는 리뷰였다. 이에 대해 해당 업체의 사장은 먼저 진심으로 사과하고, 배달 시스템에 따른 문제 가능성을 언급하되 이번 기회로 배달 시스템을 개선하여 앞으로 동일한 문제가 없게 하겠다는 약속을 했다. 그리고 비닐에 대해서도 철저한 위생관리를 통해 재발하지 않을 것을 약속했다. 마지막으로 다시 한번 사과하면서 앞선 주문과 다음 주문을 무료로 제공하겠다는 뜻을 밝혔다. 이 사례는 단편적이지만 소셜 미디어에서 사과의 교과서라며 널리 인용되었다. 소셜 미디어에서 사람들은 이 사과문을 '사과의 정석'이라고 평가하고 있었다. 즉, 잘못을 인정했는지, 재발 방지 대책을 세웠는지, 진심 어린 사과를 했는지, 합당한 보상을 약속했는지 등을 좋은 사과의 조건으로 든 것이다. 그러면서 잘못을 잘 인정하지 않는 기업과 연예인을 꼬집기도 했다.

둘째, 투명성에 대해 알아보자. 투명성은 모든 정보와 과정을 투명하게 공개하는 것이다. 위기 상황에서 정보의 왜곡과 포장은 오히려 가짜 뉴스와 오해를 확대시킬 수 있고, 피해를 일으킬 수도 있기 때문이다. 특히, 신체 및 건강과 관련된 헬스 커뮤니케이션에서는 더욱 그렇다. 그래서 팬데믹을 거치면서 인종, 성별, 외모, 몸무게, 신체 변화 등 모든 것을 긍정하고 있는 그대로 보여 주는 내추럴 포지티브(natural positive)가 주목받고 있다. 이에 대해 박현정 마콜 컨설팅 그룹(Macoll Consulting Group) 이사는 "예전에는 생리적 현상들을 숨기는 게 미덕처럼 여겨졌다. 하지만 차라리 직설적이고 직접적으로 표현해 언어의 경제성 측면에서 발화자와 수신자 모두 효과적일 수 있는 방법으로 내추럴 포지티브가 주목받고 있다."고 분석했다. 그리고 이런 흐름에 맞춰 광고나 마케팅 역시 그동안의 문법을 완전히 파괴하고, 새로운 모습을 보이고 있다.[11] 예를 들어, 영국 여성용품 브랜드 헤이걸스(HeyGirls), 여성 위생 브랜드 띵스(Thinx), 영국의 생리빈곤자선단체 블러디 굿 피리어드

(Bloody Good Period), 스웨덴 여성 케어 브랜드 인티미나(Intimina) 등은 여성의 생리, 모유 수유, 제모 등에 대해 있는 그대로를 보여 주는 광고 캠페인을 펼쳤고, 여성 소비자들의 긍정적인 반응을 이 끌어 냈다.

이는 건강과 직결된 식품 분야에도 적용된다. 예를 들어, 버거 킹은 자사 햄버거에 인공 방부제를 넣지 않았기 때문에 약 30일 이 후에는 햄버거가 부패할 수 있다며 곰팡이로 뒤덮인 햄버거 광고 를 게재했다. 그러면서 '진짜 음식의 아름다움은 썩는다는 것(the beauty of real food is that it gets ugly)'이라는 카피를 내세웠다. 이 광 고는 2020년 칸 라이언즈 아웃도어 부문 그랑프리 등 9개의 상을 수상했다.

투명성을 구체적인 콘텐츠로 풀어보면 인증으로 인정받기, 내돈

[그림 2-2] 곰팡이 핀 버거킹 와퍼

출처: Campaigns of the World[12]

내산, 환불 마케팅 등이 있다. 대표적으로 인증으로 인정받기 사례를 살펴보자. 2021년 4월, CJ제일제당은 외식 업체를 대상으로 '스팸 인증마크'를 도입했다. 스팸을 사용하는 식당에 대해 "본 매장은 스팸을 사용합니다"라고 적힌 팻말을 부착한 것이다. 이는 한 덮밥 업체가 스팸보다 저렴한 캔 햄을 사용해 만든 덮밥을 '스팸 덮밥'이란 이름으로 판매한 것에 한 고객이 항의한 논쟁에 따른 조치였다. 결국 CJ제일제당은 증빙서류 등을 바탕으로 스팸 사용 여부를 확인하고, 인증마크를 도입하여 자신들의 지위도 공고히 하면서, 이 논란에 따른 간접적인 피해에서도 벗어나고자 하였다. 결과적으로 스팸 인증마크를 도입한 매장은 5개월 만에 1,500곳을 넘겼다.[13]

[그림 2-3] **스팸 인증마크**
출처: eyesmag[14]

[그림 2-4] **힐튼 인증마크**
출처: Hilton[15]

이와 유사하게 2021년 3월, 비위생적인 중국 김치 공장 영상이 공개된 후 각 매장은 국산 김치 사용 인증에 나섰다. 농림축산식품부에 따르면 국산 김치 자율표시 업소는 2021년 7월 기준 7,300여 곳으로, 이 제도가 2016년 도입된 이후 2021년에 급증한 것이다.[16] 결국 위기 상황에서는 '팩트가 곧 생존'이다. 그리고 범람하는 가짜

뉴스, 가짜 제품 속에서 제대로 된 정보와 제품을 가려내는 능력이 개인의 건강 및 생존과 직결된다.[17]

위생 및 청결 문제와 직결된 호텔 사례도 살펴보자. 힐튼(Hilton)은 코로나19에 따라 객실 점유율이 떨어지자 미국 최고의 종합 병원 중 하나인 메이오 클리닉(Mayo Clinic)과 함께 '힐튼 클린스테이(Hilton CleanStay)'라는 프로그램을 개발했다. 힐튼 클린스테이는 객실에서 가장 손이 많이 가는 세면대, 샤워실, 침대, 커튼과 각종 스위치, 손잡이, 리모컨, 온도조절 장치 등을 집중적으로 소독하고 체크 리스트를 통해 청소가 완벽하게 완료된 객실에만 문에 인증 스티커를 붙이는 프로그램이다. 특히, 청소를 할 때 병원급의 청소용품을 사용하고, 위생 및 청결 수준 역시 병원급으로 기준을 두는 것을 목표로 하여 신뢰도를 높였다. 게다가 이 인증 스티커는 객실에 손님이 들어오기 전까지 뗄 수 없도록 하여 불신을 해소하였다.[18] 이를 바탕으로 힐튼은 점진적으로 객실 점유율이 회복되었고, 여행객들 사이에서 믿고 방문할 수 있는 호텔로 자리매김하였다.

그렇다면 환불 마케팅은 어떨까. 편의점 이마트24는 업계 최초로 구매한 상품의 맛이 없으면 무조건 환불해 주는 '맛 보장 서비스'를 도입했다. 환불 비용을 본사가 100% 지원한다고 해도 고객의 단순 변심으로 악용될 수 있기 때문에 우려가 만만치 않았다. 하지만 맛 보장 서비스 도입 후 프레시 푸드(85%), 면류(84.5%), 스낵류(58.2%) 등 각 제품류의 매출이 급증했다. 이마트 부문은 환불 마케팅이 효과를 보이자 이마트로 적용 범위를 넓혔다. 이마트는 피코크 제품을 구입한 소비자가 맛이나 품질에 만족하지 못하면 30일 이내에 전액 환불해 주기로 한 것이다. 코로나19라는 위기 상황과 불경기에도 불구하고 과감한 환불 마케팅으로 고객의 신뢰를 얻고 매출이 증가하자 홈플러스 역시 신선식품을 월 100만 원 한도에서 조건 없이 환불해 주는 정책을 운용하기로 했다.[19]

또한 명품 거래 플랫폼 머스트잇(MUSTIT)은 이커머스에서 명품의 가품 논란이 가중되자 '정품 200% 보상제'를 도입했다. 혹시라도 머스트잇에서 가품을 구매할 경우, 책임지고 200% 보상을 해 주겠다는 것이다. 이에 대해 머스트잇 관계자는 "온라인 명품 거래에서 중요한 요소 중 하나는 소비자가 구입한 명품이 가품이 아닌 진품이라는 신뢰 확보이다."라고 강조했다. 머스트잇은 이런 프로세스 정비를 통해 소비자 신뢰를 확보했고, 코로나19에도 불구하고 2021년 누적 거래액 1조 원을 넘겼다.[20]

셋째, 자기 고백(confession)에 대해 알아보자. 자기 고백은 기업과 브랜드가 부족한 점을 고백하고 개선을 약속하는 것이다. 그리고 부족함을 부끄러워하지 않는 것이다. 이를 콘텐츠로 풀어보면 유결점 마케팅, 2인자 마케팅, 셀프 디스 등이다. 어떤 논쟁을 했을 때의 예를 들어 보자. 서로 논쟁을 할 때 약점 자체를 인정하지 않고 부정하면 더 깊은 수렁에 빠지는 경우가 많다. 아니라고 논박하는 순간 이슈가 선점되고 그 약점으로 논쟁의 틀에 갇히게 된다. 그런데 약점을 인정하면 이를 공격하는 사람들의 맥이 빠지기도 하고, 다른 한편으로는 논쟁 상대가 나의 의견을 경청하고 수용하고 있다는 사실에 공격 의지가 한풀 더 꺾이기도 한다. 여기에 이 상황에서 '이런 노력을 하겠다'고 얘기하면 그 상황이 반전된다.[21]

또 하나의 예를 들어 보자. 맥주 브랜드 코로나는 병을 일렬로 세워 놓으면 용량이 다 다르다는 약점이 있었다. 사람들은 코로나 맥주의 기술이 형편없다며 비판했다. 그러자 코로나 맥주는 자신들의 기술력이 부족함을 인정하는 동시에 병마다 용량이 차이 나는 것이 '멕시코다운' 여유와 낭만이라고 말하며 새로운 관점을 제시했다.[22] 이를 마케팅적으로 확장하면 이런 아이디어도 가능하다. 코로나 맥주병의 용량 차이로 소리가 다르게 나는 점을 활용해 코로나 맥주병을 주제로 음악을 만들 수도 있고, 코로나 맥주병끼리 비교해서 더 적은 맥주를 마시는 것을 벌칙으로 하는 게임을 만들 수도 있다. 마침내 코로나 맥주는 이런 반전을 통해 비판을 줄일 수 있었다.

결국 약점을 덮으려고 하거나 너무 보완하는 데에만 치중하면 비판을 받거나 비효율의 문제에 직면한다. 그래서 "강점을 등지고 약점을 강조하라."는 말이 여기서 나온다. 나의 약점, 부족한 점, 경쟁 열세인 점 등 치부를 오히려 인정하고 드러내는 것이 진정성을 확보하는 데 큰 무기가 된다. 다시 한번 강조하지만 위기 상황에서는 약점을 인정하는 것이 강점이 된다. 그리고 약점이 무기가 된다.

한편, 이런 점을 잘 활용한 것을 '유결점 마케팅(flawsome marketing)'이라고 한다. 기업이나 제품의 단점을 의도적으로 드러내 오히려 신뢰와 인간성을 확보하는 마케팅이다. 이에 대해 캐나다 브리티시컬럼비아 대학교 연구진은 특이하게 생긴 농산물에 '못난이' 라벨을 붙인 효과를 조사하기 위한 연구를 진행했다. 연구 결과, 가게 주인들은 못난이라는 단어를 사용하기 꺼리지만, 오히려 못생겼다고 말하는 게 'B급'이라거나 이유를 설명하지 않고 가격을 할인하는 등 에둘러 표현할 때보다 고객의 구매욕을 더 자극한다는 사실을 발견했다. 그래서 연구진은 "못생긴 상품을 팔려면 그냥

못난이라고 불러라."라고 결론을 내렸다.[23]

이번에는 호텔 사례를 보자. 네덜란드 암스테르담의 '한스 브링커 버짓 호텔(Hans Brinker Hostel)'은 엘리베이터, TV, 거울과 화장대 등이 없는 '세계 최악의 호텔'이라고 광고했다. 다만, 그런 편의시설이 없는 이유로 자신들은 환경을 지키기 위해 다른 호텔이 갖춘 어메니티(amenity)를 제외했다고 고백했다. 이렇게 자신들의 결점을 드러내는 광고를 했음에도 이 호텔의 예약률은 크게 높아졌고, 이런 단점을 알고 방문한 고객들은 당연히 불만이 없었다.[24]

식품업계는 어떨까. 빙그레 요플레는 신제품을 론칭하면서 '프리미엄 원물 토핑에 집중하느라 제품 패키지에는 신경을 못 썼다'며, '껍데기가 ★(별)로야'라는 광고를 제작했다. 이런 셀프 디스로 신선함과 재미를 더했고, 광고 영상은 순식간에 조회 수 570만 회를 넘기면서 이슈가 되었다.[25]

[그림 2-5] 빙그레 요플레 토핑 광고

출처: 빙그레 홈페이지[26]

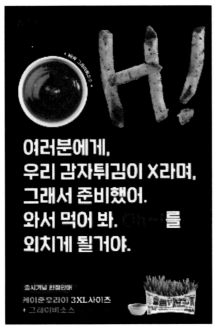

[그림 2-6] KFC 감자튀김 광고

출처: KFC 홈페이지[27]

더불어 KFC 감자튀김은 맛이 없다는 평가를 받았다. KFC는 이 부분을 인정하는 포스터를 게재했다. 그리고 절치부심하여 새로운 감자튀김을 출시하면서 "우리 감자튀김이 X라며, 그래서 준비했어."라는 광고를 게재했다. 소비자 반응은 폭발적이었다. 소셜 미디어에 '감튀 바뀌고 켑(KFC 준말)하러 갑니다'는 인증이 넘친 것이다. KFC 관계자는 "기존 감자튀김이 맛없다는 소비자 의견을 인정하고 아예 신제품을 출시한 것"이라며 "감자튀김 판매량이 부쩍 증가했다."고 전했다.[28]

이렇듯 여러 조건을 통해 아너십을 확보하게 되면 얻어지는 것이 '신뢰(trust)'이다. 이 신뢰라는 개념은 최근 경영전략과 마케팅 전략에서 화두로 떠오르고 있다. 아너십으로 신뢰가 쌓이면 구매 의사와 실제 구매가 늘어나기 때문이다.[29] 실제로 글로벌 PR 컨설팅 기업인 에델만(Edelman) 조사에 따르면 소비자의 67%가 "기업 평판이 좋으면 제품을 사용해 볼 수는 있지만, 그 기업을 신뢰하지 않으면 곧 구입을 중단할 것이다."라고 밝혔다. 그리고 소비자가 브랜드의 신규 고객이나 충성 고객이 되는 데 가장 중요하다고 답한 요인에서 '해당 브랜드 또는 기업을 신뢰하는지'라고 답한 소비자는 신규 고객의 59%, 충성 고객의 60%에 달했다.[30] 즉, 브랜드 신뢰가 구매에 영향을 미친다는 것이다. 이에 대해 에델만은 "전례 없는 혼란 속에서 신뢰가 브랜드를 좌우한다(amid seismic shocks, trust now make or break)."고 정의했다.

우스갯소리지만 가끔 지나가다 보면 '가게가 망했어요'라면서 '창고 대정리'를 한다는 문구가 있다. 재미있는 건 그게 통한다는

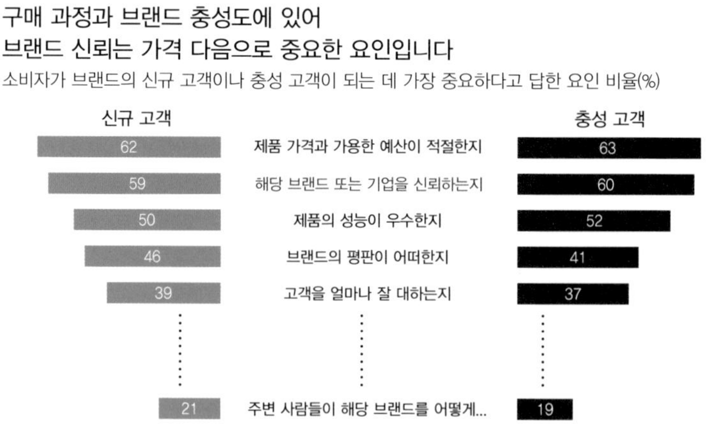

구매 과정과 브랜드 충성도에 있어
브랜드 신뢰는 가격 다음으로 중요한 요인입니다
소비자가 브랜드의 신규 고객이나 충성 고객이 되는 데 가장 중요하다고 답한 요인 비율(%)

신규 고객		충성 고객
62	제품 가격과 가용한 예산이 적절한지	63
59	해당 브랜드 또는 기업을 신뢰하는지	60
50	제품의 성능이 우수한지	52
46	브랜드의 평판이 어떠한지	41
39	고객을 얼마나 잘 대하는지	37
21	주변 사람들이 해당 브랜드를 어떻게...	19

[그림 2-7] 구매 과정에서 브랜드 신뢰의 중요성[31]

것이다. 특히, 제일기획에 따르면 소비자는 "그동안 자신이 구매한 브랜드가 미사여구로 포장한 광고(ad)보다는 아너십이 있는 행동(act)으로 보답하기를 바란다."[32]고 한다. 그만큼 진정성, 투명성, 그리고 자기 고백이 담긴 콘텐츠는 큰 반향을 일으킬 수 있다.

#신뢰 프로세스 #ESG #선한 영향력 #진정성 #솔직함 #솔직하게 사과하기 #투명시대 #투명성 #내추럴 포지티브 #인증으로 인정받기 #내돈내산 #환불 마케팅 #자기 고백 #유결점 마케팅 #2인자 마케팅 #셀프 디스 #신뢰

〈표 2-1〉 아너십 관련 추천 도서

책 제목	저자 및 역자	출판년월	추천 포인트
진정성 마케팅-끌리는 브랜드를 만드는 9가지 방법	김상훈, 박선미	2019. 3.	게릴라 마케팅, 앰부시 마케팅, 스텔스 마케팅 등 기존의 마케팅 방법이 통하지 않는다. 대신 불황의 시대에도 통할 진정성 마케팅 방법을 9가지로 정리해 실제 사례를 들어 쉽게 설명하고 있다.
진정성의 힘-어떻게 소비자를 사로잡을 것인가?	제임스 H. 길모어, B. 조지프 파인 2세, 윤영호	2020. 4.	『TIME』 선정 '세상을 바꾸는 10가지 생각' 중 핵심인 진정성을 구체적으로 분류하였다.
인간적인 브랜드가 살아남는다-마케팅이 통하지 않는 세상에서	마크 W. 셰퍼, 김인수	2021. 9.	'존중은 신뢰를 부른다'는 부분에서 진정성 마케팅의 통찰력을 배울 수 있다.

모먼트
- 스토리텔링은 죽었다. 순간을 지배하라

팬데믹이 닥치기 전까지 강력한 브랜드를 만들기 위한 방법 중 하나로 손꼽혔던 것이 스토리텔링(storytelling)과 롱 인게이지먼트 (long engagement)였다. 소비자가 브랜드를 거부감 없이 받아들이고 자신과 동일시할 수 있도록 장기적이고 지속적인 메시지를 전달하고자 한 것이 스토리텔링이고, 고객 접점에서 지속적인 접촉과 체험, 경험을 쌓아 가면서 긴 관계를 형성하려고 했던 것이 롱 인게이지먼트이다. 그동안 이 방식들은 실제로 유효했다.

하지만 팬데믹 상황에서 사람들은 메시지나 콘텐츠를 받아들이고자 하는 여유와 인내심이 줄어들었다. 왜냐하면 마음의 여유가 없는데, 미디어 의존도가 높아지면서 너무 많은 정보를 접하다 보니 긴 관계 형성이 어려워진 것이다. 실제로 글로벌 마케팅 트렌드 리포팅 기업 WARC의 '주목을 끌기 위한 플래닝 가이드(guide to planning for attention)'에 따르면 사람들이 광고에 집중하는 시간은 평균 3.3초이고, 이렇게 3.3초라도 사람들이 광고에 집중하는 비중은 전체 광고의 52%에 불과하다고 한다. 광고와 콘텐츠가 넘쳐 나는 시대지만 사람들의 집중도는 반대로 줄어들고 있는 것이다. [33]

그래서 세계 최대 크리에이티비티 행사인 칸 라이언즈(The Cannes Lions)에서는 바닐라 콘텐츠(vanilla content)와 같이 큰 의미가 없거나 시간을 질질 끄는 스토리텔링이 위기 상황에서는 잘 먹히지 않는다는 세미나가 이어졌다. 여기서 바닐라 콘텐츠는 특징

없는 무미건조한 콘텐츠를 뜻한다. 칸 라이언즈는 식상하고 의미 없는 바닐라 콘텐츠가 되지 않기 위해서는 예상을 뒤엎는 시도가 필요하고, '순간적인 몰입'을 유도해야 한다고 하였다.

이와 관련해서 엘리베이터 브리핑(elevator briefing)이 회자된다. 엘리베이터 브리핑이란 상사에게 보고할 때, 엘리베이터의 일정 층까지 올라가는 짧은 순간 상사에게 핵심만을 전달하고 승인을 득할 수 있을 정도로 간단하고 단순하게 내용을 전달해야 한다는 뜻이다. 이는 단순히 비유가 아니라 미국 정계나 기업에서 여전히 쓰이고 있는 방식이다. 실제로 미국 상원, 하원의원의 보좌관들은 엘리베이터 브리핑을 통해 발의할 법안에 대해 설명하고, 의원들은 그 짧은 순간 잘 요약된 내용을 바탕으로 의안을 처리하기도 한다. 매일 다급하고 치열한 정쟁이 오고 가는 의회에서 엘리베이터 브리핑만큼 유용한 것은 없다.

위기 상황에서는 얼마나 많은 고객의 시간을 점유하느냐 보다 어떻게 순간을 사로잡느냐가 중요하다. 이와 관련해서 커뮤니케이션 이론에 주목할 필요가 있다. 커뮤니케이션이 효과를 발휘하기 위해서는 명료성, 일관성, 적시성, 분포성 등이 갖추어져야 한다는 것이다. 이 중에서도 팬데믹과 같은 위기 상황에서는 적시성, 즉 타이밍이 중요하다.[34] 과거에는 소비자와의 지속적인 접점, 관계, 유지 등이 중요했지만 위기 상황에서는 그럴 여유가 없다. 순간적인 순발력을 발휘해서 순간을 치고 들어가야 한다.

그에 따라 최근 강조되고 있는 것이 모먼트(moment)이다. 여기서 파생된 모먼트 마케팅이란 최적의 타이밍을 강조하는 마케팅 전략이다.[35] 식품업계를 예를 들어 설명하면, 메뉴를 강조하기보다 소비자가 즐길 수 있는 최고의 순간을 강조하는 것이다. 이를 활용해 CJ제일제당은 탕수육을 먹는 방법을 강조했던 찍먹과 부먹을 넘어 '갓먹'을 강조하는 캠페인을 진행했다. 갓먹이란 '갓 만들어 갓 먹는 것'을 뜻하는 줄임말이자 신조어로, 기름에서 바로 건져 올려 갓 튀겨진 탕수육의 바삭한 식감을 '갓'이라는 한 단어에 담아내고자 한 것이다. 요컨대, 탕수육을 '어떻게' 먹느냐가 아니라 '언제' 먹느냐를 강조하는 콘텐츠인 것이다.

이와 유사하게 스프라이트 역시 '스프라이트 앤 밀(Sprite & Meal)' 캠페인을 전개하며 사이다를 더욱 시원하게 즐길 수 있는 순간을 제시했다. 즉, 소비자가 제품을 가장 원하는 순간을 포착하여 그에 맞는 콘텐츠를 제시하고 그 순간을 강조하는 것이 모먼트이다. 최근 위기 상황을 겪으면서 이런 모먼트 콘텐츠, 광고, 마케팅이 증가했고, 순간의 마케팅을 하기 위한 콘텐츠를 제작하는 모먼트 마케팅 대행사도 생기기 시작했다. 그래서 이들은 순간 떠올랐다 사라지는 밈(meme)에 포커스를 맞춰 빠르게 콘텐츠를 제작하고 반응을 이끌어 내는 것을 목표로 하기도 한다. 그리고 이들은 고객의 순간을 뺏는다는 의미로 타임 버스터(time busters)를 강조한다.

모먼트 콘텐츠를 좀 더 구체적으로 살펴보자. 필자들이 다양한 사례를 중심으로 분석하고 분류한 결과, 모먼트는 3S로 요약될 수 있었다. 3S란 짧고(short), 빠르고(speedy), 단순한(simple) 콘텐츠를 뜻한다. 즉, 위기 상황에서는 장기적으로 소비자와 교감할 수 있는 시간적, 감정적 여유가 없기 때문에 '순간'의 힘으로 상황을 대처하고 극복해야 한다는 의미이다. 하나씩 살펴보자.

첫째, 짧은 문장(short sentence)을 활용한 콘텐츠가 있다. 어떤 콘셉트에 대해서 설명할 때 '한마디로 말하면'을 항상 상기하는 것이다. 그래서 '한 단어 콘셉트'라는 말도 있다. 이에 대한 대표적인 사례로 무신사의 '무신사랑' 캠페인이 있다.

기존에 길었던 슬로건을 짧게 줄여 위기 상황에 맞게 대처한 사례도 있다. KFC는 약 64년간 '손가락을 빨만큼 맛있다(it's finger lickin good)'는 슬로건을 사용하고 있었다. 하지만 코로나19로 인해 손가락을 입에 댄다는 것이 위생적이지 않고, 또 너무 길다는 이유로 전면 재검토에 들어갔다. 위기 상황인 만큼 브랜드 슬로건을 원점에서 재검토하기보다 기존 슬로건을 짧게 줄이는 것으로 대안을 마련했다. 즉, 'it's finger lickin good'에서 가운데 'finger lickin'을 흐릿하게 지운 듯이 이미지 처리를 하여 'it's good'을 브랜드 슬로건으로 정한 것이다.[36] 이를 통해 KFC는 반등에 성공했다. 이 사례를 보면 브랜드 슬로건을 짧게 처리한 것의 기발함도 엿볼 수 있고, 브랜드 슬로건을 변경할 때 시간과 비용을 획기적으로 줄인 절차에서 KFC의 현명함도 확인할 수 있다.

또한 짧은 콘텐츠에서 빼놓을 수 없는 것이 숏폼(short form) 콘텐츠이다. 앞서 사람들이 광고에 집중하는 시간이 평균 3.3초라고 했는데, 이에 맞춘 플랫폼이 숏폼이고 이를 활용한 숏폼 콘텐츠는 위기 상황에서 필수적이다. 그래서 '5초 마케팅'이라는 것도 생겨났다. 그중 하나인 브랜드 테이크오버(brand takeover)는 틱톡 앱 실행 시 바로 노출되는 전면 광고로, 3~5초 길이의 영상 또는 이미지로 노출된다. 보통의 광고와 달리 음원이 지원되지 않는 대신, 임팩트 있는 비주얼로 눈길을 사로잡을 수 있다.[37] 나아가 광고 자체를 5초에 특화한 사례도 있다. 현대약품은 기존의 광고 패턴에서 벗어

[그림 2-8] KFC의 it's good 광고 캠페인

출처: KFC

나 5초라는 짧은 시간 동안 중독성 있는 춤과 노래를 반복하는 광고를 선보였다. 현대약품에 따르면 5초 광고를 한 달간 진행한 결과, 온라인 포털 사이트 검색량이 광고 전보다 약 40% 증가했고, 광고 시청률은 그 전 광고를 진행했을 때와 대비하여 2배 이상 높은 것으로 조사되었다.[38]

둘째, 빠른 대응에 포커스를 맞춘 콘텐츠에 대해 살펴보자. 청정원은 코로나19로 사람들이 집에 있는 시간이 늘어나자 '야식이야 (夜)'라는 제품 카테고리를 론칭했다. 이 제품 카테고리의 슬로건은 '밤에 먹고 싶을 때 빨리 먹을 수 있는 야식'으로 야식을 먹을 때의 '속도'를 강조했다. 즉, 집에서 쉽고 빠르게 조리를 하면 배달 음식보다 빠르게 야식을 먹을 수 있고, 각종 포장재 처리가 번거로운 배달 음식보다 빠르게 뒷처리를 할 수 있어 편리하다는 것이다. 이와 함께 청정원은 '야식은 빠르게 먹어야 한다'는 '야식이야─야식의

[그림 2-9] **청정원 '야식이야'**

출처: 청정원[39]

남자들' 영상 콘텐츠를 제작했는데, 론칭 3개월 만에 누적 조회 수 200만 회를 돌파할 정도로 소비자들 사이에서 화제가 되었다. 그리고 청정원은 웹소설 '하렘의 남자들' 광고를 패러디하여 재미를 더한 영상에서 "야식은 먹고 싶을 때 빨리 먹어야 한다."고 거듭 강조한다.[40]

한편, 전문 펫시터 고용 플랫폼 도그메이트(Dogmate)가 중시하는 '가입 후 3일' 마케팅도 빠른 대응에 해당한다. 도그메이트는 반려동물을 키우는 사람들이 앱으로 간단하게 펫시터를 고용할 수 있는 서비스를 제공하는데, 코로나19로 실적에 큰 타격을 받았으나 신규 고객의 '가입 후 3일'을 집중 공략한 결과 실적을 개선시킬 수 있었다. 도그메이트의 김예지 마케팅 팀장에 따르면 "가입 후 최초 3일이 신규 고객이 서비스에 대한 관심도나 호기심이 가장 높은 시기"라며, "이때 고객이 첫 결제를 진행할 수 있게 만드는 데 마케팅 역량을 집중시키고 있다."고 말했다. 즉, 자발적으로 서비스에 들어와 가입까지 진행하는 유저들을 정말 말 그대로 끈질기게 붙들고 설득한다는 것이다. 그리고 도그메이트는 가입 후 3일 마케팅과 동시에 기존 고객들의 이용 주기도 단축시키고자 했다.[41]

또한 숏 인게이지먼트(short engagement)를 강조하는 패스트버타이징(fastvertising)이 있다. 훌륭한 아이디어를 신속하게 실행한다는 뜻인 패스트버타이징은 광고에 있어서 속도가 매우 중요하다는 것을 의미한다. 그래서 패스트버타이징을 위해서는 캠페인을 빨리 실행하는 것이 중요하기 때문에 다양한 문화적 배경을 이해하고 있어야 한다. 즉, 어떤 현상이 나타나는 배경을 잘 이해하고 촉각을 곤두세우고 있어야 소비자가 반응하는 순간을 빠르게 포착할 수 있고, 그에 대한 광고 캠페인을 진행할 수 있다는 것이다. 따라서 패스트버타이징에서는 어떤 아이디어가 떠올랐을 때 얼마나 빠르게 실행할 수 있는지, 실제로 구현할 수 있을지가 중요하다.[42] 그 대신 퀄리티는 포기할 수도 있다.

셋째, 단순함에 대해 알아보자. 위기 상황에서는 순간을 사로잡을 수 있는 콘텐츠, 단순한 콘텐츠로 승부를 봐야 한다. 이건 꼭 위기가 아니더라도 적용되는 명제이다. 만약 업계의 2인자, 아니 그 이하의 위치에 있는 기업이나 브랜드라고 할 때, 누가 그들의 말을 귀담아듣겠는가. 특히, 단순한 콘텐츠를 만들 수 있다면 여러 가지 장점을 누릴 수 있다. 먼저, 소비자 입장에서 이해하기 쉽다. 그리고 이해하기 쉽기 때문에 기억에 더 오래 남는다. 또한 콘텐츠를 만들 때와 수정할 때 그 과정이 용이할 뿐만 아니라 비용이 절감된다. 하지만 여기서 중요한 점은 단순한 콘텐츠를 만든다는 건 정보를 덜어 내는 것이 아니라, 축약하면서 의미를 배로 만드는 것이다. 그래서 애플은 "단순함이란 궁극의 정교함이다(simplicity is the ultimate sophistication)."라는 레오나르도 다빈치의 말을 디자인 철학으로 삼기도 했다.

그만큼 단순한 콘텐츠는 장점도 많은 반면, 만들기 어렵기도 하다. 하지만 다음과 같은 사례들을 살펴보면 그렇게 어려운 것도 아님을 알 수 있다. 당근마켓은 중고거래의 문제를 '단순함'으로 해결했다. 즉, 중고거래에서 가장 큰 단점은 거래의 복잡성에 있었다. 제품을 올리고 홍보하고 실제 거래로 이어질 때까지 과정과 절차가 복잡했기 때문이다. 이를 해결하기 위해 당근마켓은 모든 절차에서 '단순함'을 강조했다. 당근마켓은 '쉽고 간단한 중고거래'를 마케팅 포인트로 잡았다. 당근마켓은 직거래를 우선하기 때문에 사

[그림 2-10] 당근마켓의 성공요인 중 하나인 간단함

출처: 당근마켓[43]

람들로 하여금 사기에서 자유롭게 했다. 이는 중고거래를 할 때 복잡한 생각을 하지 않아도 된다는 뜻이다. 그리고 쉽게 이용하게 했다. 스마트폰으로 채팅을 하듯 제품에 대한 간단한 정보만 확인하고 거래 일정만 정하면 된다. 특히나 앱 사용 자체가 간단하고 편하다. 당근마켓 앱을 사용한 사람들의 실제 의견을 적극 반영해 앱 서비스를 꾸준히 개선했기 때문이다.[44) 당근마켓의 성공에는 중고거래 시장의 확대도 작용했겠지만 이런 단순함을 통해 이용자 수가 2020년 550만 명에서 2021년 2100만 명으로 급증했다.

사실 이렇게 모먼트가 중요하게 부각되기 시작한 이유는 우리가 '포노 사피엔스(phono sapiens)' 시대로 돌입했기 때문이다. 포노 사피엔스란 소위 스마트폰을 메인 미디어로 삼아 수많은 정보를 받아들이는 데 익숙한 인류 변화를 말한다.[45) 포노 사피엔스에게는 장황하게 스토리가 담긴 메시지, 플레이 타임이 긴 광고는 순식간에 뒤로 밀리기 마련이다. 그래서 이 모먼트 콘텐츠는 앞으로 위기 때마다 중요하게 작용할 것이다.

#순간적인 몰입 #엘리베이터 브리핑 #타이밍 #밈 #타임 버스터 #짧음 #빠름 #단순함 #짧은 문장 #한마디로 말하면 #한 단어 콘셉트 #숏폼 #5초 마케팅 #브랜드 테이크오버 #숏 인게이지먼트 #패스트버타이징 #포노 사피엔스

〈표 2-2〉 모먼트 관련 추천 도서

책 제목	저자 및 역자	출판년월	추천 포인트
후크 포인트-3초 세상에서 승리하는 법	브렌던 케인	2021. 5.	하루 평균 최대 1만 개의 광고에 노출되는 세상에서 수많은 소음을 뚫고 고객의 마음에 각인될 수 있는 전략을 소개한다.
단 1줄로 사로잡는 전달의 법칙	모토하시 아도, 김정환	2021. 10.	전혀 관심 없는 상대의 시선을 잡아끌고, 내 이야기에 귀 기울이게 하는 데는 단 1줄이면 충분하다는 것을 잘 설명하고 있다.
보는 순간 사게 되는 1초 문구-당신의 수익을 끌어올릴 1초 문구의 힘	장문정	2021. 10.	5초도 아깝다. 1초 만에 소비자를 유혹하는 언어의 모든 기법을 설명하고 있다.

데이터이즘
– 문자로 현혹시키지 말고 숫자로 증명하라

최근 데이터에 대한 중요성은 계속 강조해도 지나치지 않다. 4차 산업혁명의 핵심이 데이터이고, 비즈니스의 대부분이 데이터에 따라 처리되는 데이터 드리븐(data-driven)을 따르고 있기 때문이다. 특히, 데이터는 과학적이고 객관적이며 '사실'에 근거하고 있기 때문에 신뢰도가 높다. 이 점이 『티핑 포인트』의 메시지와 차별점을 만들어 낸다. 즉, 티핑 포인트의 메시지는 주로 재미, 자극, 즐거움, 스토리텔링, 감성 등을 강조하고 있는데, 리:티핑 포인트의 데이터이즘(dataism) 콘텐츠는 이와 정반대로 사실, 근거, 숫자, 이성을 강조한다. 이 차이가 왜 중요한가 하면 지나친 재미와 자극 그리고 감성을 자극하는 것은 위기 상황에서 '과잉자극(overstimulation)'이라는 부작용을 낳을 수 있기 때문이다. 반면, 데이터이즘 콘텐츠는 위기 상황에서 현실을 직시할 수 있게 하고 사실을 판단하는 데 시간과 노력의 낭비를 줄여 준다.

데이터이즘 콘텐츠는 가짜 뉴스에 대응하는 데에도 효과적이다. 정보통신정책연구원에 따르면 가짜 뉴스를 비롯한 허위 정보는 시간 흐름과 관계없이 사회적 불안 강도에 따라 증가하는데, 이때 데이터를 바탕으로 한 콘텐츠는 모든 것을 명확한 근거로 증명할 수 있기 때문에 불확실성과 불안감을 해소시켜 줄 수 있다.[46] 그래서 WHO는 'Mythbusters' 코너를 마련해 코로나19 치료, 예방 등과 관련한 '팩트'를 전달하려 했고, 이를 위해 숫자와 데이터를 중요하게 생각했다.[47] 특히, 이런 현상은 앞으로도 이와 유사한 위기 상황에서 반복될 수 있다.

하지만 여기서 말하는 데이터이즘 콘텐츠란 빅데이터를 활용하고 데이터를 고차원적으로 분석하는 것을 뜻하는 것이 아니다. 데이터이즘 콘텐츠는 콘텐츠 자체에 숫자가 담겨 있거나 숫자를 근거로 한 콘텐츠이다. 나아가 숫자와 데이터를 시각화한 콘텐츠를 말하는 것이다. 그래서 숫자와 데이터로 소비자에게 어필하고 이를 바탕으로 소비자의 신뢰를 얻을 수 있다.

이에 대해 제일기획은 '마스크에 감춰진 욕망을 잡아라'라는 리포트에서 '스토리텔링 대신 넘버텔링(numbertelling)'이 중요하다고 강조했다.[48] 즉, 사람들은 불확실성과 변동성이 커진 시대에서 통계, 데이터 등 확실한 '숫자'가 주는 심리적 위안을 추구하게 된다. 그래서 기업들은 감성적인 스토리텔링과 자극적인 비주얼 대신, 숫자로 설득하는 넘버텔링으로 소비자를 설득해야 한다는 결론에

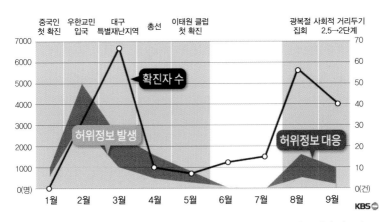

[그림 2-11] **한국의 월별 신규 확진자 수 추이와 재난진행 단계에 따른 허위 정보 수**
출처: KBS[49]

이른다. 이 리포트는 또한 흥미로운 개념을 제시하기도 했다. 위기 상황에서는 소위 팔로워만 많은 인플루언서보다 '넘버플루언서(numberfluencer)'가 더욱 영향력이 있다는 것이다. 여기서 넘버플루언서란 사실에 근거한 정확한 숫자로 제품과 브랜드를 대변하는 사람 또는 콘텐츠를 뜻한다. 즉, 위기 상황에서는 사람을 따르던 인플루언서에서 객관적이고 절대적인 숫자, 통계, 데이터를 따르는 넘버플루언서로 패러다임의 변화가 생긴다는 것이다.

이런 흐름에 대해 빅데이터 전문가로 잘 알려진 바이브컴퍼니 송길영 부사장은 최근 위기 상황에서의 새로운 변화를 이렇게 진단했다. 그는 시대의 키워드에 대해 "첫째는 데이터를 통한 과학적 사고, 둘째는 업의 진정성, 셋째는 성숙한 공존이다. 중세 흑사병 이후로 가톨릭의 권위가 의심받고 인본주의 시대가 시작되었듯이, 코로나19 이후 기존의 권위가 의심받으면서 데이터를 바탕으로 한 과학적 판단의 시대가 열렸다."고 말한 것이다.[50]

그렇다면 데이터이즘 콘텐츠는 어떤 모습으로 나타나는가. 제일기획은 '99마케팅'을 예로 들기도 했다. 99마케팅이란 99.999% 살균 등 누가 가장 완벽에 가까운 수치를 달성하는지 경쟁하는 것이다. 또는 음원 차트 외에도 치킨집 차트, 운동화 차트 등 모든 제품 카테고리를 랭킹화하는 소비자 플랫폼 역시 데이터이즘 콘텐츠가 될 수 있다고 한다. 이것이 제품과 연결되면 어떤 콘텐츠로 드러나는지 한 사례를 살펴보자.

2021년 4월에 설립된 스타트업 모다모다는 8월 '모다모다 프로 체인지 블랙샴푸'를 출시했다. 이 제품은 보통 샴푸가 아닌 '머리를 감으면 흰 머리가 검게 변하는 샴푸'로 유명해졌다. 폴리페놀 성분이 머리카락을 감싸며 산소와 반응해 사과가 갈변하듯 머리카락을 검게 물들이는 원리다. 평소 같았다면 이 샴푸를 사용할 때 염색이 되는 시각적인 광고가 진행되었을 것이다. 하지만 이 제품의 접근 방식은 달랐다.

모다모다는 먼저 폴리페놀 성분의 갈변효과를 위해 흰 머리카락이 검게 변하는 데 걸리는 시간이 통상 4주임을 밝혔고, 유튜브나 블로그 등에 올라온 소비자 후기를 바탕으로 사람에 따라 검은 머리카락이 되기까지 3~5주가 걸린다는 점을 업데이트했다. 그리고 실험과 소비자 사용 후기를 지속 관찰하여 갈변효과는 30일이 지나도 95% 정도 유지됨을 계속 알렸다. 추가로 짧은 머리는 2~3회, 긴 머리는 4~5회 샴푸를 하여 2~3분 정도 감아야 한다는 사용법도 밝혔다. 계속해서 구체적인 숫자를 언급하고 그것을 알린 것이다. 이런 과학적 검증과 실제 효과를 바탕으로 이 샴푸는 대형마트, TV 홈쇼핑, 심지어 아마존에서도 입고 즉시 품절되었다. 일부에서는 사재기 소동까지 벌어지기도 했다. 이런 반응에 힘입어 모다모다는 코로나19 상황에서도 물량 부족 해소를 위해 생산을 확대하여 월 생산량을 100만 병에서 200만 병으로 늘렸고, 2022년에는 1,000억 원대의 수출을 기대하고 있다.

이런 콘텐츠는 꼭 상업적인 제품에만 적용되는 것이 아니다. 환경 콘텐츠에도 적용된다. 한 사례를 살펴보자. 최근 환경적으로 이산화탄소가 문제 되고 있는 상황에서 국제 환경보호단체 그린피스(Greenpeace)는 고래를 새로운 해결책으로 제시했다. 그린피스에 따르면 고래는 평소에 엄청난 양의 이산화탄소를 몸속에 저장하는데, 고래가 죽으면서 바다 밑으로 가지고 가는 이산화탄소의 양이

한 마리 평균 약 33톤이라고 한다. 그리고 이 수치를 나무와 비교했는데, 나무 한 그루가 매년 흡수하는 이산화탄소의 양이 약 22kg이기 때문에 고래 한 마리를 보호하는 것이 나무 수천 그루를 심는 것만큼의 효과가 있다고 한다.[51] 또 그린피스는 여러 연구를 인용해 고래 배설물이 있는 곳에 식물성 플랑크톤의 양이 증가하고, 그 식물성 플랑크톤은 대기 중 산소의 50% 이상을 생산하는 것은 물론이고 이산화탄소를 약 370억 톤 포집한다고 밝혔다. 식물성 플랑크톤이 포집하는 이산화탄소의 양은 나무로 따지면 약 1조 7,000억 그루와 맞먹는 수준으로 아마존 숲 4개를 모아 놓은 것과 비슷한 수준이라는 것이다.[52] 즉, 그린피스의 데이터이즘 콘텐츠처럼 고래를 보호하고 해양 생태계를 개선시키는 것이 이산화탄소 감소에 효과적인 것으로 보인다.

이처럼 데이터이즘 콘텐츠는 다양한 부분에서 활용될 수 있고, 어떤 정보에 대해서 다시 생각할 수 있는 계기를 만들어 주며, 시각화를 통해 이해를 돕기 때문에 위기 상황에서 신뢰를 쌓고 직관적으로 소비자에게 다가갈 수 있는 힘을 준다.

#데이터 드리븐 #숫자 #데이터 시각화 #넘버텔링 #넘버플루언서 #99마케팅

〈표 2-3〉 데이터이즘 관련 추천 도서

책 제목	저자 및 역자	출판년월	추천 포인트
언바운드	조용민	2021. 9.	구글 커스터머 솔루션 매니저인 저자는 '자신의 일에 새로운 기술을 연결하라'며 '트렌드 새비(trend savvy)'라는 개념을 전한다.
숫자는 어떻게 진실을 말하는가-넘겨짚지 않고 현실을 직시하는 71가지 통찰	바츨라프 스밀, 강주헌	2021. 9.	데이터와 통계로 세상의 진실을 읽는 법을 알려 준다.

03
위기 속 컬처 코드

리:티핑 포인트의 세 번째 구성 요인은 컬처 코드(culture code)이다. 컬처 코드란 쉽게 말해 위기 상황에서 발생한 여러 가지 변화 양상, 즉 위기 상황에서 두드러지게 나타나는 트렌드 변화, 사람들의 라이프스타일 변화, 소비 경향 변화 등을 뜻한다. 중요한 것은 이런 변화가 위기 상황 때마다 반복적으로 나타난다는 것이다.

『티핑 포인트』에서는 이를 '극적인 상황'으로 설명했다. 즉, 아주 작은 상황과 150명 이하의 소규모 집단적 상황이 사람들의 생각과 행동에 큰 영향을 미칠 수 있다는 것이었다. 『티핑 포인트』에서 중요하다고 강조한 것은 사람들이 보기보다 상황에 훨씬 더 민감하고, 유행은 그 유행이 발생하는 시기와 장소의 상태에 민감하다는 점이었다. 그리고 그런 영향을 미칠 수 있는 상황은 아주 사소하고 작을 수 있다는 것이다. 이렇게 봤을 때 극적인 상황은 여전히 유효할 수 있다.

하지만 위기 상황에서는 이 '상황' 자체가 다르게 해석되고 적용되어야 한다. 우선 사람들이 상황에 민감하게 반응하는 것은 사실이지만 위기 상황에서는 그 상황의 변화가 그렇게 사소하지 않다. 팬데믹과 같은 거시적인 위기는 그 자체가 매우 큰 변화이고 그 변화로 인해 엄청난 변동성, 불확실성이 가중된다. 심지어 삶의 방식과 소비의 패러다임이 바뀌기도 한다. 따라서 위기 상황 그 자체가 이미 극적인 상황이 된 것이고, 그 범주와 규모도 크다. 티핑 포인트가 아주 작은 환경적 요인에서 비롯된 것이라면, 리:티핑 포인트는 팬데믹과 같은 큰 상황에서의 컬처 코드가 배경으로 작용한다는 것이 가장 큰 차이점이다.

그렇기 때문에 리:티핑 포인트에서는 위기 때에 어떤 변화가 일어나고, 위기 속에서 사람들이 어떤 컬처 코드에 따라 행동하고 소비하는가가 더 중요하다. 이에 대해 필자들은 리:티핑 포인트의 그어떤 구성 요인보다 가장 정교하게 제시되어야 하는 것이 바로 이컬처 코드라고 생각했다. 왜냐하면 컬처 코드 그 자체로도 사람들의 생각과 행동이 바뀔 뿐만 아니라 앞선 구성 요인인 커뮤니케이터와 콘텐츠도 어떤 컬처 코드를 따르느냐에 따라 결과가 완전히달라지기 때문이다.

결국 코로나19와 같은 팬데믹 또는 이와 같은 위기는 어떤 컬처코드를 만들어 냈을까. 그리고 그에 대한 전략은 어떠해야 할까. 이것이 필자들이 풀고자 했던 리:티핑 포인트의 마지막 퍼즐이다. 필자들은 다양한 사례와 여러 보고서, 팬데믹 기간 동안 출간된 많은 책 등을 바탕으로 비즈니스에서 일어났던 다양한 컬처 코드를다음과 같이 세분화하고 도식화할 수 있었다.

[그림 3-1] **컬처 코드 세분화**

이를 보면 컬처 코드는 크게 세 가지 축으로 나눌 수 있는데, 첫째, 가로축인 기술주의(technologism)와 본질주의(essentialism)이다. 이 가로축은 무엇보다 팬데믹 상황에서 빨라진 디지털 전환, 즉 혁신 기술을 어떻게 받아들일 것이냐에 대한 태도의 차이로 형성된 환경이다. 한쪽에서는 혁신을 지향하여 IT 기술을 받아들이면서 위기 상황을 극복했고, 다른 한쪽에서는 반대로 기본과 오리지널리티, 역사와 전통 등을 강조하며 기본을 지향하고자 했다. 이 두 가지 태도는 모두 위기를 극복하는 데 유효한 전략으로 작용했다.

한편, 여기서 한 가지 짚고 넘어가고자 하는 것은 앞으로도 IT 기술을 비롯한 혁신 기술이 위기 상황에서 중요한 역할을 담당할 것인가에 대한 질문에 답하는 것이다. 이에 대해 미리 답하자면 필자들은 앞으로 어떤 위기 상황이 닥치더라도 혁신 기술이 그 위기에서 대응할 수 있는 가장 강력한 보완재로 작용할 것임을 의심하지 않는다. 그런 입장을 대변하는 것이 혁신 지향이다. 하지만 동시에 디지털 전환과 같은 혁신 기술이 위기 상황에서의 완벽한 대체재는 될 수 없다. 즉, 혁신 기술은 위기 상황을 슬기롭게 넘길 수 있도록 하는 위기의 완충 역할을 할 수는 있지만 모든 위기 상황을 기술로 만회시키기는 어렵다는 뜻이다. 이런 입장에서 나온 것이 기본 지향이다. 이에 대해서는 뒤에서 좀 더 상세히 살펴보도록 하자.

둘째, 세로축은 초프리미엄(super-premium)과 역 매슬로(inverted-Maslow)이다. 이 세로축은 위기 상황임에도 불구하고 고가의 제품과 서비스를 즐기고자 하는 사람들의 욕망과 위기 상황이기 때문에 제품과 서비스를 구매할 때 구체적인 정보와 가격을 꼼꼼히 살피고자 하는 사람들의 합리성이 작용한 결과이다. 즉, 한 마디로 '부의 양극화' 또는 '소비의 양극화'가 작용한 축이라고 할 수 있다. 특이한 것은 가로축과 마찬가지로 이 세로축 역시 양극단에 있는 환경적 요인이 양쪽에서 잡아당겨 균형을 이루듯이 위기 상황에서 모두 유효하게 작용하고 있다는 점이다.

세 번째 축은 앞에서 언급한 가로축, 세로축과 전혀 다른 방향으로 작용하는 중심축이다. 가로축과 세로축은 양극화된 힘 또는 양극단을 향해 가는 힘, 즉 원심력이 작용한 반면, 중심축은 양극화를 상쇄시키고자 하는 듯이 구심력이 작용한다. 그 결과로 나타나는 것이 공동체와 협업, 그리고 포용과 수용을 중시하는 하이퍼 코피티션(hyper-coopetition)이다. 이렇게 양극화와 공동체가 공존하는 것 역시 매우 모순적이지만 위기 상황에서는 이런 모순이 흔히 일어난다. 그렇기 때문에 이 모순점을 잘 이해하고 전략적으로 활용하는 것이 리:티핑 포인트의 핵심 중 하나이기도 하다.

　결론적으로 필자들은 이렇게 다섯 가지의 컬처 코드, 그에 따른 전략을 소개하고자 한다. 물론 이 외에도 팬데믹, 위기 상황에서의 컬처 코드가 여럿 거론될 수 있다. 하지만 필자들이 분석한 결과, 위기 상황에서의 양극화와 공동체를 하나의 도식으로 설명할 수 있는 조합은 이 다섯 가지가 가장 합리적이었다. 특히, 이 다섯 가지 컬처 코드는 팬데믹 상황에서 얻은 교훈이기는 하지만 앞으로 일어나게 될 작은 혹은 큰 위기 상황에서 여전히 유효하게 작동할 수 있다. 이제 이 컬처 코드에 따라서 어떤 전략이 가능했는지, 그 효과는 어땠는지 각각 특징과 사례를 통해 살펴보도록 하자.

기술주의
– 디지털 전환이 아닌 디지털 개선으로

옥스포드 렉시코 사전(Oxford Lexico Dictionary)에 따르면 기술주의(technologism)는 '인간 사회를 형성하거나 개선하는 기술의 힘에 대한 믿음'이다.[1] 즉, 기술이 사회의 문제를 해결하고 개선하는 데 기여할 수 있다는 것을 지지하는 입장이다. 이에 대해 마크 저커버그(Mark Zuckerberg)는 2019년 초, 위기 상황일수록 구글(Google), 아마존(Amazon), 애플(Apple), 페이스북(Facebook), 그리고 마이크로소프트(Microsoft)와 같은 다국적 기술 기업(Multinational Tech Corporations: MNTCs)이 인간 사회를 형성하고 지배함으로써 미래 시대를 주도할 수 있는 힘을 갖는다며 '신기술주의(neo-technologism)'를 언급하기도 했다.[2]

그래서 필자들은 위기 상황에서의 컬처 코드 중 가장 먼저 기술주의에 주목할 수밖에 없었다. 코로나19로 인한 팬데믹 상황에서 멀어진 국가 간 거리, 단절된 사람들과의 관계를 그나마 연결시켜 줄 수 있었던 것이 이커머스, 플랫폼, 소셜 미디어, OTT, Zoom, 메타버스 등과 같은 기술이었기 때문이다. 심지어 코로나19를 극복하기 위한 백신 역시 mRNA[3]라는 기술이 있었기 때문에 개발이 가능했다.[4]

특히, 필자들이 리:티핑 포인트를 논하는 시점에서 가장 주목했던 점 중 하나는 '혁신 기술'을 받아들이는 속도와 정도였다. 즉, 4차 산업혁명과 팬데믹 시대에 '디지털 전환의 가속화'는 누구도 부인할 수 없었던 시대의 흐름이었고, 코로나19로 인한 팬데믹 상황에서 우리는 디지털 전환을 빠르게 받아들인 것이 사실이다. 실제로 디지털 기술은 우리에게 많은 편익을 안겨 주었고, 디지털 기술이 아니었다면 우리는 이처럼 빠른 회복을 하지 못했을 수도 있다. 필자들은 이 점이 『티핑 포인트』 때와 매우 다른 환경이었다고 판단했고, 많은 기업이 디지털 기술을 받아들임으로써 위기를 극복한 점에 대해서도 강한 인상을 받았다.

위기 극복을 위해 많은 기업이 디지털 기술을 받아들인 것은 현실적으로 필수불가결한 선택이었다고 할 수 있다. 이에 대해 브랜드 전략의 세계적 석학이자 프랑스 HEC 마케팅 교수인 장 노엘 캐퍼러(Jean-Noel Kapferer)는 이런 선택이 올바른 방향임을 주장했다. 그는 "잘 팔리고 존경받는 오래된 브랜드도 그 본질적인 가치는 유지하되 인터넷의 영향력, 기술 혁신 등을 끊임없이 반영해서 지속적인 재창조 작업을 해야만 브랜드가 성장할 수 있다."라며 '브랜드 리인벤팅(brand reinventing)'이라는 용어를 고안했는데, 이것이 여전히 유효한 명제임이 증명된 것이다.[5]

그래서 필자들은 앞으로도 어떤 위기 상황이 발생하더라도 그때에 맞는 혁신 기술을 받아들이는 것이 위기 극복을 위한 실마리 중 하나라는 점에 대해서 부인하지 않는다. 다만, 기술이 모든 문제 해결의 만능 키라고 과도하게 평가하는 것에 대해서는 경계하는 입장이다. 왜냐하면 위기 상황에도 불구하고 모든 비즈니스, 모든 업종, 모든 사람이 디지털 기술을 받아들인 것은 아니기 때문이다. 특히, 세상에는 탈디지털주의자(out-digital)와 디지털 지체자(digital lagger)도 여전히 있고, 앞으로도 있을 것이기 때문에 모든 상황, 모든 사람에게 디지털 기술을 받아들이게 하는 것 역시 역효과를 불러올 수 있다.

이에 대해서 기업이 어렵고 비싼 비용을 치러야 하는 부담감을 갖고 디지털 전환을 실행하기보다 각 기업이 가진 고유의 가치를 디지털 기술과 프로세스로 업그레이드하는 차원으로 접근해야 한다는 의견이 있다.[6] 즉, 태생적으로 디지털 기반으로 태어난 기업들은 예외지만 그렇지 않은 기업들의 경우 갑작스럽게 디지털로 전환하기는 매우 어렵다. '전환'이라는 건 그야말로 환골탈태를 뜻하기 때문이다. 그리고 무리하게 디지털로 전환하다가는 너무나 큰 리스크를 감수해야 할 수도 있다. 그래서 팬데믹 상황에서 많은 전문가가 '디지털 전환'을 해야만 한다고 주장했지만 이는 한편으로 다소 과하게 표현된 측면이 있다. 따라서 디지털 전환(digital transformation)이 아닌 '디지털 개선(digital upgrade)'으로 접근해야 한다.

이에 대해 P&G의 글로벌 비즈니스 서비스 부사장을 역임한 토니 살다나(Tony Saldanha)는 『디지털 전환이 실패하는 이유(Why Digital Transformations Fail)』에서 "디지털 전환을 할 때 처음부터 기술의 비중을 너무 높게 여기고 급진적으로 전환하려고 하면 디지털 전환에 실패한다."고 주장했다. 그래서 그는 올바른 과정(right steps)과 점진적 개선(gradual improvement)이 필요하다고 하였다.[7]

다시 말해, 혁신 기술은 위기 극복을 위한 하나의 해법일 수 있다. 다만, 그것을 받아들일 때 현재 위기 상황을 개선하는 데 초점을 맞춰야 부작용이 덜하다. 그리고 그 혁신 기술과 디지털 기술을 잘 받아들이고 개선에 적용하는 것만으로도 많은 변화를 이룰 수 있다. 특히, 4차 산업혁명의 가장 큰 장점은 초연결, 초실감, 초지능 등 무언가를 초월한다는 것이다. 디지털 전환이 아닌 개선이라는 개념의 연장선에서 시공간이 물리적 한계로 남아 있지 않고 시공간의 반전을 이룰 수 있는 여지가 생겼다는 것이다. 즉, 시간을 2배로 쓰고, 공간도 2배로 확장시킬 수 있는 가능성이 생겼다.

먼저, 공간의 반전부터 살펴보자. 대표적으로 메타버스가 있다. 메타버스(metaverse)는 현실 세계를 그대로 가상 세계에 옮겨 놓은 것으로서 사용자가 아바타를 통해 가상의 공간에서 다양한 활동과 커뮤니티를 즐기는 것이 가능하다. 스마트폰 등 IT 디바이스만 있으면 누구나 언제, 어디서든 가상 세계에 접속할 수 있고, 다양한 교류를 통해 정보를 공유할 수 있기 때문에 메타버스는 기업 입장에서 많은 비즈니스 기회를 창출함과 동시에 재원의 낭비를 줄일 수 있다. 더불어 소비자 역시 메타버스를 통해 실제 쇼핑과 유사한 구매행위를 경험할 수 있기 때문에 대체 만족을 누릴 수 있다. 그래서 발렌티노, 네타포르테, IKEA는 '동물의 숲'을, 나이키는 '포트나이트'를, 구찌는 '제페토'를 활용하며 공간을 극복했고, 위기 상황에서도 높은 성과를 거두었다.

특히, 이들은 오프라인 기반의 매장은 그대로 유지한 상태에서 메타버스 플랫폼을 테스팅 마켓 삼아 새로운 기회를 창출했다. 메타버스 플랫폼에서 다양한 제품 디자인을 테스트하여 실제 오프라인에서 판매하는 제품을 업그레이드했던 것이다. 이뿐만 아니라 메타버스의 주 사용자가 10대에 몰려 있기 때문에 메타버스를 활용하여 기업 입장에서 앞으로 소비 시장에 주류로 자리 잡게 될 10대를 대상으로 인지도와 호감도를 미리 높일 수 있었다. 즉, 다수의 브랜드는 유통망과 고객 접점을 모두 디지털화한 것이 아니라 그동안 접점이 없었던 곳에서 디지털 개선을 하여 새로운 기회와 수요를 창출한 것이다.

다른 공간의 반전 사례인 다크 스토어도 있다. 원래 다크 스토어는 유휴 부지에 구축한 물류창고를 뜻한다. 하지만 디지털 개선에 따른 다크 스토어는 기존 도심 속 매장의 유휴 공간과 주차장 등을 물류배송 거점으로 활용하는 개념이다. 이는 기존 오프라인 매장의 기능을 잃지 않으면서도 비대면으로 줄어든 고객에 따라 남아도는 공간을 적극 활용하는 장점이 있다. 그래서 이런 다크 스토어는 신규 물류센터를 짓지 않게 하기 때문에 기업 입장에서 시간과 비용을 절약할 수 있었다. 게다가 기존 도심 속 매장들이 주요 거점 및 상권에 위치해 있기 때문에 배송 시간과 비용 역시 절감할 수 있었다.[8]

한편, 디지털 개선은 시간의 반전도 이루었다. 즉, 낮과 밤을 전환시킨 것이다. 예를 들어, 오프라인 매장에서 낮에는 일반 고객이 쇼핑을 했다면 밤에는 시차가 다른 해외의 여러 고객을 대상으로 라이브 커머스를 할 수 있게 된 것이다. 그래서 디지털 개선을 통해 백화점이 24시간 가동될 수 있는 길이 열렸다.

이뿐만 아니라 인공지능과 키오스크를 도입하되 반대로 고객 접점을 늘린 경우도 있다. 스타벅스 사례를 보자. 스타벅스는 2020년 12월부터 인공지능 플랫폼인 딥브루(Deep Brew)를 도입하기 시작했다. 딥브루는 매장 내 커피 원두 같은 식자재의 재고 수요를 예측하고 매장을 효과적으로 운영하는 데 바리스타 수가 얼마나 필요한지를 30분마다 분석한다. 일부 언론에서는 딥브루를 도입하면서 스타벅스가 직원을 축소할 것이라고 우려했다. 하지만 스타벅스는 직원들이 기계적인 업무에 시간을 낭비하는 대신 매장 내 고객들과 상호작용을 하는 데 더 많은 시간을 할애하도록 하기 위해 직원은 그대로 유지하였다. 이에 대해 스타벅스 CEO 캐빈 존슨(Kevin Johnson)은 "딥브루는 바리스타를 대체하는 로봇에 관한 것이 아니다. 바리스타가 좀 더 자유롭게 고객과 연결되기 위한 기술이다. 인공지능을 통해 절약된 시간은 100% 고객 연결(costumer connet)로 되돌아간다."고 말했다. 실제로 딥브루를 도입한 후 스타벅스의 고객 연결 점수는 사상 최고를 기록했으며, 매출 또한 연일 증가하고 있다.[9]

이 외에도 디지털 개선을 통해 위기를 극복한 사례는 무수히 많다. 결국 4차 산업혁명 이후 위기를 극복할 때는 디지털 기술이 필수적이지만 급격한 전환이 아닌 개선으로 다가가야 한다. 그리고 그 개선 속에서 위기 극복의 실마리를 찾을 수 있다. 이에 대해 칸 라이언즈는 '온라인과 오프라인의 균형 맞추기(best of both worlds)'라는 표현을 썼다.[10] 혁신 기술에 대해 한쪽으로 치우치기보다는 그동안 기술을 받아들이는 것에 취약했다면 적절히 받아들이고 비즈니스 체질을 개선하여 그 균형을 맞추라는 뜻이다.

#신기술주의 #브랜드 리인벤팅 #디지털 개선 #올바른 과정 #점진적 개선 #공간의 반전 #메타버스 #다크 스토어 #시간의 반전 #라이브 커머스 #인공지능 #키오스크 #로봇 #온라인과 오프라인의 균형 맞추기

〈표 3-1〉 기술주의 관련 추천 도서

책 제목	저자 및 역자	출판년월	추천 포인트
디지털 전환이 실패하는 이유-도약하고 앞서가는 방법에 대한 놀라운 원칙	토니 살다나	2019. 7.	기업들이 디지털 전환에 대한 잘못된 정의를 갖고 있고 잘못된 실행 과정을 구축하기 때문에 디지털 전환에 실패한다며, 변화를 따라가는 'Change' 대신 산업 혁신을 이끌 'Chance'를 보라고 강조한다.
디지털로 생각하라-관점을 바꾸면 고객이 보인다	신동훈, 이승윤, 이민우	2021. 2.	어렵고 비싼 비용을 치러야 하는 부담감을 갖고 기술 혁신을 하려고 하기보다 디지털 기술과 프로세스로 업그레이드하는 방향성을 제시한다. 그리고 디지털 전환은 기술이 아닌 '태도의 혁신'이라는 점을 일깨워 준다.

본질주의
– 무리하게 피버팅하기보다 기본에 충실하라

『에센셜리즘(Essentialism)』의 저자 그렉 맥커운(Greg McKeown)은 스티브 잡스, 워런 버핏 등이 한 분야에서 큰 성공을 거둔 공통점으로 가장 본질적인 목표에 집중하는 에센셜리즘, 즉 본질주의(essentialism)를 꼽았다. 그렉 맥커운은 급변하는 사회일수록, 빠른 변화와 속도를 강요하는 시대일수록 본질이 중요하다고 강조한다. 그래서 본질주의는 디지털 전환, 즉 혁신 기술을 받아들이기보다는 기본과 오리지널리티, 역사와 전통, 원조와 정통 등을 강조하며 기본으로 돌아가자(back to the basic)는 입장, 또는 기본을 지향하는 경향이다. 많은 언론과 전문가들이 위기 상황에서 디지털 전환, 디지털 혁신을 외칠 때 반대로 왜 이런 컬처 코드가 재조명될까.

우선 팬데믹과 같이 변화가 너무 심하다 보면 사람들은 너무 많은 변동성과 불확실성에 큰 혼란을 겪는다. 그럴 때일수록 본질에 집중할 필요가 있는 것이다. 혹자는 거침없이 피버팅(pivoting)하라고 했지만 현실에서의 리스크는 크다. 비유하자면 음악에서 변주는 가능하지만 장르 변경은 어렵다는 뜻이다. 특히, 이번 팬데믹부터 전 인류가 역량을 집중하면 정말 단기간 내에 바이러스 백신과 치료제가 나올 수 있다는 것을 깨달았다. 그리고 사람들의 심리적 회복탄력성 역시 높아졌다는 것을 알 수 있었다. 결국 팬데믹으로 인한 침체의 골이 깊기는 했지만 그것에서 벗어나는 시간 역시 짧아졌다는 것이다. 이는 팬데믹으로 인해서 급격한 변화를 추구하다 보면 이도 저도 아닌 덫에 걸려들 수밖에 없다는 것이다. 그래서 위기 상황일수록 업의 본질을 중심으로 위기를 차라리 투자의 기회로 삼는 것을 생각해 볼 필요가 있다. 예를 들어, 위기로 인해 손님이 많았다가 줄어든 경우, 그동안 손님을 응대하느라 못했던 리모델링, 부분 변경, 패키지 디자인 등을 검토해 보자는 것이다.

실제로 글로벌 온라인 광고 기업 크리테오(Criteo)에 따르면 위기 때 '확대·성장'보다 '현상 유지'에 중심을 둘 때 위기 극복 가능성이 높다고 한다. 왜냐하면 불안정한 시기에는 새로운 상품이나 서비스에 대한 도전을 하기보다는 기존의 것을 찾는 것이 일반적인 소비자 심리이기 때문이다. 그래서 위기 상황일수록 사람들은 새로운 시도를 선호했던 '성장' 중심의 사고방식에서 '현 상태의 보호와 자산 유지'에 중점을 두는 선택을 추구한다는 것이다. 그리고 행동 과학 기업인 이노베이션 버블(Innovation Bubble)의 사이먼 무어(Simon Moore) CEO에 따르면 위기 상황에서는 새로운 제품이나 서비스를 출시할 것이 아니라, 코로나19 때문에 불안해하는 소비자나 처음 서비스를 시도한 고객이 제품에 흥미를 잃게 만들 수 있는 불편함을 제거하고 기존 고객 서비스를 개선해야 한다고 주장했다.[11] 이렇게 하는 것으로도 위기를 극복할 수 있는 힘이 생긴다는 것이다.

평상시에도 그렇지만 팬데믹과 같이 변동성과 불확실성이 높아질 때 사람들은 조금의 변화에도 민감하게 반응할 수밖에 없다. 그래서 그 순간적인 트렌드를 좇아서 이런저런 변화를 주는 것을 '혁신'이라고 착각하고는 한다. 하지만 오히려 따지고 보면 변동성이 높아질수록, 사람들이 변화를 좇을수록 오히려 장기적인 관점에서 사안을 바라보는 것이 중요하다. 왜냐하면 코로나19처럼 앞으로 다가올 팬데믹과 위기에는 예전 상황으로 다시 회귀하는 경향이 높기 때문이다. 즉, 지금 당장의 변화가 아니라 변하지 않는 가치는 무엇인지 살펴야 한다. 그래서 셔츠의 기본을 강조하기 위해 2019년 론칭한 데일리 웨어 브랜드는 이름을 '기본주의(gibonjui)'로 짓기도 했다. 그리고 위기 상황일수록 『어려울수록 기본에 미쳐라』[12], 『힘들수록 기본으로 돌아가라』[13]는 책이 꾸준히 언급되기도 한다.

가장 대표적으로 버거킹의 브랜드 리뉴얼 사례를 살펴보자. 2021년 버거킹은 '본질'에 집중한 리브랜딩 전략을 바탕으로 20년 만에 로고를 바꿨다. 이를 위해 버거킹은 공개적으로 소비자에게 버거킹에 기대하는 로고를 그려 보도록 했다. 그 결과, 많은 사람이 햄버거 빵 안에 버거킹 글자를 그려 넣었다. 그래서 버거킹은 기존 브랜드 로고에서 버거킹을 대표하지 않는 색상을 없애고 브랜드의 본질만을 남기는 디자인을 채택했다. 그러면서 버거킹은 최고의 재료와 신선도를 나타낼 수 있는 새로운 비주얼 아이덴티티를 만

[그림 3-2] 버거킹 브랜드 리뉴얼 결과

출처: 브랜드브리프[14]

들었다. 이에 대해 파로마 아줄레이(Paloma Azulay) 글로벌 CBO는 리브랜딩 과정에 대해 "유행을 타지 않게, 어떻게 더 단순하면서도 클래식하게 만들지 균형을 잡고자 했다."고 하면서 "단순히 즐거움을 위한 리브랜딩이 아닌, 브랜드의 본질을 찾고 이를 모든 소비자 접점에 적용시키는 것이 목적이었다."고 말했다. 브랜드 리뉴얼 결과, 새로운 버거킹 브랜드 로고는 공개 5일 만에 11억 번이나 노출되었고 주가는 8% 올랐다. 이는 본질적인 디자인이 비즈니스를 변환하는 데 큰 힘을 가지고 있음을 보여 주는 결과였다.[15]

실제로 위기 상황에서 소비자는 새로운 브랜드보다는 오랜 시간 인정받아 온 브랜드를 선택하는 것으로 나타났다. 글로벌 광고 컨설팅 기업 애드에이지(Adage)에서 실시한 브랜드 선호도 조사 결과, 위기일수록 익숙한 브랜드를 선택한다는 답변이 44.0%, 익숙한 브랜드와 새로운 브랜드를 함께 구매한다는 답변이 23.0%, 브랜드 상관없이 구매한다는 답변이 19.0%, 그리고 새로운 브랜드를 선택한다는 답변이 13.0%로 나타난 것이다. 또한 여러 연구를 통해 소비자로 하여금 친숙한 제품일수록 예측 가능하고 확실하고 편안한 것으로 받아들여진다는 것이 밝혀졌다.[16] 반대로 팬데믹과 같은 위기 상황에서 친숙하지 않은 제품은 소비자가 제품에 대해 예측할 수 없고 통제할 수 없다고 느껴지게 하기 때문에 구매를 꺼려 할 수 있다.[17]

예를 들어 보자. 2021년 서울국제도서전은 리커버 도서 『다시, 이 책』이라는 섹션을 통해 오랫동안 독자들에게 사랑을 받은 책, 다시 한 번 선보이고 싶은 출판사의 베스트셀러, 독자들이 미처 알지 못했던 숨겨진 보석 같은 책을 새로운 디자인으로 소개하였다.[18] 이는

128

기존에 흥행했던 영화를 재개봉하거나 리마스터링하여 개봉하는 것과 같은 흐름이다. 이뿐만 아니라 리바이스가 'Oldies but Goodies'라는 슬로건으로 출시한 리바이스 빈티지 클로딩(Levi's Vintage Clothing)도 마찬가지이다.[19]

한편, 식품업계는 팬데믹 상황에서 '옛날 맛'을 구현하는 데 역량을 집중했다. 예를 들어, BBQ는 옛날 통닭을 구현한 '파더스 치킨(father's chicken)'을 출시했고, 델몬트는 '국민 물병'으로 불리다 단종된 델몬트 오렌지 주스의 유리병을 250ml의 미니병 형태로 재현해 한정판으로 출시했다. 그리고 SPC삼립은 옛날 스타일의 호빵 찜기를 떠올리게 만드는 머그컵을 굿즈로 출시했고, 롯데제과는 단종한 아이스크림 '조안나바'를 재출시했다. 이에 대해 식품업계 관계자는 어려운 상황일수록 '아는 맛이 제일 무섭다'는 말을 실감하고 있다고 전했다.[20]

또한 옛날 맛이 아니더라도 맛의 본질을 지켜 위기에서 버터 낸 기업도 있다. 아웃백은 초기 패밀리 레스토랑의 몰락 속에서 유일하게 입지를 지켜냈는데, 이는 코로나19 상황 때에도 마찬가지였다. 패밀리 레스토랑업계는 그 이유로 아웃백이 '스테이크 전문점'

[그림 3-3] **옛날 맛을 구현하고 있는 식품업계 사례**

출처: 식품외식경제[21]

이라는 브랜드 정체성을 잘 살렸기 때문이라고 평가했다. 아웃백은 맛의 본질을 지키기 위해 사이드 메뉴를 개발하기보다 스테이크 자체에 집중했고, 지속적으로 스테이크 신메뉴만 개발한 것이다.[22] 그 결과, 코로나19 상황에도 불구하고 실적이 좋아진 아웃백은 약 3,000억 원 규모로 bhc그룹에 매각되었다.

이런 현상은 다른 업계에서도 나타났다. 팬데믹으로 미국 아이들은 1년간 학교를 못 갔고, IT 디바이스들만을 보며 긴 시간을 보냈다. 그래서 팬데믹으로 아이들의 사회성 발달에 문제가 생길지 모른다는 부모들의 우려가 커졌다. 이렇게 아이들의 사회성과 공감 능력을 어떻게 교육시킬 수 있을지 고민하는 부모들에게 바비(Barbie)는 인형놀이의 이점을 설명하는 캠페인 영상을 내놓았다. "인형은 세상을 바꿀 수 있다"는 카피를 내세운 이 영상에서 아이들은 인형에게 책을 읽어 주고 굿나이트 키스를 하고 질문을 하도록 독려하는 등 공감하는 모습을 보였다. 이 캠페인으로 부모들은 과거 다양한 장난감이 없을 때 자신들이 인형을 가지고 놀았던 기억을 떠올렸고, 아이들에게 바비를 선물하여 함께 노는 시간을 갖기 시작했다. 그 결과, 바비의 매출은 큰 폭으로 증가했다.

이런 현상을 한마디로 나타내는 것이 '대조효과(contrast effect)'이다. 대조효과에 따르면 사람들은 현실이 힘들 때 행복했던 과거를 떠올리며 위로를 받는다. 즉, 과거의 행복한 기억이 현재의 어려움과 대조를 이루면서 지금의 고통을 잊게 만들어 주는 것이다.[23] 그래서 어려울수록 과거의 향수를 찾고, "구관이 명관이다(oldies but goodies)."라는 말이 회자된다.

이런 대조효과 사례는 쉽게 찾을 수 있다. 최근 한국에서 트로트가 인기를 끌고, 미국에서 디스코가 인기를 끈 것 역시 대조효과에 따른 결과라고 할 수 있다. 그리고 전통을 지켜왔던 식당, 역사적인 브랜드, 현지의 맛과 문화를 그대로 구현한 장소 등 역사와 전통을 바탕으로 한 오리지널리티에 사람들이 반응하는 것 역시 마찬가지이다. 심지어 최근 방송된 〈쇼미더머니 10〉은 '디 오리지널(the original)'을 콘셉트로 하고 있다. 〈쇼미더머니 10〉 제작발표회 현장에서 최효진 CP는 "〈쇼미더머니〉는 10년간의 역사와 정통성이 있기 때문에 '오리지널리티'에 가장 집중하는 게 좋을 것 같았고, 이번 〈쇼미더머니 10〉이 힙합의 '오리지널리티'를 가장 강조한 시즌이 될 것"이라고 하였다.[24] 그리고 결과적으로 〈쇼미더머니 10〉의 우승은 정통 힙합을 강조했던 조광일이 차지했다.[25]

이제 이런 기본지향이 구체적으로 어떻게 나타나는지 살펴보자. 기본지향의 첫 번째는 '탈디지털'이다. 예를 들어, 최근 명품 브랜드 보테가 베네타(Bottega Veneta)는 2021년 1월 모든 공식 소셜 미디어 계정을 폐쇄했다. 코로나19로 대부분의 명품 브랜드가 이커머스와 소셜 미디어에 투자하고 있을 때 보테가 베네타의 이런 결정은 꽤 큰 충격이었다. 이에 대해 보테가 베네타의 총괄 디렉터인 다니엘 리(Daniel Lee)는 "같은 것을 보는 사람은 크리에이티브 프로세스에서 생산적인 작업을 할 수 없다. 디지털 영역에서 많은 활동을 해 왔지만, 공허함을 느꼈고 브랜드 가치에 대한 개념의 깊이도 부족한 것을 느꼈다."고 말했다.[26]

또한 나이키는 탈아마존을 선언하면서 이커머스에서 경쟁하기보다는 오프라인 체험형 매장에서 고객 경험을 늘리는 데 투자하겠다고 밝혔다.[27] 결과적으로 코로나19에도 불구하고 나이키는 나이키 서울 등 오프라인 매장을 늘렸고, 2020년과 2021년 모두 매출 증가세를 보였다. 더불어 많은 기업이 메타버스 등 가상현실에서의 고객 접점을 늘려갈 때 오히려 나이키는 나이키 트레이닝 클럽을 강조하며 스포츠의 기본을 지향하고자 했다.

한편, 이마트는 오프라인 매장에서 이커머스와 차별화되지 않는 비식품 카테고리 비중을 대폭 줄인 반면 오프라인 쇼핑의 강점인 신선식품 비중을 늘렸고, 축·수산물 손질 서비스인 '오더 메이드(order made)'를 시행하여 코로나19 상황에도 불구하고 매출을 증대시켰다.[28]

두 번째 기본지향은 업의 본질을 지키는 것이다. 유통업계는 팬데믹 초반에 매우 고전하다가 오프라인 쇼핑이 줄 수 있는 '체험'이라는 본질에 집중하기 시작했다. 즉, 더현대 서울, 롯데백화점 동탄점, 대전신세계 아트앤사이언스 등 백화점 3사는 2021년 체험형 쇼핑을 테마로 연이어 점포를 오픈한 것이다. 이렇게 한 해에 백화점 3사가 신규 점포를 오픈한 것은 2012년 이후 9년 만이었다.[29] 그리고 팬데믹에 지친 사람들은 '리테일 테라피(retail therapy)'를 하기 위해 신규 오픈한 백화점을 비롯한 오프라인 매장을 찾기 시작했다. 만약 오프라인 기반 유통기업들이 기본을 내려놓고 이커머스에만 집중했다면 오프라인으로 회귀한 고객들을 만족시키지 못했을 것이다.

이와 유사하게 시몬스 사례도 있다. 시몬스는 반드시 체험을 해야만 구매로 이어질 수밖에 없는 침대의 특성을 반영해 시몬스 테라스를 꾸준히 운영했고, 다양한 프로그램도 진행했다. 그 결과, 시몬스 테라스는 사회적 거리두기에도 불구하고 2021년 9월 누적 방문객 40만 명을 넘겼고,[30] 침대 브랜드 중 소셜 미디어 인지도 1위에 올랐다. 그래서인지 시몬스 매출액은 경쟁사 대비 빠르게 상승하여 업계 1위를 넘보게 되었다.[31] 팬데믹이라는 위기와 업계 2위에서의 열세를 동시에 극복할 수 있게 된 것이다. 그리고 시몬스는 여기에 머물지 않고 2021년 9월 호텔을 콘셉트로 한 오프라인 매장인 '롯데 프리미엄 아웃렛 타임빌라스'까지 오픈했다.

유통의 또 다른 축인 배송업계도 마찬가지였다. UPS는 팬데믹에 따라 글로벌 물량이 줄어들어 재무적 타격을 입었다. 하지만 UPS는 배송의 핵심은 속도가 아닌 안전하게 실수 없이 물건을 전달하는 것이라는 내부 정책에 따라 팬데믹에도 불구하고 오히려 배송 인력을 늘려 배송 안정성을 높였고, 이를 국제적으로 인정받아 재무 성과를 개선하였다. 특히, UPS는 위기 상황에서도 본질적인 업의 역량을 향상시킨 덕분에 글로벌 물류가 증가했을 때 가장 큰 수혜를 받은 것으로 평가받는다.[32] 이를 쿠팡과 비교해 보면 쿠팡의 핵심 역량 역시 '쿠팡맨'이고, 쿠팡맨이 가치를 가장 잘 지켜 나가야 한다는 생각이 든다. 하지만 최근 쿠팡은 배송 안정성보다는 거래 규모의 확장과 쿠팡플레이와 같은 다른 역량에 집중하는 듯한 행보를 보여 우려가 적지 않다.

한편, 업의 본질은 제품에도 반영된다. 아웃도어 브랜드 밀레(MILLET)는 코로나19로 매출 1,000억대가 깨졌다. 그래서 밀레는 MZ세대를 공략하기 위해 임영웅을 모델로 내세웠지만 결과는 좋지 않았다. 밀레는 2021년 마케팅 콘셉트를 '다시, 산'으로 잡고 전통적인 아웃도어 브랜드 이미지를 회복하기 위해 핵심 고객군인 5060세대를 재공략하기로 했고, 모델을 이문세로 교체했다. 그 결

과, 밀레의 영업이익은 52억 원으로 흑자전환에 성공했다.[33]

그리고 최근 커피업계에 확산되고 있는 개념은 '아드 폰테스(ad fontes)', 즉 기본으로 돌아가자는 의미의 라틴어이다. 이에 따라 커피의 기본인 에스프레소가 인기를 얻기 시작하고, 에스프레소 바가 확산되고 있다. 그래서 파스쿠찌는 '파스쿠찌 에스프레소 바'라는 에스프레소 바 형태의 플래그십 스토어를 선보였다.[34]

세 번째로 지역 기반의 비즈니스, 즉 로컬에 집중하는 것도 기본을 지향하는 것이다. 이를 지역 밀착과 동네 생활권이라는 의미로 하이퍼로컬(hyperlocal)이라고 한다. 이런 하이퍼로컬의 대표적인 사례인 지역 밀착형 중고거래 플랫폼 당근마켓은 팬데믹 상황에서 기업가치 3조 원을 넘겼다.[35] 이렇듯 디지털 일변도에서 벗어나서 업의 본질을 지키고, 또 지역 기반으로 가까운 곳부터 잘 다져 나가는 것 역시 위기를 극복할 수 있는 전략이 될 수 있다.

또한 그동안 대도시 중심의 장거리 여행에 집중해 왔던 에어비앤비는 재빨리 전략을 바꿔 'Go near(가까운 곳으로 가자)' 캠페인을 시작했다. 에어비앤비는 우선 검색 알고리즘을 재설계해 여행자들이 거주지 근처의 여행지를 추천받을 수 있게 한 것이다. 그 결과, 에어비앤비는 반등에 성공했다. 이와 더불어 에어비앤비의 브라이언 체스키(Brian Chesky) CEO는 여행이라는 업의 본질, 그리고 로컬로부터 다시 시작하겠다는 의지를 강조하며 당장은 메타버스로 사업을 확장할 계획이 없다고 밝혔다. 왜냐하면 에어비앤비의 본질은 여행이라는 '경험' 때문이다. 브라이언 체스키는 "메타버스의 장점은 충분히 이해한다. 하지만 사람들은 여전히 현실 세계에 충실할 것이고, 사람들이 세상을 더 많이 경험하게 만드는 것, 그것이

에어비앤비가 할 근본적인 일이라고 생각한다."고 말했다.[36]

이런 에어비앤비의 전략은 시사하는 바가 크다. 에어비앤비는 여행을 비즈니스로 삼고 있지만 근본적으로 플랫폼 기업으로서 디지털 전환 시대에 큰 수혜를 받을 수도 있는 기업이었기 때문이다. 하지만 에어비앤비는 메타버스로 진출하기보다 여행 경험이라는 본질에 집중하고자 했다. 그 결과, 에어비앤비는 다시 성장할 수 있는 기회를 마련했다. 본질주의의 힘은 이런 데에 있다.

#기본 #오리지널리티 #역사 #전통 #원조 #정통 #기본으로 돌아가자 #현상 유지 #옛날 맛 #아는 맛 #대조효과 #구관이 명관이다 #탈디지털 #업의 본질 #로컬 #하이퍼로컬

〈표 3-2〉 본질주의 관련 추천 도서

책 제목	저자 및 역자	출판년월	추천 포인트
MUJI 무인양품의 생각과 말	양품계획, 민경욱	2020. 10.	가장 기본에 충실한 브랜드로 알려진 무인양품의 철학을 자세히 알 수 있다. 또 무인양품은 '발상은 언제나 근원적이며 단순하다'는 것을 강조하고 있다.
오리지널스 - 어떻게 순응하지 않는 사람들이 세상을 움직이는가	애덤 그랜트, 홍지수	2020. 12.	2016년 최초 발간된 이 책은 2020년 말 재발간되었다. 그만큼 현재에도 시의성을 담보하고 있다. 내용 중 '4장 서두르면 바보: 시기포착, 전략적인 지연, 그리고 선발주자의 불리함'을 참고할 만하다.
오리지널의 탄생 - 세계사를 바꾼 28가지 브랜드	세상의모든지식	2022. 1.	최초이자 최고가 된 28개 브랜드를 소개하고 있다. 결국 세계사를 바꾼 브랜드의 핵심 전략은 오리지널이라는 점을 강조하고 있다.

초프리미엄
– 머니 폴리시가 가져온 뜻밖의 부의 물결

이제 세로축인 초프리미엄과 역 매슬로 중 초프리미엄(super-premium)에 대해서 살펴보자. 이 세로축의 핵심은 '양극화'이고, 그 중심에 '돈'이 있다. 위기 상황에 따라 어마어마한 돈이 풀렸고, 그렇게 풀린 돈의 수혜를 받은 사람과 그렇지 못한 사람의 부의 양극화가 발생했다. 그리고 그에 따라 소비의 양극화까지 이어졌다. 결국 이런 흐름에 따라 두 가지 소비 행태가 동시에 나타났고, 심지어 소비의 양극화가 한 사람에게서 관찰되기도 했다.

이렇게 양극단의 소비 성향이 동시에 나타날 수 있는 배경에는 저성장기 소비의 양극화, 즉 불경기나 위기 상황에서 사람들의 소비가 양극화된다는 이론에서 비롯된다. 이준영 상명대학교 경제금융학부 교수이자 소비자분석연구소장에 따르면 평소에 사람들은 중간 가격대에 적당한 품질을 만족시키는 제품을 주로 구매했다면 위기 상황에서 사람들은 저가격 제품과 고가격 제품을 동시에 추구하는 경향이 있다는 것이다. 즉, 저성장기에 사람들은 값싼 제품에 초점을 맞추면서 품질을 타협하거나 자신에게 얼마나 가치 있는지에 따라 때로는 높은 가격도 마다하지 않는다고 한다. 이는 일종의 선택과 집중으로 저성장기 소비 성향의 그래프 변화로 극명하게 알 수 있다.[37]

이 중에서도 필자들은 위기 상황에도 불구하고 고가격 제품에 수요가 몰리고 매출이 증대되는 현상에 보다 주목하였다. 즉, 팬

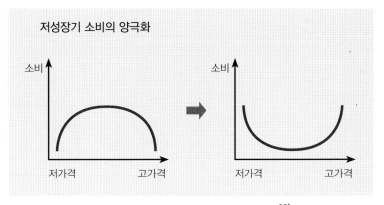

[그림 3-4] **저성장기 소비 성향의 그래프 변화**[38]

데믹 상황에서 백화점 매출은 빨리 회복됨과 동시에 큰 폭으로 증대된 반면, 일반 슈퍼마켓·잡화점 매출은 최대 폭으로 감소했기 때문이다. 그리고 이를 최근에는 'K자 양극화'라고 부르기 시작했다. 일각에서는 이것이 'K자형 소득 양극화' 때문이라고 한 것이다. K자형 소득 양극화란 재택근무가 가능한 고임금·사무직 노동자는 소득에 타격을 받지 않았으나 저소득자, 서비스업 종사자들은 실직, 무급 휴직의 직격탄을 맞으면서 소득 격차가 벌어지는 현상이다. 그래서 K자에서 상승세에 있는 이들은 가처분 소득이 늘어난 데다 보복소비 심리까지 겹치면서 고가의 명품이나 서비스를 코로나19 이전보다 더 많이 찾게 되는 반면, K자에서 하락세를 탄 이들은 소비를 줄이고 최저가 상품에 의존하게 되는 것이다.[39]

실제 통계청에 따르면 2021년 2분기 백화점 매출은 2020년 동기 대비 20.3% 증가했는데, 이는 관련 통계가 나오기 시작한 1995년 이래 최대 증가 폭이다. 또한 2021년 면세점 매출 역시 2020년 대비 39.2% 증가하여 2018년 2분기 이후 최대 상승률을 기록했다. 반

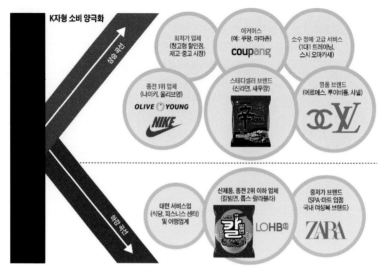

[그림 3-5] K자형 소비 양극화

출처: 조선일보

면, 2021년 2분기 일반 슈퍼마켓·잡화점 매출은 2020년 동기 대비 10.4% 감소했는데, 이는 1995년 통계 작성 이후 매출이 가장 많이 줄어든 것이다. 이에 대해 이은희 인하대학교 소비자학과 교수는 코로나19로 고소득층과 저소득층의 소득·자산 격차가 벌어졌고, 그에 따라 소비 양극화도 발생한 것이라고 설명했다. 그리고 이러한 현상은 앞으로 더 심해질 것이라고 전망했다.[40] 그래서 코로나19 전부터 1등이었거나 인지도가 높았던 제품은 코로나19 기간에 매출이 더 늘어나기도 했다.[41] 결국 '어려울 땐 1등만 찾는다'는 유통업계의 오랜 명제가 코로나19 때에도 증명된 셈이다.

이렇게 팬데믹 상황임에도 고가격 제품에 대한 소비가 증가하고, 백화점 매출이 증대된 원인으로는 여러 가지가 지목되는데, 그중 가장 큰 이유로 정부의 '단기 경기 부양책'을 들 수 있다. 팬데믹에 따른 영향이 전 세계로 확산되면서 각국은 유례없이 현금 유동성을 크게 늘렸다. 이런 현상을 '머니 폴리시(money policy)'라고 하는데, 정부가 직접 나서서 국민의 일상 생계를 보장하기 위해 펼치는 적극적인 금융정책을 뜻한다. 즉, 이전까지 경험하지 못했던 '유동성의 시대'를 맞이한 것이다.

돈이 많았던 사람들은 돈이 더 많아지고 세금 감면까지 받으면서 오히려 가처분 소득이 늘어났다. 거기에 보복소비 심리까지 겹치면서 프리미엄 시장이 확대된 것이다. 그래서 한편으로는 주가지수의 하락장에 돈을 투자했던 인버스 투자(inverse investment)가 실패한 것일 수도 있다. 위기 상황에서 인버스 투자는 당연한 고려 대상이었겠지만 역대급 유동성과 사람들의 심리적 회복탄력성을 간과한 처사가 된 것이다. 이에 대해 많은 거시경제 전문가는 앞으로도 각국 정부의 역대 최대의 돈 풀기, 즉 머니 폴리시는 크든 작든 위기 상황 때마다 반복될 것이고, 나아가 일반화될 수도 있다고 하였다.[42]

특히, 기존에도 불경기 때마다 단기 경기 부양책에 따라 돈이 풀렸었는데 이번에는 그 양상이 달랐다. 기존에는 세금 혜택 등을 통한 간접효과를 노렸다면 이번에는 정부가 현금, 상품권, 지역화폐, 포인트 등을 통해 사람들이 실제로 쓸 수 있는 돈을 늘린 것이다. 이 차이는 엄청난 것이었다. 그리고 이런 방식이 가능했던 이유는 핀테크의 상용화 덕분이다. 또한 이와 같은 양상은 앞으로도 반복될 확률이 크다. 왜냐하면 실제 효과도 확인되었고, 사람들 역시 학습효과가 생겼기 때문이다. 이렇듯 저성장기에 소비가 양극화되면서 고가격 제품에 대한 소비가 증대되는 상황에서 정부의 단기 경기 부양책이 기름을 부었고, 이는 초프리미엄이라는 환경을 만들어 냈다.

그래서일까. 코로나19 이후 의류관리기, 식기세척기, 로봇청소기 등 프리미엄 가전 매출이 증가했고, 프리미엄 가전 라인인 삼성전자의 '비스포크', LG전자의 '오브제 컬렉션'은 코로나19 상황에도 오히려 매출 호조를 보였다. 게다가 백화점 프리미엄 식품관 매출역시 증가세를 보였다. 그뿐만 아니라 한국과 중국에서는 프리미엄 화장품인 아모레퍼시픽의 '설화수'와 LG생활건강의 '후'만 독보적인 성장세를 보였다. 그리고 고가의 오마카세 서비스를 제공하는 웨스틴조선호텔의 '스시조', 예약제로 제한된 인원만 입장을 가능하게 한 카페 '오버스토리' 등도 코로나19에도 불구하고 큰 타격을 받지 않고 오히려 예약이 몰리는 현상을 보였다. 즉, 이들은 소비자 접점을 늘리려고 하지 않고 오히려 폐쇄적으로 프라이빗하게 운영하여 제한적인 경험의 가치를 극대화한 것이다.

나아가 각 기업은 업종에 맞는 초프리미엄 전략을 쓰기 시작했다. 위기 상황에도 불구하고 가격을 올리거나 무료 서비스를 유료 서비스로 전환하고, 폐쇄형 프라이빗 서비스와 플래그십 체험을 할 수 있게 하거나 깐깐한 관리로 진입 장벽을 높이는 전략을 활용한 것이다.

가장 대표적으로 명품업계를 살펴보자. 팬데믹 상황에서 많은 명품 브랜드는 가격을 올렸고, 이를 바탕으로 대부분의 명품 브랜드는 매출이 증대된 것으로 나타났다. 금융감독원 전자공시에 따르면 롤렉스, 에르메스, 루이비통, 크리스챤 디올, 보테가 베네타, 펜디, 몽클레르 등 다수의 명품 브랜드의 매출이 급상승했다. 이 중

루이비통은 명품 단일 브랜드로 매출 1조 원을 최초로 달성하기도 했다.[43] 이제 명품 시계 롤렉스를 사기 위해 백화점 앞에 줄 선 사람들은 낯선 풍경이 아니다.

더불어 신세계백화점 강남점은 리뉴얼을 통해 명품 매장을 대거 늘렸고, 그 결과 에르메스 매장은 4개, 샤넬 매장은 5개, 루이비통 매장은 3개, 구찌 매장은 7개로 늘어났다. 이뿐만 아니라 현대백화점 압구정점은 초프리미엄 라이프스타일 브랜드 아스티에 드 빌라트(Astier de Villatte)를 전 세계 백화점 중 세 번째로 입점시켰다. 원래도 프리미엄 브랜드 위주의 백화점이었는데, 위기 상황에서 초프리미엄화되기 시작한 것이다. 이런 흐름에 힘입어 루이비통을 중심으로 75개 명품 브랜드를 거느린 LVMH 그룹은 리뉴얼 비용만 1조 원을 들여 프랑스 파리의 라 사마리텐(La Samaritaine) 백화점을 초호화 백화점으로 재오픈했다.[44] 이 백화점은 쇼핑공간뿐만 아니라 프랑스 파리 최고급 5성급 호텔 슈발 블랑(Cheval Blanc)까지 함께 구성하였다. LVMH 관계자에 따르면 앞으로 회복될 세계 경제, 해외 여행객들의 초프리미엄 소비 트렌드에 맞춰 라 사마리텐의 리뉴얼 오픈을 앞당겼다고 한다.[45]

그리고 꼭 명품이 아니더라도 브랜드 라인 안에 프리미엄 라인을 강화한 사례도 있다. 잇미샤는 프리미엄 라인인 '블랙 에디션'을 론칭했고, 린컴퍼니는 라인을 프리미엄 상품으로 강화하면서 '라인에디션'으로 교체하였으며, 송지오인터내셔널은 최상위 브랜드인 '송지오(SONGZIO)'를 론칭했다. 모두 2021년 상반기 안에 일어난 일이고, 세 브랜드 모두 프리미엄 라인으로 매출에 탄력을 받았다.[46] 이뿐만 아니라 시몬스 역시 전국 특급 호텔에 프리미엄 라인 제품을 공급하면서 프리미엄 마케팅을 구사했고, 그 결과 2021년 사상 최초로 매출 3,000억 원을 돌파했다.[47] 한편, 가성비로 대표되는 롯데홈쇼핑은 오프라인에서 인정받는 프리미엄 브랜드 유치에 집중하는 '초고급화' 전략을 쓰는 것으로 방향을 잡았고, 이를 바탕으로 매출 증대를 이끌고 있다.

또한 위기에서 오히려 폐쇄형 프라이빗 서비스와 플래그십 체험을 통해 최대 실적을 거둔 기업들도 있다. 그중 하나는 럭셔리 리조트 아난티이다. 아난티는 2021년 8월 기준 매출액 1,118억 원을 돌파하며 2020년 동기 대비 156% 성장하여 창사 이래 최대 실적을 거두었다. 아난티의 매출 성장은 프라이빗 휴식 공간에 대한 수요 증가, 위기 상황에서도 인프라를 지속적으로 리노베이션한 결과에 따른 것으로 분석된다.[48]

문학도서관 소전서림은 '집 밖의 나만의 서재'를 추구하며 도서관으로서는 생각하기 어려운 유료화 정책을 도입했다. 반나절 3만 원, 하루 종일 머무르려면 5만 원을 지급해야 하지만 코로나19에도 불구하고 소전서림은 꾸준히 사람들을 불러 모았다. 호텔식 서비스 북카페를 표방한 '욕망의 북카페'도 마찬가지이다.

이렇게 가격적으로 초프리미엄을 추구한 사례도 있지만 플랫폼 진입 장벽을 깐깐하게 높이는 것으로 서비스의 프리미엄을 추구한 사례도 있다. 2016년 창업한 째깍악어는 교사와 아이 돌봄이 필요한 부모님을 연결해 주는 플랫폼이다. 째깍악어는 비대면 상황에서 오히려 '깐깐한 검증 시스템'을 강화했다. 즉, 째깍악어 교사가 되려면 8가지 검증 및 확인 절차를 거쳐야 하는데, 검증이 끝났다고 해서 바로 째깍악어 교사로 활동할 수 없다. 교사 지원자는 째깍악어에서 지원하는 교육을 필수로 이수해야 하는 것이다. 까다로운 검증 절차와 교육 이수까지 대기업 신입사원 채용에 가까운 이런 프로세스에 오히려 지원자들은 긍정적인 반응을 보였다. 왜냐하면 모든 과정을 통과한 째깍악어 교사가 지원자의 22%밖에 되지 않기 때문에 그만큼 자신들을 포함한 째깍악어 구성원이 차별화된다고 생각했기 때문이다. 그 결과, 코로나19로 대면이 어려운 시기에 많은 우려에도 불구하고 째깍악어는 누적 앱 다운로드 수 30만 건을 달성했고, 부모와 교사 회원 10만 명이 등록했다. 그리고 째깍악어를 다시 사용한 회원은 기존 회원의 60%에 달했다.[49]

#고가격 제품 #어려울 땐 1등만 찾는다 #단기 경기 부양책 #머니 폴리시 #유동성의 시대 #보복소비 #유료 서비스 #폐쇄형 프라이빗 서비스 #플래그십 체험 #진입 장벽을 높이는 전략 #프리미엄 라인 강화

〈표 3-3〉 초프리미엄 관련 추천 도서

책 제목	저자 및 역자	출판년월	추천 포인트
그들은 어떻게 항상 이기는가?-〈세계 명품 30〉의 특별한 마케팅	임태승	2021. 6.	명품이 명품의 반열에 올라설 수 있었던 배경과 이유, 그리고 명품 마케팅은 어떻게 진행된 것인지에 대해 잘 설명하고 있다.

역 매슬로
– 자아실현보다 중요한 합리적 소비

역 매슬로(inverted-Maslow)는 앞서 살펴본 초프리미엄의 반대편 극단에 있는 컬처 코드이다. 역 매슬로란 소위 합리적 소비, 즉 가격과 품질을 모두 고려하되 보다 '저렴한 가격'에 맞춰 소비하려는 것을 뜻한다. 역 매슬로란 매슬로의 욕구 피라미드가 거꾸로 선다는 의미이다.[50] 이는 코로나19로 인해 자아실현과 같은 상위 욕구보다 안전, 생존에 대한 하위 욕구가 더 중요해지면서 사람들의 상위 욕구와 하위 욕구 순위가 뒤바뀌는 현상을 말한다.[51] 그래서 합리적인 생필품 소비, 저렴한 가격으로 양질의 기본 생활용품을 구매하려는 욕구가 커진다는 것이다.

이와 유사한 용어로 가성비와 실속 소비가 있다. 가성비는 보다 저렴한 가격에 방점이 맞춰져 있다. 그리고 실속 소비는 주로 저가격에 초점을 맞추되 그렇다고 품질을 전혀 포기하는 것이 아닌 소비를 뜻한다. 이에 대한 다른 용어도 있는데, 대홍기획에서는 '효능주의'를 언급하기도 했다. 효능주의란 효능이 체감되는 소비 선호 경향으로 대홍기획은 '생필품, 실속 제품, 중고거래' 등을 키워드로 꼽았다.

이렇듯 초프리미엄과 함께 역 매슬로는 위기 상황에서 동시에 나타난다. 이제 불경기, 저성장기, 위기 상황에서 사람들이 역 매슬로에 초점을 맞추는 이유를 살펴보자.

맥킨지 앤드 컴퍼니(McKinsey & Company)에 따르면 코로나19에

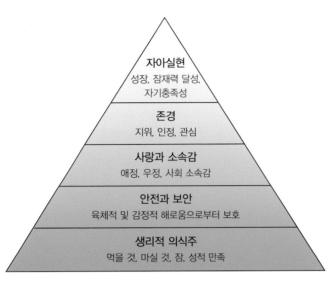

[그림 3-6] **매슬로의 욕구 피라미드**[52]

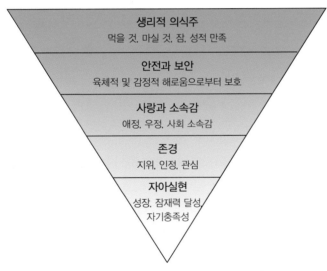

[그림 3-7] **역(逆) 매슬로의 욕구 피라미드**[53]

역 매슬로-자아실현보다 중요한 합리적 소비

따른 경제 위기 속에서 전 세계적으로 저렴한 가격을 추구하는 소비성향이 강해졌는데, 이는 위기 때마다 반복적으로 나타나는 현상이다.[54] 또한 글로벌 온라인 광고 기업 크리테오(Criteo)에 따르면 경제 불안감이 커지면서 소비자는 가격에 민감해진다. 따라서 소비자는 다음 사항에 중점을 두고 소비하게 된다. 즉, 특별 할인 행사 및 할인 혜택 찾기, 명품 또는 고급 제품 등 비필수재 사용 감소, 가격이 더 낮은 브랜드 구매, 현지 브랜드 및 자체 브랜드 제품 선호 등이다.[55] 다시 말해, 장기 불황, 팬데믹 상황에서는 고급 브랜드를 고집하기보다 실속을 추구하는 합리적인 소비가 확대된다. 그리고 먹거리와 생필품의 경우 가성비가 더욱 중요해지면서, 저렴하면서 품질까지 좋은 PB(private brand)제품이 주목받게 된다.[56]

실제로 미국 소비자의 34%는 팬데믹 기간 동안 자체 기획상품인 PB에 대한 지출을 확대한 것으로 나타났다.[57] 이는 한국도 마찬가지였다. CJ올리브영에 따르면 코로나19 이후 가성비 언급량이 증가했고, 이는 실속 제품을 찾는 소비자 증가로 이어졌다. CJ올리브영의 '코로나19 이후 H&B Top 200 상품 변화'에 따르면 팬데믹 기간 동안 소비자의 70%가 1~2만 원대 가성비 상품을, 소비자의 60%가 단품보다 세트를 선호하는 것으로 나타난 것이다.

이렇듯 역 매슬로라는 컬처 코드로 수혜를 받은 사례는 많다. 구체적인 사례를 살펴보자. 가성비가 좋다고 알려진 메가커피는 팬데믹 상황에서도 1,500개 가맹점을 돌파했고, 폐점률은 0.7%로 커피 프랜차이즈 중 가장 낮은 수치를 보였다. 결과적으로 메가커피는 2020년 성장률이 100%에 달했다. 메가커피는 성공 요인을 자체 분석하여 V.I.C.라는 키워드를 제시했다. 즉, 인증 숏을 부르는 화려한 비주얼(visual), 테이크아웃에 용이한 인테리어(interior), 그리고 가성비(cost-effectiveness)이다. 메가커피 관계자는 이 중에서도 단연 가성비를 최고의 경쟁력으로 꼽았다.[58] 왜냐하면 메가커피는 최초 론칭 때부터 '밥값보다 비싼 커피값'으로 고민하는 소비자의 불만을 해소하기 위해 아라비카 원두 대형 사이즈 아메리카노를 1,500원에 내놨기 때문이다. 그리고 이는 주효했다. 이와 유사한 가성비 콘셉트의 컴포즈커피도 코로나19 상황에서 1,200개 가맹점 계약에 성공했고 여전히 성장 중이다.[59]

또한 맘스터치, 이삭버거를 중심으로 한 햄버거업계의 가성비 열풍을 살펴보자. 최근 햄버거업계는 초프리미엄 수제 버거, 쉐이크쉑 버거, 고든 램지 버거 등 프리미엄을 표방하는 햄버거 브랜드의 성장과 함께 가성비를 따지고 있는 소비자 성향에 주목하기 시작했다.[60] 그리고 그 중심에 노브랜드 버거가 있다.

[그림 3-8] 메가커피

출처: 한국경제[61]

[그림 3-9] **노브랜드 버거**

출처: 조선비즈[62]

노브랜드 버거는 2021년 9월 론칭 2년 만에 150호점을 돌파했다. 매장 수로는 큰 의미가 없어 보이지만 그렇지 않다. 100호점을 내기까지 롯데리아는 13년, 맘스터치는 11년, 맥도날드는 9년이 걸린 반면, 노브랜드 버거는 1년 8개월밖에 걸리지 않았기 때문이다. 노브랜드 버거의 최대 장점 역시 가성비. 이에 대해 노브랜드 버거 관계자는 "노브랜드 버거의 인기는 맛과 품질이 뛰어난 메뉴를 가성비 있는 가격으로 선보였기 때문"이라고 설명했다.[63] 이렇게 햄버거업계에서도 프리미엄과 가성비로 시장이 양분된다는 것이 매우 흥미롭다.

#합리적 소비 #저렴한 가격 #가성비 #실속 소비 #효능주의 #private brand

〈표 3-4〉 역 매슬로 관련 추천 도서

책 제목	저자 및 역자	출판년월	추천 포인트
No Brand–This is not a brand	월간디자인, 노브랜드	2021. 6.	실속 소비 브랜드의 대명사인 노브랜드를 디자인, 라이프스타일, 브랜드 전략의 관점에서 분석하였다.

하이퍼 코피티션
– 승자독식이 아닌 공존과 협력적 경쟁으로

앞서 설명한 기술주의와 본질주의, 그리고 초프리미엄과 역 매슬로는 양극단에 위치한 컬처 코드였다. 하지만 이렇게 양극단에 위치한 컬처 코드가 모두 공존하듯이 각자 도생보다는 공동체로, 경쟁보다는 협업으로, 갈등보다는 포용으로 나아가고자 하는 컬처 코드도 만들어졌다. 즉, 팬데믹이라는 위기 속에서 국가 간 교류가 단절되고 사람들은 사회적 거리두기로 멀어졌지만 반대로 위기 극복을 위한 전 세계의 공조와 협조, 사람들의 공동체 의식이 보다 돋보인 것이다.

크게는 백신을 개발하고 생산하는 것에서부터 백신이 부족한 나라에 백신을 지원하거나 일시적 백신 부족 현상을 해결하기 위한 백신 스와핑까지 전 세계가 모든 역량을 집중했다. 그리고 작게는 식당에서 남아도는 식자재를 소진시키기 위해 페이스북에서 식자재 소진 캠페인이 벌어지기도 했다. 이런 사례들을 보면 위기는 개인 단위에서 해결할 수 없고, 위기 속에서 공동체 단위로 협력하는 것이 얼마나 중요한지 알 수 있다.

이를 황제펭귄의 허들링(huddling) 효과로 비유할 수 있다. 황제펭귄은 혹독한 추위 속에서 어린 새끼들과 알을 지키기 위해 동그랗게 겹겹이 붙어서 안쪽에 가장 약한 새끼와 알을 보호한다. 그러다 안에서 체온이 유지된 어른 펭귄은 밖으로 나가고, 밖에서 추위를 견디던 다른 어른 펭귄이 안쪽으로 들어와 모두가 살아남게 된다.[64] 이런 황제펭귄의 허들링이 우리가 위기 속에서 경험한 공동체 의식이다.

이에 대해 김윤태 고려대학교 사회학과 교수는 "최근 우리 사회가 갈수록 개인화되면서 사회적 자본이나 신뢰가 낮은 것으로 평가되었는데, 코로나19 이후로 사람들이 자원봉사를 하거나 마스크를 기부하는 등 서로 협력하는 모습을 보였다."며, "위기 속에서 서로 돕고 협력해야 한다는 의식이 많이 깨어난 것 같다."고 밝혔다. 이렇게 위기 속에서 바뀐 사람들의 의식은 우리가 위기를 극복하기 위한 신(新)공동체로 나아가고 있음을 의미한다.[65]

이런 배경에서 비즈니스적으로 경계 없는 협력을 추구하는 '하이퍼 코피티션(hyper-coopetition)'이 대두되고 있다. 하이퍼 코피티션은 협력(cooperation)과 경쟁(competition)의 합성어인 협력적 경쟁(coopetition)을 넘어서는 개념이다. 즉, 산업, 국가, 기술, 기업 규모 등 모든 조건을 초월해 누구와도 협업할 수 있다는 의미이다. 하이퍼 코피티션이 코로나19로 인한 팬데믹, 그 이후에도 위기 때마다 거론될 수밖에 없는 이유는 위기가 심화될수록 경쟁으로 인한 손실이 크고, 저마다 살 길을 찾고자 비즈니스 간 경계를 허물려고 하기 때문이다. 그래서 위기는 산업 간 경계가 모호해지는 빅 블러(big blur) 시대를 가속화한다고도 한다. 여기에 혁신적인 디지털 기술이 더해지면서 산업 간 경계를 허물고 업계를 넘나드는 비즈니스 모델이 출현하게 된다.[66]

필자들은 이런 하이퍼 코피티션이 비즈니스적으로 잘 구현된 것 중 하나가 컬래버레이션이라고 생각했다. 특히, 위기 상황에서 나타난 컬래버레이션은 그저 두 개의 기업이나 브랜드가 협업하는 수준이 아니었다. 컬래버레이션 업종의 범주는 매우 넓었고, 조합 역시 매우 다양했다. 그래서 위기 상황에서의 컬래버레이션은 거의 이종교배에 가깝기도 했다.

위기 상황에서는 서로 손을 맞잡고 협업하는 것이 매우 당연해 보이기도 하지만 그 조합의 면면을 보면 역발상에 가까운 것이 많았다. 그리고 그렇게 의외의 조합일수록 큰 반향을 일으켰다. 심지어 컬래버레이션을 통해 새로운 시장이 열리기도 했다. 따라서 필자들은 환경적 요인의 마지막 구성으로 컬래버레이션을 꼽는 데 주저하지 않았다. 또한 이는 많은 개념과 사례들을 통해 증명되었다.

첫째, 칸 라이언즈는 2020~2021년 동안 큰 성과를 거둔 전략 중 하나로 '발전적 재건(build back better)'을 꼽았다. 발전적 재건은 조 바이든(Joe Biden) 미국 대통령이 2021년 취임에 앞서 경제 회복과 고용 안정 등 두 마리 토끼를 다 잡겠다는 뜻으로 내건 슬로건이기도 하다. 즉, 칸 라이언즈는 이 슬로건을 서로 다른 브랜드 간 컬래버레이션에 빗댄 것이다. 그러면서 칸 라이언즈는 "똑똑한 브랜드들은 크리에이티비티가 외롭게 고립된 상태에서는 발현되지 않는다는 것을 잘 알고 있다."며, "강력한 아이디어는 적절한 파트너십에서 나온다."고 강조했다.[67]

실제로 팬데믹 기간 동안 스몰 브랜드부터 빅 브랜드까지 무수히 많은 컬래버레이션이 등장했다. 이를 커뮤니케이션 전문 미디어 The PR에서 몇 가지 경향성으로 정리하였다. 먼저, 위기 속에서 등장한 컬래버레이션은 '유머'가 있었다. 즉, 위기가 아닐 때에는 주로 브랜드와 아티스트와의 협업을 통해 소위 브랜드의 격을 높이고자 하는 사례가 많았다. 하지만 팬데믹 기간에는 소비자의 흥미를 이끌어 낼 수 있는 협업, 그리고 인지도가 높은 타 업종 및 타 브랜드와의 협업을 통해 유머스럽고 키치한 결과물을 만든 사례가 더 많았다. 그래서 가격 대비 재미를 느낄 수 있는 정도인 '가잼비'라는 신조어가 등장하기도 했다.[68]

가장 대표적으로 휠라는 다양한 컬래버레이션을 통해 재미와 이슈를 양산했고, 패션업계에서 휠라의 컬래버레이션을 '휠라보레이션'이라고 칭하기도 했다. 그래서 코로나19로 매출이 부진했던 휠라는 2020년까지 부침을 이어 갔으나 지속적인 컬래버레이션으로 2021년 연간 실적이 코로나19 이전 수준을 회복했다.

둘째, 협업의 '의외성'이다. 이는 앞에서 언급한 유머와도 관련이 있는데, 의외성은 일반적으로 소비자가 생각할 수 있는 업종 간, 브랜드 간 조합을 뛰어넘는 것을 추구한 것이다. 예를 들어, 동화약품 활명수와 스포츠 브랜드 휠라, 대웅제약 우루사와 빅 사이즈 패션 브랜드 4XR, 문구 브랜드 지구화학과 화장품 브랜드 마몽드 등이 대표적이었다.[69]

이 외에도 캐주얼 브랜드 TBJ와 약수동의 유명한 금돼지식당, 스트리트 캐주얼 브랜드 아코스튜디오스페이스와 연예 매체 디스패치, 남성 패션 브랜드 에디션 센서빌리티와 일광전구, 남성 패션 브랜드 지이크와 우루사, 멕시칸 레스토랑 치폴레(Chipotle)와 메이크업 브랜드 e.l.f. 코스메틱(e.l.f. Cosmetics), 블루보틀과 제주맥주, 미생과 말표, 밀리의 서재와 캐치볼 스니커즈 등 업종과 브랜드만 봐서는 감히 상상하기 어려운 조합이 팬데믹 기간 동안 선보였다. 일본에서는 의류 브랜드인 어반 리서치(Urban Research)와 편의점 패밀리 마트가 협업한 새로운 형태의 점포인 '어반 파미마(ア―バ

[그림 3-10] 컬래버레이션의 의외성 사례[70]

ン・ファミマ)'가 오픈하기도 했다. 게다가 각 컬래버레이션은 매출 증대, 검색량 증대 등 유의미한 성과를 거두기도 했다.[71]

셋째, 협업의 '지속가능성'이다.[72] 위기 상황에서 활용할 수 있는 재원은 제한된다. 하지만 많은 기업과 브랜드들은 자신들의 특징과 장점을 활용해서 끊임없이 컬래버레이션을 시도했고, 이로 인해 지속가능한 성장의 발판을 마련했다. 특히, 이 지속가능성은 단지 '가능성'에만 머무르지 않았다. 브랜드 인지도가 높든 낮든 컬래버레이션을 바탕으로 소비자 인식 속에서 잊혀지지 않고 회자되었고, 매출에도 기여하여 기업 재무 성과에도 긍정적인 영향을 미친 것이다.

앞서 휠라의 사례도 마찬가지지만 잊혀질 듯 했던 브랜드를 컬래버레이션으로 되살린 '곰표 밀가루'도 지속가능성의 대표적인 사례이다. 곰표 밀가루는 2018년부터 다양한 컬래버레이션을 진행해 왔는데, 팬데믹으로 많은 사람이 지치고 새로운 관심사를 찾고 있을 때 2020년 수제맥주 제조사 세븐브로이와 손잡고 곰표 밀맥주를 론칭하여 엄청난 열풍을 일으켰다. 곰표 밀가루는 이외에도 다양한 협업을 통해 화장품, 패딩, 떡볶이, 치약, 주방세제, 프라이팬 등 20개 이상의 컬래버레이션 제품을 선보였고, 이제 백화점과 호텔, 리조트에서도 곰표 밀가루와 협업을 추진하고 있다.[73] 그동안 잊혀졌던 브랜드가 비즈니스 경계를 허물며 부상한 하이퍼 코피티션의 대표격인 것이다.

한편, 패션업계에서는 무너져 가던 유니클로가 협업을 앞세워 재반등의 계기를 만들었다는 평가를 받는다. 코로나19와 불매운동으로 최악의 상황을 맞이한 유니클로가 약 10년 만에 질 샌더와 협업한 +J 컬렉션을 선보이면서 반등에 성공한 것이다.[74] 한국 시장에서 거의 퇴출 분위기였던 유니클로가 컬래버레이션을 통해 다시 지속가능성의 기회를 얻은 것이라고 할 수 있다.

이렇듯 팬데믹 기간 동안의 컬래버레이션에는 몇 가지 경향성도 있지만 이를 통해 확실히 알게 된 것도 있다. 먼저, 컬래버레이션은 브랜드 확장(brand extension)을 가능하게 한다. 브랜드 확장이란 기존의 브랜드명을 가지고 새로운 제품군으로 확장하는 전략을 말한다. 예를 들어, 치약 브랜드 콜게이트(Colgate)가 칫솔 브랜드 오랄비(Oral-B)와 협업하여 '콜게이트 칫솔'을 출시하거나, 생수 브랜드 에비앙이 화장품 브랜드와 협업하여 '에비앙 페이셜 미스트'를 출시하고, 배터리로 유명한 듀라셀이 '듀라셀 무선충전기 패드'를 출시하는 것이 전형적인 브랜드 확장이다.[75] 그래서 컬래버레이션은 이런 브랜드 확장의 가장 강력한 도구가 될 수 있다.

또한 컬래버레이션은 하이퍼커넥션(hyper-connection)[76]을 가능하게 하여 새로운 시장을 창출하고, 없던 수요를 만들어 내기도 한다. 패션 브랜드 간 이종교배가 계속되면 그 사례들을 바탕으로 새로운 패션 장르가 탄생할 수도 있고, 다양한 업종의 기업이 식품 브랜드와의 컬래버레이션을 통해 새로운 F&B 카테고리를 만들어 낼 수도 있다. [77)]

무엇보다 위기 상황에서 컬래버레이션이 중요한 것은 컬래버레이션의 '무한 확장'이 가능하다는 것이다. 컬래버레이션의 대상은 사람, 제품, 브랜드, 공간, 예능 프로그램 등 무한하다. 이 점이 매우 중요하다. 그래서 한편으로 위기 상황에서 기업과 브랜드가 여건상 혁신을 지향할 수 없을 때, 그렇다고 그동안 쌓아 온 역사와 전통, 즉 기본을 지향할 수도 없을 때, 그리고 브랜드 아이덴티티 문제로 초프리미엄이나 가성비를 지향하기 어려울 때 컬래버레이션은 이런 막막한 한계를 극복하게 해 준다.

#공동체 #협업 #포용 #공조 #협조 #공동체 의식 #허들링 효과 #신공동체 #빅 블러 #컬래버레이션 #발전적 재건 #파트너십 #유머 #가잼비 #의외성 #지속가능성 #브랜드 확장 #하이퍼커넥션 #무한 확장

〈표 3-5〉 하이퍼 코피티션 관련 추천 도서

책 제목	저자 및 역자	출판년월	추천 포인트
코로나19 사태 속에 성장하는 네트워크 마케팅	주성진	2020. 7.	내용 중 '리스크와 멀어지는 제휴 비즈니스'가 인상 깊다.
지금 팔리는 것들의 비밀-새로운 소비 권력의 취향과 열광을 읽다	최명화, 김보라	2020. 10.	4장 잘나가는 것을 만드는 결정적 차이에서는 '익숙한 듯 낯설게, 컬래버의 파급력'을, 5장 팔리는 구조를 만드는 브랜딩 레시피에서는 '당장 컬래버 달력을 만들어라'를 언급하고 있다.
TAKE OFF-치열한 온라인 시장에서 마케팅 차별화를 위한 12가지 법칙	이상규	2021. 10.	제품과 제품의 결합, 제품과 서비스의 결합, 제품과 사람의 결합 등 다양한 분야의 컬래버레이션을 잘 설명하고 있다.

RE:

TIPPING

리:티핑 포인트
위기 극복의 11가지 반전 포인트와 45가지 실전 전략

제2부

위기와 불황기를
극복한 기업

POINT

미래에 대한 최선의 예언자는 과거이다.

– 조지 고든 바이런(George Gordon Byron) –

　지금까지 티핑 포인트의 구성 요인인 사람, 메시지, 상황을 리:티핑 포인트에 맞춰 커뮤니케이터, 콘텐츠, 컬처 코드로 재정의하고 각각을 구체적으로 살펴보았다. 그리고 커뮤니케이터는 안티 컨슈머, 슈퍼 팔로워, 폴리 스페셜리스트로, 콘텐츠는 아너십, 모먼트, 데이터이즘으로, 컬처 코드는 기술주의, 본질주의, 초프리미엄, 역매슬로, 하이퍼 코피티션으로 재구성하여 왜 이 요소들이 위기 상황을 극복할 수 있는 반전 알고리즘의 코드로 작용할 수 있는지 알아보았다. 우리는 다양한 근거와 사례를 바탕으로 이렇게 세분화된 각각의 요소가 독립된 하나의 힘을 갖고 위기를 극복할 수 있는 지렛대로 활용될 수도 있다는 것을 알게 되었다.

　하지만 티핑 포인트와 마찬가지로 리:티핑 포인트 역시 세분화된 구성 요인이 각각 독립된 형태로 작용할 때보다 '커뮤니케이터 × 콘텐츠 × 컬처 코드'의 조합으로 완성될 때 보다 강력하고 효과적인 리:티핑 포인트로 작용할 수 있다. 그리고 그 조합이 복합적일수록, 즉 더 많은 구성 요인이 조합될수록 그 효과 또한 배가될 것이다. 이는 '승수효과(multiplier effect)'에 따른 것이다. 승수효과란 어떤 경제 요인의 변화가 다른 경제 요인의 변화를 유발해 최종적으로 처음의 몇 배에 해당하는 증가로 나타나는 것인데, 이를 리:티핑 포인트에 대입하면 더욱 많은 구성 요인이 적용될수록 더 큰 효과를 기대할 수 있다는 뜻이기도 하다.

　필자들은 이에 대해 보다 쉬운 비유를 찾아냈다. 〈마블 어벤져스〉에서 인피니티 건틀렛의 스톤은 하나씩만 있어도 어마어마한 능력을 갖게 되는데, 그 스톤이 더 모일 때마다 힘이 강력해지고,

스톤 6개가 모이게 되면 전 우주에 전무후무한 변화를 일으킬 수 있는 마지막 핑거 스냅을 일으킬 수 있다는 설정 말이다. 리:티핑 포인트의 각 구성 요인의 조합은 그와 유사하다. 그리고 결과적으로 다음과 같이 리:티핑 포인트의 45개 조합과 알고리즘이 제안될 수 있다. 여기에는 앞서 언급한 것과 같이 더 복합적인 조합도 거론될 수 있다.

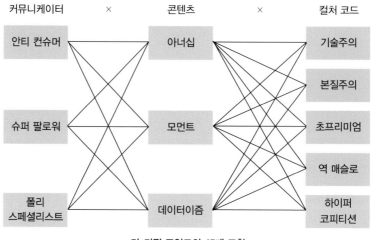

리:티핑 포인트의 45개 조합

이렇게 제시된 45개의 리:티핑 포인트 조합은 팬데믹이라는 상황과 다른 위기 상황에서 위기를 극복하고 상황을 반전시킬 때 유효하게 작동될 수 있다. 필자들은 그 여부를 다양하고 많은 사례를 통해 확인하고자 하였다. 많은 기업, 실무자 그리고 일반 독자들까지 위기 상황에서 입체적인 대응을 하고 많은 인사이트를 얻을 수 있는 사례들을 바탕으로 케이스 스터디를 진행한 것이다. 즉, 각 사

례에서 리:티핑 포인트가 어떻게 작동해서 위기를 극복하였는지 구체적인 분석과 설명을 통해 독자들의 이해를 돕고자 했다. 왜냐하면 리:티핑 포인트의 궁극적인 목적은 단지 앞으로 또 다가올 팬데믹과 같은 큰 위기에만 대응하기보다는 언제든 닥칠 수 있는 사소한 위기, 또는 어떤 어려운 상황이 닥쳤을 때 그것을 반전시키고 위기를 극복할 수 있는 방안을 전달하고자 하는 것이기 때문이다.

앞으로 보게 될 케이스 스터디에는 리:티핑 포인트 조합을 바탕으로 위기를 극복한 사례, 업계의 아래 단계에서 위 단계로 올라간 사례, 특별한 전환점이 필요했을 때 그것을 이룬 사례 등이 포함되어 있다. 그리고 필자들은 독자들이 꼭 팬데믹 상황이 아니더라도 인사이트를 얻을 수 있는 다양한 사례를 바탕으로 리:티핑 포인트를 적용해서 설명하였다.

특히, 리:티핑 포인트 조합에 따르면 45개의 케이스가 있을 수 있는데, 필자들은 보다 심도 있고 깊이 있는 분석이 필요한 15개 사례를 제시했다. 그 외에 나머지 리:티핑 포인트를 설명할 수 있는 30개 사례에 대해서는 추후 다른 방식을 통해 제공할 예정이다.

결국 독자들은 이 케이스 스터디를 통해 다양한 인사이트를 얻어 여러 상황에서 리:티핑 포인트를 확장하여 적용할 수도 있을 것이다. 더 나아가 꼭 팬데믹과 같이 유례없는 큰 위기가 아니더라도 언젠가 닥칠 위기에도 유효하게 작동할 수 있는 리:티핑 포인트를 알게 될 것이다. 더불어 꼭 위기가 아니더라도 업계 2인자가 업계 1인자가 될 수 있는 기회까지도 엿볼 수 있을 것이다. 다양한 분야의 사례를 바탕으로 리:티핑 포인트가 어떻게 적용되고 작동했는지 알아보고 위기를 기회로 극복할 수 있는 실마리를 찾아보자.

04
아름다운 포인트

더 뉴 그레이
–위기에서 더 빛난 아저씨 콘텐츠 비즈니스

■ 3C 조합 – 슈퍼 팔로워 × 모먼트(아너십) × 하이퍼 코피티션

메이크오버 서비스에 과분한 위기가 닥쳤다

더 뉴 그레이는 'How to be authentic ahjussi'라는 슬로건 아래 '진짜 아저씨가 되는 방법'을 전하는 회사이다. 중년 남성을 대상으로 메이크오버 서비스 및 사진 촬영 서비스를 제공하는 패션 컨설팅 비즈니스와 시니어 인플루언서 그룹 '아저씨즈'를 운영하는 패션 콘텐츠 매니지먼트를 주력으로 하고 있다.

코로나 팬데믹에서 오프라인 비즈니스가 그랬던 것처럼 더 뉴 그레이에도 비슷한 위기가 찾아왔다. 주력 비즈니스 모델이었던

[그림 4-1] 더 뉴 그레이 메이크오버 서비스와 아저씨즈

출처: 더 뉴 그레이 제공[1]

메이크오버 서비스 신청이 감소한 것이다. 사실 시니어 남성들을 카메라 앞에 세우는 것은 생각보다 상당히 어렵다. 시니어 남성들은 패션에 대한 관심이 여성들보다는 덜하고, 보수적인 성향을 지닌 성격상 카메라 앞에 서서 포즈를 취하는 것을 상당히 어색해한다. 효심으로 자녀들이 메이크오버 서비스를 예약했다고 하면 취소하라는 피드백이 너무 많았다. 그래서 아버지에게 이벤트 당첨이 되었다고 선의의 거짓말을 하면서 메이크오버 서비스를 했을 정도였다. 이렇게 시도가 어려운 서비스가 엎친 데 덮친 격으로 코로나 팬데믹으로 인한 대면 서비스의 리스크까지 발생한 것이다. 메이크오버 서비스는 헤어 스타일리스트, 포토그래퍼, 디렉터 등 다수의 사람이 참여하는 대면 서비스인데다가 백신이 개발되지 않았던 시기였기에 메이크오버 서비스는 코로나 팬데믹 위기를 정면으로 맞을 수밖에 없었다. 그 결과, 직접 운영하던 바버숍을 정리하기까지 이르렀다.

또 다른 위기는 메이크오버 서비스를 따라 하는 미투 콘텐츠의 등장이다. 메이크오버 서비스는 스타일리스트, 헤어 디자이너, 포토그래퍼만 있으면 되기 때문에 따라 하는 것이 어렵지 않았다. 패션 브랜드뿐만 아니라 패션 비즈니스와 연관이 없는 카테고리까지 전방위적으로 미투 콘텐츠를 만들어 냈다. 메이크오버 서비스는 전적으로 서비스를 디렉팅하는 사람의 감도에 따라 퀄리티가 달라진다. 콘텐츠의 양이 늘어나게 되면 퀄리티 낮은 콘텐츠의 양도 늘어나게 되었고, 이런 콘텐츠로 인해 메이크오버 서비스에 대한 부정적 인식이 형성될 위기도 발생하게 되었다.

층층이 쌓인 팬덤과 숏폼 그리고 컬래버레이션 확장성으로 이겨 낸 위기

더 뉴 그레이는 코로나 팬데믹 기간에 오프라인 메이크오버 서비스는 잠시 휴식기를 가지기로 하였다. 대신 아저씨즈를 활용한 콘텐츠를 다듬었다. 더 뉴 그레이의 메이크오버 서비스가 before & after 사진 단 한 장으로 임팩트 있게 메시지 전달이 가능했던 것에 착안하여 숏폼 영상 콘텐츠를 대대적으로 만들기로 하였다. 중년 남성들의 콘텐츠라고 하면 긴 호흡의 영상으로 스토리텔링을 해야 할 것 같지만 기존의 공식들을 과감하게 벗어나 순간에 집중하는 숏폼 콘텐츠에 도전한 것이다.

콘텐츠의 제작 속도도 상당히 빠른 편이다. 이슈가 되고 있는 커버 댄스를 촬영하기 위해 별도의 연습을 하지 않는다. 촬영 시작 5분 전에 춤을 보고 대충 따라 하는 것이 커버 댄스의 전부이다. 원래는 권정현 대표가 촬영 1~2주 전에 틱톡에서 유행하는 춤을 보

[그림 4-2] **아저씨즈의 숏폼 영상 캡처**

출처: 더 뉴 그레이 인스타그램[2]

고 연습해서 가르쳐 주기도 하고 숙제를 내서 촬영하는 것이었으나 연습도 안 되고 동작도 되지 않아 부족한 대로 업로드를 했다. 결과는 1,600만 뷰가 나오는 대성공이었다. 별다른 기대 없이 포스팅을 했으나 중년 남성들이 요즘 유행하는 춤을 어떻게든 따라 하려는 모습이 대중의 공감을 얻은 것이다. 여기에서 영감을 얻은 더 뉴 그레이는 영상 마지막에 적절한 센스의 문장을 더하는 것으로 숏폼 영상의 방향을 완성하였다. 별다른 연습을 하지 않기 때문에 트렌드에 빠르게 대응이 가능했다.[3]

이러한 매력들이 어필하면서 팔로워가 양적 질적 성장을 하게 된다. 더 뉴 그레이의 팔로워들이 성장해 나가는 과정을 보면 사적 트래픽을 가진 다양한 슈퍼 팔로워들이 더 뉴 그레이를 소개하는 과정으로 성장해 왔다.

첫 번째 슈퍼 팔로워는 기존 메이크오버 서비스를 신청했던 고객과 가족이다. 메이크오버 서비스의 프로젝트 타이틀이 '우리 아빠 프사 바꾸기'이기 때문에 중년 남성의 바뀐 프로필 사진을 보고 문의를 하게 되는 경우도 발생하였다. 이 과정에서 자연스러운 공유가 일어났다.

두 번째 슈퍼 팔로워는 패션을 좋아하는 패션 피플이다. 더 뉴 그레이가 지향하는 캐주얼과 비즈니스 캐주얼은 세대 구분 없이 누구나 소화할 수 있는 영역이기 때문에 패션에 대해 관심이 있는 다양한 사람이 팔로워가 된다. 이미 해외의 닉 우스터(Nick Wooster), 국내의 여용기 님 같은 시니어 패션 인플루언서가 존재했기 때문에 더 뉴 그레이의 아저씨즈들을 팔로우하는 것은 어려운 일이 아니었다. 자신이 관심 있는 영역에서는 복수의 인플루언서들을 팔로우하여 다양성을 추구하는 성향도 도움이 되었다.

세 번째 슈퍼 팔로워는 콘텐츠 비즈니스 플레이어이다. 방송, 신문, 잡지와 같은 올드 미디어뿐만 아니라 인스타그램 카드뉴스, 웹진과 같은 소셜 미디어를 포함한다. 다양하게 늘어난 콘텐츠 제작자들은 끊임없이 이슈가 될 만한 아이템을 찾아야 하는데, 더 뉴 그레이는 MZ세대와 중장년층 모두를 커버할 수 있다는 점이 매력적이었다. 여기에 콘텐츠의 다양한 방향성도 콘텐츠 비즈니스를 하는 사람들에게 매력적이다. 더 뉴 그레이의 세컨드 라이프와 세대 간의 소통은 사회적인 메시지를 담을 수 있고, 틱톡 영상은 트렌디한 유머를 담을 수 있었다.

앞에서 위기로 밝힌 미투 서비스가 현재는 찾아보기 어렵다. 더 뉴 그레이의 슈퍼 팔로워들이 유사 서비스 제공자의 계정에 가서 불만을 제기하였기 때문이다. "더 뉴 그레이가 메이크오버 서비스를 먼저 시작했는데 왜 따라 하냐?", "더 뉴 그레이와 협의한 콘텐츠이냐?"는 식의 댓글들은 메이크오버 서비스를 따라 한 플레이어 입장에서는 부담이 될 수밖에 없었다. 모든 정보가 투명하게 공개되고 저작권에 대해 민감해진 세상에서 짝퉁, 불법 도용 이미지가 씌워지는 것은 앞으로 브랜드가 전개하는 타 콘텐츠에도 영향이 갈 수밖에 없기 때문이다. 앞에서 얘기한 것처럼 부정적인 이슈는 긍정적인 이슈보다 전파 속도가 더 빠르다는 점도 미투 서비스가 줄어들게 되는 데 영향을 끼쳤다.

미투 서비스의 존재를 더 뉴 그레이 측에서도 알고 있었지만 대응하기에는 현실적으로 어려움이 있었다. 직원이 총 1명인 1인 기업 입장에서 인력과 시간을 투입해야 하는 일이라서 부담스러운 것이 사실이다. 미투 콘텐츠를 만든 브랜드에 컴플레인을 제기한다고 해도 법적으로 문제가 되지는 않기 때문에 눈 뜨고 지켜볼 수밖에 없는 상황이었다. 나서기도 가만히 있기도 애매한 상황에서 슈퍼 팔로워들이 상황을 잘 정리해 준 것이다. 경쟁 브랜드는 안 무서워도 고객들은 무섭기 때문이다.

미투 콘텐츠가 어느 정도 정리되면서 아저씨즈를 활용한 활동에 더 집중할 수 있었다. 기존의 시니어 모델 신에 대한 인식은 부정적이었다. 시니어 모델 에이전시들이 자체적으로 시니어 모델 대회를 연 다음에 참가비를 받고, 에이전시의 아카데미에서 수업을 받고, 메이크업 스튜디오에서 메이크업을 받게 하며 모든 과정에서

이익을 챙겼다. 모델 대회 이후 시니어 모델로서의 활동을 제대로 서포트하지 못하고 단편적인 이벤트에 출연시키고 끝을 냈기에 시니어 모델들의 상실감은 이루 말할 수 없었다. 더 뉴 그레이는 아저씨즈를 통해 진정성 있는 시니어 인플루언서 신을 만들어 가고 있다. 활동을 위해 아저씨즈 멤버들이 별도로 지불하는 비용은 없으며, 단기적인 이벤트가 아닌 장기적인 관점으로 브랜드와의 협업이나 콘텐츠 제작 활동을 이어 가고 있다. 이와 같은 활동들이 지속적으로 이루어짐으로 인해 다른 시니어 모델 에이전시와 다른 더 뉴 그레이만의 차별화된 영역을 공고히 하게 되었다. 일반적인 대중이 시니어 모델 신의 그늘까지 알지는 못했지만, 더 뉴 그레이 측에서 인터뷰를 할 때 얘기하면서 조금씩 대중이 알게 되었다.

전달할 수 있는 메시지가 많으니 카테고리를 가리지 않는 하이

[그림 4-3] **더 뉴 그레이가 진행한 컬래버레이션**

출처: 더 뉴 그레이 인스타그램

퍼 코피티션이 가능하다. 시니어 인플루언서를 활용한 광고 비즈니스, 브랜드와 컬래버레이션을 해서 콘텐츠를 제작하였다. 주요 협업 파트너사는 패션(LF, 뉴발란스, PLAC JEANS), 금융(교보생명, MG새마을금고), 자동차(미니, 현대자동차, Kia), 유통(AK 플라자, 현대백화점), 공공기관(제주관광공사, 국가보훈처) 등이 있다. 국가보훈처와 함께한 캠페인은 '이웃에 영웅이 산다'라는 타이틀로 진행되었다. 한국전쟁 참전 용사들을 대상으로 메이크오버 서비스를 진행하고, 사진 촬영은 다큐멘터리 사진가인 홍우림 작가가 참여하였다. 전시는 현대백화점 신촌점에서 열렸으며, 참가자들의 반응은 뜨거웠다. 참전 용사의 증손녀가 "그동안 할아버지가 전쟁 얘기만 하면 맨날 듣기 싫어하고 짜증 냈었는데, 더 뉴 그레이 덕분에 할아버지의 이야기에 처음으로 귀를 기울이게 됐습니다."는 DM을 보냈는데 이를 통해 '패션을 통한 세대 간 소통'의 좋은 선례를 남기게 되었다.

위기 뒤 더 단단해진 대체 불가능

모먼트, 슈퍼 팔로워, 하이퍼 코피티션의 조합을 통해 어느 카테고리든 커버할 수 있는 콘텐츠의 확장성을 확보하게 되었다. 중년 남성을 타깃으로 한 시장만이라고 생각했던 영역이 MZ세대가 타깃인 영캐주얼, 스트리트 패션까지 확장이 가능했고, 공익적인 영역이라고 생각했던 관공서까지 커버할 수 있다. 이 모든 영역을 커버할 수 있는 콘텐츠 프로바이더가 기존에 있었는가 생각해 보면 딱히 대체할 수 있는 사람이 없다.

숏폼 동영상을 통해 우리나라뿐만 아니라 글로벌 팬덤을 만들게

[그림 4-4] **젊은 인플루언서와 함께하는 아저씨즈**

출처: 더 뉴 그레이 인스타그램

된 것도 주목할 만한 결과이다. 언어의 장벽 없이, 나이에 상관없이 아저씨즈가 솔직한 모습으로 담긴 영상은 전 세계 모든 연령대의 공감을 불러일으키기 충분했던 것이다. 코로나 팬데믹 이전 더 뉴 그레이의 인스타그램 팔로워 수는 2.5만 명 수준이었으나 2021년 12월 20만 명, 틱톡 30만 명을 돌파하게 되었다. 팔로워 수 토털 50만 명이 가지고 있는 미디어적 가치는 웬만한 인스타그램 매거진에 버금가는 파급력을 가지고 있기 때문에 앞으로 더 뉴 그레이가 진행하는 모든 활동에 든든한 지원군이 될 예정이다.

더 뉴 그레이가 시니어 남성분들의 영상 몇 개가 대박이 나면서 지금의 위치에 올라왔다고 볼 수 있다. 하지만 이 영상의 앞단에 담겨 있는 더 뉴 그레이의 진정성이 없었다면, 영상이 재미는 있어도 공감을 얻지는 못했을 것이고, 결국 코로나 팬데믹 위기를 겪으며 몰락한 다른 브랜드처럼 지금의 모습을 찾아볼 수 없었을 것이다. 이는 더 뉴 그레이를 따라 했던 수많은 미투 브랜드가 지금은 활동하지 못하고 있는 것으로 알 수 있다.

스몰 브랜드가 진정성을 통해 직관적인 콘텐츠를 만든다. 그 콘텐츠가 팬덤으로 확장되고 그 팬덤이 브랜드의 위기를 극복하게 해 준다는 것이 더 뉴 그레이 사례의 핵심이다. 세대를 넘나드는 공통의 키워드가 무엇인지 고민하고 그것을 쉽게 커뮤니케이션하는 콘텐츠를 만들어 낼 수 있다면 당신의 브랜드도 어떤 위기가 와도 흔들리지 않는 항공모함이 될 수 있을 것이다.

About 더 뉴 그레이

더 뉴 그레이가 초반 이슈를 모을 수 있었던 것은 메이크오버 서비스의 역할이 컸다. 메이크오버 서비스는 머리부터 발끝까지 새로운 사람을 만든 후 사진을 제공하는 것이 주요 내용이다. 메이크오버를 위한 헤어스타일링은 자체 운영하는 바버숍에서 제공하며, 의상, 구두, 액세서리는 동대문에서 직접 렌털을 해 온다. 스타일링 후에 Before & After 사진을 촬영하여 디지털 파일로 전달하며, 가격은 약 30만 원 정도였다.

촬영에 사용된 옷, 신발, 액세서리는 사진 촬영이 끝나면 반납하는 것이 원칙인데, 대부분 스타일링은 마음에 들어 하기 때문에 아이템의 구매를 요청하게 되어 옷 판매에 대한 수익도 발생했다. 셔츠, 바지, 신발 기준으로 10만 원 중반대의 가격이라서 실제 구매를 하는 데도 큰 부담은 없는 편이었다. 더 뉴 그레이의 권정현 대표는 "대부분 자녀들이 아버지의 메이크오버 서비스를 신청하기 때문에 메이크오버 때 입은 옷도 효도 차원에서 사 가는 경우가 많다. 멋지게 촬영을 해 놓고 아저씨의 옷을 입고 돌아가는 것은 자녀들의 마음이 편치 않기 때문"이라고 인터뷰에서 밝혔다.

메이크오버 서비스는 와디즈(wadiz)에서 진행한 펀딩 프로젝트 '우리 아빠 프사 바꾸기 대작전'을 기점으로 시작되었다. 30명 정원으로 시작한 이 펀딩은 10분도 되지 않아 마감되며 사람들의 뜨거운 관심을 받았고, 사람들의 관심을 확인한 이후 정식 서비스가 되면서 더 뉴 그레이의 대표 비즈니스 모델이 되었다. 2018년도부터 2021년까지 700명 이상의 메이크오버 서비스를 진행하였다.

더 뉴 그레이의 시니어 인플루언서 그룹 '아저씨즈'는 은퇴를 앞두고 있거나 사업을 하고 있는 중장년층 시니어들이 주력 멤버들이다. 더 뉴 그레이의 메이크오버 서비스의 결과물과 비슷한 톤 앤드 매너의 착장을 주로 입고 화보 촬영을 하거나 영상을 찍는다.

기존 시니어 모델들과 다른 점이라면 전문 모델이 아니기에 우리와 친숙하다는 점이다. 자신의 직업을 가지고 있거나 가졌던 시니어들이기에 젊은 세대의 미래를 미리 보는 역할을 수행하기도 한다. 자신이 좋아하는 일을 뒤늦게 깨닫고 늦은 나이이지만 젊었을 때의 꿈을 찾아 도전한다는 점에서 박인환과 송강이 주연한 〈나빌레라〉와 비슷한 인상을 받았다는 사람들도 있다. 실제로 더 뉴 그레이를 운영하는 권정현 대표가 30대 초반이라는 점, 자신이 가지고 있는 지식을 통해 시니어 모델의 꿈을 이루어 준다는 점에서 맥락이 비슷하다.

기존 시니어 모델들은 런웨이나 화보 촬영장에서 옷을 입고 사진 찍히는 1회성 콘텐츠를 만들어 낸다면, 아저씨즈의 멤버들은 패션을 통한 다양한 메시지를 꾸준하게 만들어 낸다. 앞에서 밝힌 것처럼 세컨드 라이프에 대한 영감뿐만 아니라 사회적인 이슈에 대해 기민하게 대응하는 콘텐츠를 만들어 내기도 한다. 만우절과 같이 모든 기업의 유머러스한 크리에이티브들이 대격돌을 하는 시기에 아이돌 옥외 광고에서 영감을 얻은 아저씨즈 팬 광고를 만들어서 인스타그램에 올리기도 하였다.

텐먼스
– 패션의 시즌 패러다임을 뒤집은 용기와 성공

■ 3C 조합–안티 컨슈머 × 모먼트(아너십) × 본질주의(역 매슬로)

먹고 살기 바쁜데 패션이라니

패션 산업은 코로나 팬데믹으로 인한 소비 심리 위축으로 매출에 타격을 받게 되었다. 사람들은 사람이 몰리는 곳을 꺼리면서 주요 채널의 매출이 급감하였다. 특히, 명품 브랜드의 비중이 높은 신세계 인터내셔날 입장에서는 고가 패션에 대한 지출을 줄이는 사회적 분위기 때문에 더 큰 충격을 받게 되었다. 여성복 브랜드 '세인트존'은 오프라인 매장을 정리하고, 온라인 채널에서만 판매하기로 결정하였다. 이뿐만 아니라 남성복 브랜드 '코모도'도 철수하기로 결정하였다.

ST. JOHN   🦅 comodo SQUARE

[그림 4-5] 코로나 팬데믹 시기 변화를 겪은 패션 브랜드
출처: 신세계 인터내셔날 홈페이지[4]

기존의 패션에 대한 편견을 깨고 패러다임을 바꾸다

신세계 인터내셔날에서는 새로운 패션 브랜드 텐먼스(10month)를 론칭하게 되었다. 소비자가 패션에 대해 갖고 있는 불만은 옷을 '자주 사야 한다'는 점이었다. '자주 사야 한다'는 두 가지 개념을 포

함하고 있다. 첫 번째는 계절마다 옷을 사야 한다는 것이고, 두 번째는 해마다 옷을 사야 한다는 것이다.

텐먼스는 이 점에 착안하였다. 1년에 한여름과 한겨울 두 달을 제외한 열 달 동안 입을 수 있는 옷을 만들었다. 계절에 상관없이 입을 수 있는 적당한 두께로 옷을 만들었고, 사방으로 늘어나는 스트레치 소재를 사용하여 활동성을 강조하였다. 오래 입어도 변함 없는 고품질 원단을 사용한 것도 특징이다. 오랫동안 입기 위해서는 옷의 내구성이 튼튼해야 한다는 본질주의적 사고에서 기반한 콘셉트였다. 그리고 내년과 내후년에 입어도 유행에 뒤처지지 않기 위해 베이식한 디자인과 컬러를 주로 사용하였다. 블랙, 화이트, 그레이, 네이비, 베이지 등의 단색과 스트라이프 패턴을 주로 사용하는 것이다. 이러한 컬러와 패턴을 이용한 재킷, 팬츠, 셔츠, 원피스는 믹스 앤드 매치를 하기에도 좋은 아이템이다. 즉, 범용성이 좋다는 의미인데 텐먼스 브랜드끼리의 조합뿐만 아니라 기존에 소비자가 보유하고 있던 다른 패션 브랜드와 코디를 함께해도 이질감이 없었다. 이러한 포인트들을 이용하여 오랫동안 입을 수 있는 옷의 공식을 수립하였다.

기존의 베이식한 브랜드의 옷은 외국 브랜드들이 많았다. 우리나라 사람의 체형과 다르기 때문에 구매 후 수선을 해서 입어야 한다거나 핏이 안 맞는 불만이 있었다. 텐먼스는 한국인의 체형에 최적화된 슈트 핏을 만들었다. 우리나라 유일의 입체 패턴 명장 서완석 씨와 협업하여 재킷의 경우 어떤 하의와도 잘 어울리는 기장의 길이를 찾았으며, 유행을 타지 않는 어깨 라인, 어떤 얼굴형에도 잘 어울리는 라펠 모양을 개발하였다. 서양 사람에 비해 다리가 짧은 신체적 특징은 다리가 길고 날씬해 보일 수 있는 기장과 디자인을 제작했으며, 사람마다 다른 다리 길이에 맞게 기장 길이의 옵션(+4cm)을 제공하기도 하였다.

텐먼스는 제품 출시 이후 소비자의 요구 사항을 지속적으로 반영하였다. 대표 상품인 마스터핏 슈트는 1년 간 3번의 리뉴얼을 할 정도였다. 기존 신축성이 없던 안감은 스판 소재로 변경해 착용감을 향상시켰고, 체구가 작은 고객이 xs 사이즈를 추가해 달라고 하여 사이즈를 더 세밀하게 구분하였다. 아예 기존에 없던 제품을 만들어 달라는 고객의 요구도 있었다. 더블 버튼 재킷은 클래식한 느낌의 제품을 원하는 고객의 요청으로 제작되었고, 에이치라인 스커트는 다양한 오피스 룩에 대한 고객의 니즈를 반영하였다.

텐먼스는 고객에게 브랜드를 입는 모먼트를 더 명확하게 제안하였다. 기존의 패션 브랜드들이 감성적인 룩북 위주로 콘텐츠를 만들었다면, 텐먼스는 TPO에 따라 입어야 하는 룩을 제안하였다. 베

[그림 4-6] **신세계 인터내셔날 직원들의 오피스 룩**

출처: 텐먼스 인스타그램[5]

이식한 디자인의 옷이니 오피스 룩에서의 활용도가 높은 브랜드이
다. 직장에서 입기 좋은 옷을 소구하기 위해 실제 신세계 인터내셔
날 직원들의 출근 룩을 콘텐츠로 제작하였다.

　데일리 룩에서의 순간은 패션 인플루언서들과 협업을 하여 제안
하였다. 김나영은 월요일부터 일요일까지 일주일 내내 코디할 수
있는 데일리 룩을 보여 주었다. 오피스 룩을 커버하면서 데일리 룩

Master Fit Single Jacket

기본 칼라와 투버튼으로 구성된 심플한 디자인의 테일러드 재킷
어떤 하의라도 매치가 좋은 황금법칙의 기장감
앞폭은 어깨라인부터 탁 떨어지는 마니쉬한 실루엣이며,
뒷부분은 허리라인이 살짝 잡혀있어 몸에 착 떨어지는 핏

적당한 두께감의 어깨 패드가 있으며 뒷 트임은 싱글벤트의 형식

싱글 여밈에 투 버튼으로 기본이 되는 자켓 입니다.
밀단의 유연한 곡선을 살려 전체적으로 마니쉬한 느낌을 살렸습니다.
고급 기술에 속하는 포켓 입구의 라인워리가 자켓의 완성도를 높여 줍니다.

[그림 4-7] 김나영 제안 마스터핏 싱글 재킷

출처: 텐먼스 인스타그램

도 커버할 수 있는 교집합 영역의 옷을 그녀만의 감각으로 보여 주었다. 기은세는 김나영보다는 조금 더 일상에서 입을 수 있는 6가지 스타일의 데일리 룩을 보여 주었다. 신세계 인터내셔날 직원은 오피스 룩, 김나영은 오피스 룩+데일리 룩, 기은세는 데일리 룩 중심의 순간을 제안하였다고 볼 수 있다.

패션계에서 패스트 패션은 환경을 파괴하는 주요 원인으로 뽑힌다. 환경에 대한 관심이 높아지면서 한 시즌만 입고 버리는 패스트 패션보다는 지속가능하게 입을 수 있는 브랜드의 제품이 인기를 얻는다. 텐먼스는 지속가능한 패션을 지향한다. 1차적으로는 좋은 원단과 클래식한 디자인을 통해 이루어지기도 하지만, 2차적으로는 10달 동안 입을 수 있기 때문에 계절마다 다른 옷을 구매하지 않아도 되는 개념을 포함한다. 텐먼스라는 이름에는 이러한 지속가능성의 의미가 내포되어 있었기 때문에 바른 소비를 추구하는 요즘 트렌드에 부합하였다.

텐먼스 옷의 가격대는 합리적인 편이다. 기존의 SPA 브랜드가 초저가를 지향했다면 텐먼스는 괜찮은 퀄리티의 옷을 저렴한 가격에 제공하는 것을 목표로 삼는다. 무턱대고 싼 가격을 위해 퀄리티와 타협하지 않는 것이 SPA 브랜드와의 차이점이라고 보면 된다. 텐먼스 제품의 가격대는 티셔츠 3~5만 원대, 팬츠와 셔츠 각 9만 9000원, 원피스 15만 9000원 등으로 가성비가 뛰어난 편인데, 사용 기간 대비 가격을 자세히 보면 가성비는 더욱 뛰어나다. 기존 S/S, F/W 시즌에만 입는 것이 아니라 10달을 입고, N년을 입기 때문이다. 역 매슬로 관점에서의 합리적 소비를 제안하기 위해 텐먼스는 오프라인 매장을 운영하지 않는다. 오프라인 매장 운영에 들어가는 임대료, 인건비 등을 제로화하여 비용을 낮추는 전략을 사용하고 있다. 텐먼스의 제품은 신세계 인터내셔날의 온라인 쇼핑몰인 에스아이빌리지와 신세계그룹의 온라인 쇼핑몰인 ssg.com과 W컨셉을 메인 채널로 판매하고 있다.

위기 속에서도 패션 산업은 성공할 수 있다

텐먼스는 코로나 팬데믹으로 패션에 대한 소비 심리가 얼어붙은 2020년 2월에 론칭하였다. 사람들의 외부 활동이 줄어드는 시기, 고가의 패션 브랜드에 소비를 줄이는 시기임에도 불구하고 론칭 일주일 만에 두 달치 물량을 모두 소진하였다. 이러한 인기는 순간에 그치지 않고 브랜드의 이름처럼 매달 꾸준한 인기를 이어 가면서 론칭 2년차인 2020년에는 매출 목표의 270%를 초과 달성하는 실적을 보이기도 하였다.

관계자의 인터뷰에 따르면 대표 상품인 마스터핏 슈트 구매 고객의 75%가 2030 직장인 여성이라고 한다. 사회 초년생들이 장만하기에 좋은 입문용 정장으로 입소문이 나면서 당초 예상했던 연령대보다 낮은 고객들의 반응까지 이끌어 낼 수 있었다. 이러한 인기에 힘입어 2021년에는 남성 라인을 론칭하게 되었다. 남성 라인도 기존 여성 라인과 마찬가지로 베이식한 컬러와 아이템을 한국 사람의 체형에 맞게 기획하였다. 남성 패션 인플루언서인 깡 스타일리스트와 함께 TPO에 맞는 스타일링을 제안하고 있다.

텐먼스는 패션에 대한 고객의 불만을 해소하는 것에서부터 시작되었다. 누구나 당연하게 생각했던 S/S와 F/W 시즌의 개념을 없애기 위해 브랜드의 기획부터 제품의 제작까지 모든 과정을 원점에서 시작한 것이다. 기본에 충실한 아이템과 컬러, 합리적인 가격을 기반으로 1년 중 열 달을 입을 수 있는 텐먼스는 패션을 통해 코로나 팬데믹 시기에 필요한 메시지를 던졌다고 볼 수 있다. 단순하게 옷을 입는 것이 아니라 텐먼스의 옷을 입는 사람은 지속가능한 패션을 지향하는 합리적인 사람이라는 인식을 형성하게 된 것이다.

제품의 상향 평준화 시대이다. 과거에는 눈에 보이는 멋을 챙기는 브랜드가 많았다면 요즘은 제품의 퀄리티가 좋은 브랜드가 많다. 그렇다면 미래에는 어떤 브랜드가 사람들의 사랑을 받을까? 그것은 바른 메시지를 가진 브랜드가 될 것이다.

About 텐먼스

신세계 인터내셔날은 신세계 그룹의 패션 회사이다. 주요 해외 명품 패션 브랜드의 수입과 유통을 전개하였으나 코스메틱과 라이프스타일 카테고리로 영역을 확장하고 있다. 주요 브랜드는 셀린느, 아르마니(조르지오, 엠포리오, 익스체인지), J. 린드버그, 자주, 딥티크, 바이레도 등이 있다.

텐먼스는 신세계 인터내셔날에서 전개하는 패션 브랜드이다. 주요 고객대는 20~40대 직장을 다니는 남성과 여성으로서 1년 중 10개월을 입을 수 있는 옷을 주요 상품으로 전개한다. 주요 제품은 재킷, 팬츠, 셔츠, 니트와 같은 베이식한 아이템을 주로 이루고 있다.

강남언니
– 잘 봐, 언니들의 데이터 싸움이다

■ 3C 조합–안티 컨슈머×아너십×역 매슬로(기술주의)

국가 간 거리두기가 불러온 해외 고객의 이탈

힐링페이퍼는 만성질환자는 치료보다, 일상생활 속 관리가 더 중요하다는 생각으로 국내 최초 만성질환자 건강관리 앱을 개발하였다. 그러나 만성질환 서비스는 보험 급여와 연관되어 있고, 비용지불 주체가 명확하지 않아 매출 부진으로 어려움을 겪게 되었다.[6] 이후 비급여 의료 시장인 미용의료 분야로 눈을 돌리게 된 힐링페이퍼는 2015년 1월 미용의료 정보 플랫폼 '강남언니'를 출시하고 매출 급성장을 이루어 왔다. 그러나 코로나19 사태는 의료관광 시장에 위기를 초래했고, 강남언니 역시 국내 시장 및 해외 진출 계획에 변화를 모색해야 하는 상황을 맞이하게 되었다.

힐링페이퍼의 황조은 이사에 따르면, 2019년 말 외국인 환자 유치를 위한 일본 앱을 출시하였고, 출시 3개월 만에 5,500명 환자를 유치하는 등 급성장하였으나, 코로나19 발발 이후 외국인의 국내 입국이 어려워지며 외국인 환자 유치 서비스를 일시 중단하게 되었다.[7]

해외에서 국내로 눈을 돌린 역발상과 그 이면의 리:티핑 포인트

코로나19로 해외 환자 유치 서비스 중단 후 강남언니는 해당 국가 직접 진출 계획을 앞당겨 출시하였다. 3개월간의 일본 환자 유치 서비스에 대해 기대 이상의 반응을 보였던 시장 상황에서 순발력 있는 결단을 내린 것이다. 홍승일 대표는 현지 시장조사를 통해 일본 진출에 대한 확신을 갖게 되었고, 특히 모바일 플랫폼에 익숙한 MZ세대의 미용의료에 대한 수요가 커지고 있다는 점에서 한국 시장에서 미용의료 플랫폼에 대한 노하우를 일본 시장에서 현지화하게 되었다고 설명하였다.[8] 이는 리:티핑 포인트의 모먼트 마케팅에 해당되는 것으로, 2020년 8월에는 일본 현지 2위 성형리뷰 서비스인 '루쿠모(Lucmo)'를 인수함으로써 현지 플랫폼 경쟁 구도 속에서 선두를 차지하게 되었다.

순발력 있는 결단과 확신 이면에는 수요자 중심의 정확한 정보가 담긴 콘텐츠가 든든하게 자리 잡고 있었다. 강남언니는 창업 초기부터 수요자 중심의 헬스케어 시장을 만들기 위해 소비자의 불편함, 불신감에 담긴 문제를 집중적으로 파고들었다. 그 결과, 소비자가 요구사항에 맞춘 병원의 소견과 견적을 다수 받아 보면, 꼭 필요한 시술과 합리적인 비용이 얼마인지 알 수 있을 것이라 생각했다. 강남언니 앱은 메디컬 뷰티 시장에 만연했던 불필요한 시술까지 권유받던 문제, 정보 불균형에 기반한 바가지요금과 허위 정보 문제를 없애며 소비자의 불편함, 불신감을 해결하고 있다.

강남언니는 리:티핑 포인트 3C의 전달자 중 '안티 컨슈머'의 불편함을 해결하기 위해 시작된 플랫폼이라는 점이 중요하다. 강남언니 출시 전 소비자는 공개된 정보가 제한되어 있는 미용의료 관련 정보를 찾기 위해 일일이 병원을 방문하여 상담을 받거나 지인의 경험에 의존하는 등 관련 정보 불균형이 심한 상태였다. 소비자는

인터넷 검색을 통해 정확한 정보를 찾고자 해도 할인 이벤트나 자극적 광고를 내보내는 병원을 거르기 힘들었다.

강남언니 플랫폼은 정확한 정보 기반의 의료 서비스를 제공하기 위해 소비자의 솔직한 후기와 병원들의 정확한 정보를 확보하고자 하였다. 이를 위해 영수증 인증제, 시술 전후 사진 필수, 시술 비용 및 시술 의사를 공개하는 등 까다로운 후기 작성 기준을 통해 양질의 후기를 제공하였고, 실제 방문 소비자 후기만 노출될 수 있도록 노력하였다. 실제 이용자에 의한 정확한 정보에 기반한 후기 콘텐츠는 후기를 중요하게 생각하는 MZ세대의 수요와 맞물려 신뢰성을 높여 갔다. 또 병원들은 시술 가격표 및 수술실 CCTV 보유 여부 등을 공개하였고, 실제 방문 소비자의 모니터링을 통해 '실제 가격과 같았어요'와 같은 인증 배지를 부여하여 정확한 정보를 공개한 병원을 자연스럽게 노출하며 마케팅 효과를 높일 수 있었다.

이러한 신뢰성을 높이는 후기 콘텐츠는 리:티핑 포인트 3C의 콘텐츠 중 '진정성' 가치를 강화함으로써 소비자의 불편함을 해결하려 한 것으로 볼 수 있다. 강남언니는 창업 초기부터 IT 기술을 활용한 헬스케어 혁신에 뜻을 둔 의사와 IT 전문가가 '더 좋은 의료 서비스를 누구나 누릴 수 있는' 콘텐츠를 개발하고자 노력했다. 이는 합리적 소비를 추구하는 2030대의 역 매슬로 환경과의 조합을 이루었고, 코로나19 환경에서 빨라진 디지털 전환과 재택근무 활성화 등의 영향으로 비대면 생활을 활용하고자 하는 환자가 유입됨으로써 매출 증가세에 타격을 입지 않은 것으로 볼 수 있다.

우리나라의 성형 인구는 수년 전 조사에 따르면 연간 60만 명 정도 된다. 성형 시장 초창기에는 수술을 잘하는지 못하는지가 관건이었다면, 시장이 성숙된 지금은 '취향의 문제'가 되었다. 화려한 수술을 좋아하는지, 자연스러운 수술을 좋아하는지 등 소비자의 취향을 잘 맞춰 수술하는 게 중요해졌다.

위기 상황에서 합리적 소비를 추구하게 되는 역 매슬로 환경은 다수 병원 전문가의 의견과 병원 측의 견적을 받는 것으로 정보의 불균형을 해결하고 소비자의 병원 선택을 돕는 수요자 중심의 헬스케어 혁신을 이루는 기반이 되었던 것으로 보인다. 성형을 하고 싶은 소비자가 강남언니에 사진 3장을 올리면 가입된 병원들이 견적을 제출하고, 소비자는 마음에 드는 곳을 골라 전화상담 혹은 방문상담을 선택한다. 회사는 이때 채택된 병원을 대상으로 과금하는 방식으로 운영된다.[9]

정리해 보자면, 힐링페이퍼는 강남언니 플랫폼 출시 이후 다음과 같이 안티 컨슈머, 진정성 콘텐츠, 모먼트 마케팅, 역 매슬로 환경으로 리:티핑 포인트의 3C 요소를 조합했다. 질병의 예방 관리에 돈을 쓰지 않는다는 소비자의 심리를 파악하고 마케팅이 활발하게 이루어지는 미용의료 시장에서 의료 서비스와 이용자를 연결하고자 했

[그림 4-8] **강남언니 광고**

출처: 플래텀 포토뉴스[10]

다. 먼저, 성형 분야의 문제점을 파악해 보니 바가지요금과 불필요한 부분까지 수술을 권유하는 게 소비자의 가장 큰 불만이었다. 이러한 성형 시장 내의 전달자인 안티 컨슈머의 의견을 적극 수용해, IT 기술로 다수 병원 전문가 의견과 견적을 받고, 신뢰성 있는 양질의 후기 콘텐츠를 참고할 수 있도록 하며 정보의 불균형을 해결하고 모바일 플랫폼을 통한 소비자의 병원 선택을 도울 수 있었다.

위기가 없었다면 오히려 반등의 기회도 없었을 것

강남언니의 비즈니스 모델은 플랫폼 내 후기를 통해 사용자 트래픽을 모으고 병원들이 플랫폼 내 광고를 할 수 있도록 한 것이다. 즉, 수요자 중심의 헬스케어 시장을 만들기 위해 소비자의 불편함, 불신감에 담긴 문제를 집중적으로 파고들었고, 이를 진심으로 받아들여 신뢰성 높은 후기 콘텐츠로 해결하려 하였다. 그 결과, 강남언니 앱은 미용의료 시장에 만연했던, 불필요한 시술까지 권유 받던 문제, 정보 불균형에 기반한 바가지요금과 허위 정보 문제를 해결해 나가고 있다.

또한 기존 소비자는 할인 이벤트나 자극적 광고를 근거로 병원을 선택할 수밖에 없었던 것과 비교해, 강남언니 플랫폼은 정확한 정보 기반의 의료 서비스를 제공하며, 미용의료 시술을 위한 병원을 선택함에 있어 합리적 의사결정을 가능하게 하고 있다. 그 결과, 강남언니에는 2021년 4월 기준 누적 40만 건이 넘는 시술 후기 및 평점이 등록되어 있어, 소비자가 후기를 충분히 검토한 후 병원 및 시술을 선택할 수 있도록 도움을 주고 있다. 2018년 말 100만 명, 2020년 말 250만 명의 사용자를 보유한 국내 대표 미용의료 정보 플랫폼으로 성장했으며, 힐링페이퍼는 강남언니 플랫폼의 성공과 함께 꾸준한 성장을 이어 오고 있다. 2017년 흑자 전환, 2019년 85억여 원의 매출 달성, 2019년 45억 원, 2020년 185억 원의 투자금을 유치한 것은 눈부신 성장으로 보여진다.

특히, 코로나19 상황에도 불구하고 일본 시장 직접 진출을 통해 일본 유저의 50% 이상이 일본 현지 의료 정보를 검색하게 되었다. 강남언니는 코로나19 사태 이후 글로벌 현지화를 앞당겨 일본 법인을 설립하였다. 일본 진출 4개월 만에 350곳의 병원을 고객으로 유치했다. 이는 한국 시장에서 동일한 숫자의 고객사 확보에 3년이 걸린 것과 비교해 9배 빠른 성과이다.

기업 홈페이지 내의 연혁을 통해 코로나19가 시작되자마자 유튜브 구독자 수가 10만 명을 돌파하고, 일본 시장에 성공적으로 안착하였으며, 사용자 수가 지속적으로 증가하는 것을 확인할 수 있다.

2020년 8월에는 일본 현지 2위 성형리뷰 서비스인 '루쿠모(Lucmo)'를 인수했다.[11] 이렇게 단기간 내에 해외 사업을 궤도에 올린 것은 리:티핑 포인트의 모먼트 마케팅을 통해 적기적시의 타이밍을 차지한 것으로 볼 수 있다.

이번 성과로 강남언니는 일본에서 가장 많은 미용의료 병원이 입점한 현지 1위 서비스가 되었다. 이는 강남언니의 일본 진출 8개월 만에 달성한 결과다. 일본 사용자는 500여 곳 피부과, 성형외과 등 일본 병원에서 제공하는 의료 정보, 실제 사용자의 후기 및 병원 평가를 확인할 수 있다. 일본 사용자 수도 급격히 증가하였다. 2021년 1월, 6만 명이었던 일본 사용자는 5배 증가해 30만 명을 넘어섰다. 국내외 강남언니 사용자 300만 명의 10%에 해당하는 수치다.

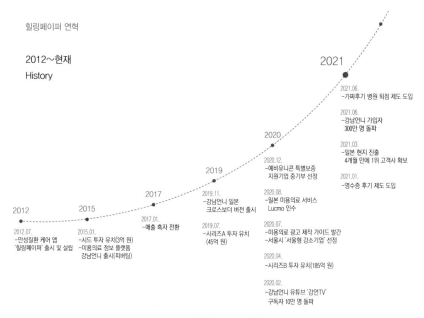

힐링페이퍼 연혁

2012~현재
History

2012
2012.07.
-만성질환 케어 앱
'힐링페이퍼' 출시 및 설립

2015
2015.01.
-시드 투자 유치(3억 원)
-미용의료 정보 플랫폼
강남언니 출시(피버팅)

2017
2017.01.
-매출 흑자 전환

2019
2019.11.
-강남언니 일본
크로스보더 버전 출시

2019.07.
-시리즈A 투자 유치
(45억 원)

2020
2020.12.
-예비유니콘 특별보증
지원기업 중기부 선정

2020.08.
-일본 미용의료 서비스
Lucmo 인수

2020.07.
-미용의료 광고 제작 가이드 발간
-서울시 '서울형 강소기업' 선정

2020.04.
-시리즈B 투자 유치(185억 원)

2020.02.
-강남언니 유튜브 '강언TV'
구독자 10만 명 돌파

2021
2021.06.
-가짜후기 병원 퇴점 제도 도입

2021.06.
-강남언니 가입자
300만 명 돌파

2021.03.
-일본 현지 진출
4개월 만에 1위 고객사 확보

2021.01.
-영수증 후기 제도 도입

[그림 4-9] **힐링페이퍼 연혁**

출처: 힐링페이퍼 홈페이지[12]

　강남언니는 창업 초기부터 IT 기술을 활용한 헬스케어 혁신에 뜻을 둔 의사와 IT 전문가가 '더 좋은 의료 서비스를 누구나 누릴 수 있는' 콘텐츠를 개발하고자 노력했다. 기존 소비자는 미용 시술 병원을 찾기 위해 발품을 팔아 병원을 순례하였지만, 강남언니 앱의 양질의 후기 콘텐츠와 병원 탐색, 견적 비교 기능은 미용의료 관련 정보 불균형을 해소하며 소비자의 육체적 노력을 줄이고 불필요한 시술을 거를 수 있게 되었다. 이젠 광고를 많이 집행하는 대형 병원이 아니라도 플랫폼 내에서의 평판과 효율적인 판촉 마케팅 활동이 소비자의 선택에 있어 가장 중요하게 작용하고 있는 것으로 보여진다.

[그림 4-10] 일본 출시 후 폭발적 반응을 얻고 있는 일본 강남언니 앱

출처: 조선비즈[13]

　코로나19 상황에서 급히 출시하게 된 일본 강남언니의 경우, 일본 플랫폼 업체 인수를 통해 후기 콘텐츠 등을 흡수하는 등 모먼트 마케팅을 위한 빠른 사업 전개에 집중하면서도 당장의 매출 신장보다 신뢰성을 높이는 콘텐츠의 질적인 요소에 아낌없는 노력을 투자하였다.

　강남언니 플랫폼은 안티 컨슈머, 진정성 콘텐츠, 모먼트 마케팅, 역 매슬로 환경으로 리:티핑 포인트의 3C 요소를 조합하여 성형 의료 분야의 불만을 해결하고, 경제적 불안 속 합리적 소비 성향을 충족시키며, '더 좋은 의료 서비스를 누구나 누릴 수 있는' 모바일 헬스케어 시장을 일구고 있다. 2030세대뿐만 아니라 다양한 연령대에서, 서울 수도권뿐만 아니라 전국으로, 한국뿐만 아니라 해외로 확장하며, 미용의료 정보 불균형 문제를 해결하는 든든한 플랫폼으로 성장할 것으로 기대된다.

[그림 4-11] 야심 차게 글로벌 확장 중인 강남언니 앱

출처: 강남언니 기업 소개 브로슈어

About 강남언니

강남언니는 2012년 '만성질환자 건강관리 서비스'를 제공하며 출발한 힐링페이퍼가 운영하는 미용의료 정보 플랫폼이다. '강남언니'를 운영하는 힐링페이퍼는 의사 출신 홍승일 대표와 박기범 부대표가 2012년 설립한 스타트업이다. 2015년 미용의료 정보 플랫폼 강남언니를 출시하고, 2017년 1월 흑자 전환을 이룬 후 매년 매출과 인원이 급성장하고 있다.

강남언니는 2021년 12월 한국 가입자 300만 명, 유료 입점병원 800곳을 확보했다. 누적 모바일 병원 상담은 130만 건, 누적 후기 수는 65만 건이며, 2020년 매출은 전년 동기 대비 29.1% 증가한 120억 원을 달성했다.[14]

강남언니는 2019년 외국인 환자 유치 서비스를 출시하고 3개월 만에 일본인 환자 5천 명 이상을 유치했으나, 코로나19 사태로 외국인 입국이 어려워지자 해외 직접 진출 계획을 앞당겨 2020년 4월 일본 시장에 직접 뛰어들게 되었다. 일본 강남언니를 출시한 지 8개월 만에 일본 시장에서 1위를 차지하였고, 일본 가입자는 30만 명, 입점병원은 500곳이다.

홍승일 힐링페이퍼 대표는 "비급여 의료 시장에 존재하는 정보 불균형은 한국뿐만 아니라 전 세계 공통으로 환자가 겪는 문제"라며 "환자가 중심되는 의료 서비스 시장을 만들기 위한 정보 플랫폼의 책임을 다하겠다."고 말했다.[15]

05
맛있는 포인트

위키드와이프
– 와인 바가 와인 콘텐츠 기업이 되면서 펼쳐진 마법

■ 3C 조합 – 폴리 스페셜리스트 × 모먼트 × 기술주의

저녁이 사라진 와인 바, 영업 시간에 무너지다

위키드와이프는 가로수길에 위치했던(현재 성수동 이전) 내추럴 와인 바 겸 와인 보틀숍이다. 와인 보틀숍에서는 직접 바잉한 와인과 와인 관련 아이템을 판매하고 있으며, 내추럴 와인 바에서는 직접 만든 음식과 와인을 제공하고 있다.

하지만 코로나 팬데믹의 영향으로 인한 오프라인 레스토랑의 위기에서 위키드와이프도 자유로울 수 없었다. 오프라인 와인 바 자체에 집객이 과거보다 줄어들었다. 엎친 데 덮친 격으로 사회적 거

리두기 진행에 따라 영업 종료 시간이 21시가 되어 버렸다. 와인 바는 점심 영업을 하지 않기 때문에 저녁 영업에 대한 의존도가 높은데, 기존보다 2시간이나 빠르게 영업을 종료하게 된 것이다. 1차적으로 테이블당 회전율이 줄어들기 때문에 수익 감소로 직결된 부분이 있었으며, 2차적으로는 집에 일찍 들어가야 하기 때문에 와인 바 자체를 가지 않게 되는 간접 영향도 있었다. 2021년 매출이 전년 대비 40% 정도 감소하게 될 정도로 치명적인 영향이었다.

또 다른 위기는 가로수길 상권의 부진이다. 임대료가 비싼 가로수길 상권은 코로나 팬데믹으로 인해 임대료의 부담이 커진 임차인들이 다른 상권으로 이전하면서 공실이 늘어나게 되었다. 공실이 늘어난다는 것은 사람들이 방문해야 하는 콘텐츠의 감소를 동반한다. 이로 인해 가로수길 상권의 활기도 함께 떨어지게 되었다. 가로수길에서 쇼핑이나 데이트를 하는 사람들이 위키드와이프로 유입되어야 하는데, 집객력이 떨어지게 된 것이다. 여기에 새롭게 떠오른 성수동이나 금호동에 내추럴 와인 바가 새롭게 오픈하면서 와인 마니아들의 선택지가 늘어난 것도 어려움이었다.

와인은 저녁이라는 편견을 깨고 새로운 와인 타임을 창조하다

오프라인 와인 보틀숍과 와인 바에서 찾아온 위기를 극복하는 방법은 시간과 공간의 개념을 확장하는 것이었다. 오프라인 와인 바에서는 물리적인 시간과 공간의 제약이 있었기 때문이다. 그렇다면 어떻게 와인의 시간과 공간을 확대해야 하는가? 이 물음에 대한 답은 '와인을 마시는 모먼트(moment)'에 대한 공감대를 형성하는 것이 먼저였다.

사람이 언제 술을 마실까? 어떤 술을 마시면 기분이 좋아질까? 홍청망청 마시는 과음이 아닌 퇴근하고 집에서 마시는 딱 한 잔의 술만 있으면 기분이 좋아지는데 충분하고 숨을 돌릴 수 있다. 날씨 좋은 날 한강 피크닉에서 마시는 3만 원짜리 편의점의 화이트와인 이 파인 다이닝 레스토랑에서 불편한 사람과 마시는 30만 원짜리 와인보다 더 기분이 좋아진다.

이와 같이 일상에서 와인이 함께해서 행복한 모먼트를 정의하고 각각의 순간에 맞는 와인 세트를 기획하였다. 대표적인 콘텐츠는 피크닉 페어링 세트와 넷플릭스 페어링 세트이다. 코로나 팬데믹 으로 인해 사람들을 실내에서 만날 수 없으니 피크닉이 활성화되 는 트렌드와 집에서 넷플릭스를 보는 시간이 늘어나는 것에서 영 감을 얻었다. 다행인 점은 위키드와이프가 가로수길에 위치해 있

[그림 5-1] **위키드와이프 피크닉 페어링 세트, 넷플릭스 페어링 세트**
출처: 위키드와이프 홈페이지[1)

기 때문에 주변 한강까지 딜리버리 서비스가 가능하다는 것이었다. 와인과 어울리는 치즈, 파스타, 샐러드 등으로 구성되어 있다. 다른 곳들과 다른 점이 있다면 세트 구성품 중에 틴캔들과 성냥이 포함되어 있는 것이다. 와인은 마시는 순간의 분위기를 더 감성적으로 만들어 주는 장치를 추가한 것이다.[2]

와인을 마시는 순간에 대한 경험 확대는 '구독박스'로 이어졌다.[3] 위키드와이프의 구독박스는 매월 정해진 테마에 따라 와인과 페어링을 제안한다. 7월에는 무더위가 이어지는 한여름이기 때문에 이열치열에서 영감을 얻어 '빨간 맛 페어링'을 테마로 기획하였다. 떡볶이, 불닭, 오징어불고기, 매운맛 과자에 어울리는 와인과 함께 간단한 페어링 음식으로 구성하였다. 겨울에는 노르웨이 해산물을 수입하는 '시푸드 프롬 노르웨이'와 협업하여 연어와 어울리는 와인, 노르웨이 연어, 연어를 맛있게 먹을 수 있는 시즈닝을 함께 기획하였다.

[그림 5-2] **위키드와이프 구독박스**

출처: 위키드와이프 홈페이지

구독박스의 구성은 와인과 음식만 들어 있는 것이 아니라 와인 경험을 아카이빙하고 취향을 찾아가기 위한 추가 장치인 아카이브 바인더, 테이스팅 카드, 페어링 카드 등이 함께 제공되는 것도 차별화 포인트이다. 위키드와이프의 이영지 대표에 따르면 "구독박스는 집에서 와인을 즐겁게 즐기고 싶을 때 신청하기도 하지만 다른 집에서 홈 파티가 있을 때 신청하는 경우도 적지 않다."고 밝혔다.

이영지 대표는 와인 전문 잡지사에서 일을 시작하여 와인 수입사 홍보 담당자를 거쳐 라이프스타일 매거진과 일간지에서 와인과 음식 기사를 썼던 기자 출신이며, 국제 인증 와인 전문가 과정인 WSET를 통해 와인에 대한 지식을 쌓은 전문가이다. 기자 생활을 하면서 와인과 관련된 개인 블로그를 운영하였는데, 블로그가 대중의 사랑을 많이 받았다. 와인과 관련된 콘텐츠를 포스팅하는 것에 그치지 않고 와인 클래스를 2년 동안 운영했으며, 르메르디앙 호텔과 페어링 마켓을 진행하는 등 전문가로서의 입지를 구축하기 시작하였다.

세상에는 수많은 와인과 음식이 있다. 특히, 내추럴 와인의 경우 역사가 오래된 컨벤셔널 와인보다 정보가 많지 않기 때문에 와인을 즐기는 입장에서는 제대로 된 정보를 찾기가 어렵다. 일반 대중 고객이 본인 취향의 와인과 그에 어울리는 페어링 조합을 알기까지는 꽤 많은 시행착오를 겪어야 하는데, 이 복잡한 과정을 위키드와이프가 단순하게 답을 내려 주는 것이다. 답에 대한 설명도 기존의 어려운 와인 용어인 미네랄, 타닌처럼 고급 레스토랑에서 사용하는 언어 대신 '구름 위를 산책하다 만들었을 갓 만든 진한 착즙 주스의 맛' 같은 감성적인 표현을 사용하여 직관적으로 이해할 수

있게 하였다.[4)]

　이영지 대표는 와인계의 전문가이면서 인플루언서이기도 하다. 개인 계정의 팔로워는 4만 명 정도가 된다. 특유의 친절하고 텐션 있는 콘텐츠를 바탕으로 팔로워들과의 트래픽을 만들었고, 이는 팬덤으로 확장되었다. 팔로워들은 위키드와이프의 론칭과 함께 '위키즌'이라는 팬네임으로 네이밍 되었다. 위키드와이프의 론칭 때부터 지금까지 위키드와이프와 함께 성장하는 슈퍼 팔로워로서의 역할을 자처하였고, 구독 서비스 멤버의 대부분을 차지하고 있다. 코로나 팬데믹 시기에 오프라인 영업이 어려운 상황에서 위키즌들은 구독 서비스를 통해 위키드와이프의 와인 페어링 콘텐츠를 경험하고 소셜 미디어 인증, 주위 지인 추천 등을 하며 홍보하였다.

　와인 페어링이라는 콘텐츠의 시간과 공간을 확대하기 위한 또 다른 선택은 온라인 클래스에 진출하는 것이었다. 클래스 101과 함께 '소믈리에도 안 알려 주는 나만의 와인 페어링 공부법, 떡볶이 와인을 찾는 모험' 클래스를 열었다. 총 8개 챕터로 이루어진 이 클래스는 '선택의 실패를 줄여 줄 포도 품종 10종', '분식과 와인 페어링', '매일 시켜 먹는 배달 음식의 맛을 업그레이드하는 비법', '어떤 와인과 치즈를 함께 먹어야 할까요?'처럼 와인 초급자들이 와인에 대한 기초 지식과 자신의 와인 취향을 페어링을 통해 알게 하는 것이 목적이다. 2021년 12월 기준 클래스 101은 클래스 좋아요 400개 이상이 등록되었으며 수강생 만족도는 100%를 보여 주고 있다.

　뉴스레터 서비스와 유튜브 채널도 시작하였다. 뉴스레터에서는 위키드와이프에서 제공하는 페어링에 대한 팁과 각 와인이 가지고 있는 특징을 설명하고 퀴즈 방식을 도입하여 문제를 풀게 함으로

살면서 알아두면 좋은 품종은 무슨 뜻일까? ∨

떡볶이에 어울리는 품종도 있고

[그림 5-3] 위키드와이프 와인 페어링 공부법 클래스

출처: 클래스 101[5]

써 위키즌들의 와인 지식을 풍부하게 해 주고 있다. 예를 들어, "샤르도네 청포도 100%로 만든 프랑스 샴페인의 명칭은 '○○드○○'입니다."와 같은 문제를 10개 정도 출제하는 것이다. 유튜브 채널에서는 와인과 함께 먹으면 좋은 요리들의 레시피를 제공하여 와인을 마시는 순간에 대한 총체적 경험을 직접 설계할 수 있게 도움을 준다. 뉴스레터 구독자는 4,600명이며 평균 오픈율은 27% 수준이다. 다른 뉴스레터 서비스의 오픈율이 5% 내외 수준인 것을 감안하면 상당히 높은 숫자이다.

지금 이 순간, 지금 여기, 브라보 위키드와이프

위키드와이프 사례에서 중요한 것은 같은 와인을 파는 오프라인 와인 바와 무엇을 다르게 정의하여 출발하였는가이다. 기존의 와

인 바에서 판매했던 것은 와인과 음식이라는 F&B였지만 위키드와이프에서는 와인을 마시는 순간의 즐거움을 팔았다. '와인을 어느 순간에 마시는가?', '어떨 때 마시면 가장 즐거운가?'와 같은 질문을 통해 퇴근 후 집에서 한 잔, 넷플릭스를 보면서 한 잔, 피크닉에서 바람 쐬며 한 잔과 같은 와인이 맛있는 순간을 정의한 것이다. 입소문이 난 넷플릭스 세트는 기업 b2b 세트로도 판매가 되었는데, 누적 판매수량이 1,000세트가 넘을 정도로 인기를 끌었다.

와인을 마실 때 즐거운 순간이 꼭 위키드와이프의 오프라인 매장일 필요는 없었다. 이 점에 착안하여 오프라인 와인 바에서 온 · 오프라인 와인 콘텐츠 플랫폼으로서의 개념이 확장되었다. 기존의 매출은 오프라인 와인 바에서 와인을 마시거나 와인을 픽업해 가는 것만 있었다면, 구독을 통해 와인을 마시는 공간이 고객의 집으로 확장되었고, 클래스 101 동영상 클래스를 통해 '지식 콘텐츠' 판매라는 비즈니스 모델이 추가된 것이다.

위키드와이프는 '와인 큐레이션 플랫폼'으로 재정의하였다. 여기에서 '큐레이션'이라는 키워드는 위키드와이프의 오늘을 있게 한 키워드이다. 기존의 와인 바가 와인 보틀과 음식이라는 '유형의 재화'를 판매했다면, 위키드와이프는 음식과의 '페어링'과 월별 테마나 와인을 마시는 TPO에 따른 제안을 한다는 것이고, 위키드와이프만의 안목이 대중의 공감을 얻으면서 성장하게 되었다. 온라인 구독 서비스의 높은 지표로 인해 엔젤 투자를 받으며 더 큰 성장을 위한 발판을 마련하였다.

세상에 존재하는 수많은 와인과 수많은 음식과의 조합을 하게 될 경우 선택지가 기하급수적으로 늘어나게 된다. 이것에 대한 답을 심플하게 제공하여 사람들이 고민하지 않게 하는 것도 핵심이었지만, 큐레이션의 기준을 '맛'이라는 이성적 속성뿐만 아니라 '순간의 기분'이라는 감성적 속성까지 고려하여 공감의 폭을 넓힌 것이 적중하였다. 이영지 대표는 "앞으로도 와인을 기분 좋게 즐길 수 있는 순간을 극대화하기 위해 음악과 같은 콘텐츠도 함께 큐레이션할 계획"이라고 밝혔다.

코로나 팬데믹으로 인해 F&B 매장들은 큰 타격을 얻었다. 배달 플랫폼에 입점하여 고객과의 접점을 확대하며 배달 음식점으로 위기를 넘긴 업장들은 주위에서 쉽게 찾아볼 수 있는 극복 사례이지만, 「주세법」상 제한이 있는 와인 바는 배달로 위기를 극복할 수 없었다. 그래서 자신만의 확고한 아이덴티티를 가지지 못한 와인 바는 폐업을 하는 사례들이 많이 생겼다. 위키드와이프가 다른 와인 바처럼 와인 보틀과 음식을 파는 요식업으로 코로나 팬데믹 시기를 보냈다면 어땠을까? 아마도 다른 와인 바가 겪은 위기를 위키드와이프도 그대로 겪었을 가능성이 높았을 것이다.

와인을 마시는 즐거운 순간을 정의하고 누구나 알기 쉬운 용어로 여러 팩터를 조합하여 와인을 콘텐츠화한 것이 리:티핑 포인트로 작용하였다. 즉, 오프라인 경험을 디지털 지식 콘텐츠로 확장한 케이스이다. 디지털 콘텐츠로 먼저 트래픽을 만든 후 오프라인에 진출을 하는 요즘 시대의 공식을 역행하는 케이스인 것이 신선하다. 위키드와이프의 사례에서 중요한 것은 결국 자신만의 콘텐츠를 보유한 플레이어는 온라인, 오프라인 상관없이 리:티핑 포인트의 요소들을 조합하면 위기를 극복할 수 있다는 점이다. 오프라인 F&B 비즈니스를 운영할 때 향후 콘텐츠 비즈니스로 확장할 수 있는 가능성을 염두하고 아이덴티티를 잘 다듬어 놓는다면 어떤 위기가 와도 흔들리지 않을 것이다.

위키드와이프가 다른 와인 바와 다른 점이 무엇이냐를 한 단어로 정의하자면 '페어링'이다. 페어링이란 어떤 음식이 어떤 와인과 어울리는가에 대한 개념이다. 일반적으로 육류에는 레드와인이 어울리며, 해산물에는 화이트와인이 잘 어울리는 것으로 알려져 있다.[6]

와인 보틀숍의 라벨에는 이 와인과 함께 먹으면 좋은 페어링 음식을 제안하는 것이 일반적이다. 위키드와이프에서는 일반적으로 알려져 있는 페어링보다 이색적인 페어링을 제안하였다. 레드와인에 육류가 적혀 있는 대신 보쌈, 족발, 순대가 적혀 있었으며, 화이트와인에는 해산물 대신 김치볶음밥, 김밥, 빅맥이 적혀 있는 것이었다. 일반 대중도 일상에서 접했던 음식이었으나 와인과는 함께 경험한 적이 없었기에 새로운 미각 경험을 할 수 있었다. 그리고 국수와 함께 먹으면 맛있는 와인은 별도의 패키징으로 묶어서 선물하기도 좋게 기획하였다. 기존에 존재하던 것(1)과 기존에 존재하던 것(2)의 조합이 새로운 결과로 나타나는 컬래버레이션의 개념과 비슷하다고 보면 된다. 이 의외의 조합이 퀄리티까지 뛰어났기에 푸디들 사이에서 인기를 끌게 되었다. 마침 내추럴 와인 트렌드를 타며 서울의 와인 신을 리드하는 내추럴 와인 바로 거듭나게 되었다.

와인 보틀숍에서는 페어링 정보를 제공했다면, 와인 바에서는 실제로 페어링에 대한 경험을 제공하였다. 디너 타임에는 양식과 퓨전 한식 메뉴와 어울리는 와인 페어링을 제공하였다. 디너 타임도 인기가 많았지만 위키드와이프의 인기를 견인한 것은 '분식 페어링'이었다. 금요일과 토요일 점심에만 진행되는 스페셜 콘텐츠라고 보면 되는데, 우리나라의 분식과 한 잔의 와인을 페어링하여 판매하였다. 주요 조합은 떡볶이 × 스파클링, 만두 × 화이트와인, 김밥 × 화이트와인, 아이스크림 × 포트와인이었다. 그냥 먹어도 맛있는 분식을 와인과 함께 먹으니 경험의 만족도는 상당히 높았다. 기존의 와인 바에서 클리셰처럼 전해 주는 페어링이 아니라 전문가가 시행착오를 충분히 겪은 결론이라는 점이 와인 마니아와 푸디들에게 지지를 얻었다.

퍼스트 플러스 에이드
– 팬데믹 위기를 먹고 자라자는 발상의 전환

■3C 조합–폴리 스페셜리스트×아너십(모먼트)×기술주의(본질주의)

위기 자체를 토양 삼아 태어난 브랜드

퍼스트 플러스 에이드는 오프라인 비스트로 매장과 온라인 건강 보조식품 판매를 연계한 코로나 팬데믹 맞춤형 브랜드이다. 코로나19의 영향으로 거리두기가 일상화되고, 운동량 부족과 비대면 생활 등으로 체중 관리가 어려울 수 있는 시기에, 체중 관리를 위한 믿을 수 있는 건강보조식품을 떠올려 보지만 막상 생각나는 브랜드가 별로 없다. 퍼스트 플러스 에이드는 언택트 시대 뉴노멀 라이프스타일을 제안하며, 건강에 좋은 자연 재료로 만든 음식에 대한 수요를 연결하기 위해 탄생하였다.

퍼스트 플러스 에이드는 출시부터 위기를 극복하기 위한 리:티핑 포인트의 3C 요소를 조합한 기업이다. 코로나19 이후 코로나 팬데믹으로 건강에 대한 소비자의 관심이 높아지고 소비 트렌드가 급격히 변화하고 있다는 점을 주목하였고, 코로나 시대 맞춤형 건강식품 브랜드로 탄생하였기 때문이다. 퍼스트 플러스 에이드 출시와 마케팅은 리:티핑 포인트의 3C와 관련해 식품 전문가의 영향력과 코로나19 시기에 맞춘 적시적기성 마케팅이 기본에 충실한 환경과 조합을 이루고 있다고 말할 수 있다.

노희영이 다했네? 위기 극복 전략을 무시한 오해

첫째, 이 사례는 노희영 대표의 식품 전문가 역량으로 시작된 브랜드라는 점이 중요하다. 브랜드와 제품뿐만 아니라 마케팅 활동 전반적으로 노희영 대표의 식품 커뮤니케이터로서의 역량과 영향력이 강조되고 있다. 유튜브를 검색해 보면 디자인 전공자로서 사업을 시작하였고, 프리미엄 식당을 오픈하고, 대기업 식품 브랜드 임원으로 활약했던 노희영 대표의 지식과 태도에 대한 콘텐츠가 많이 업로드되어 있다. 이는 글로벌 PR 컨설팅 기업인 에델만 (Edelman)이 코로나19 이후 전문가에 대한 신뢰도가 높아졌다는 말에 부합되는 것으로 식품 전문가적 역량과 영향력을 잘 활용하고 있다고 보여진다.

[그림 5-4] **마녀 노희영의 깐깐한 레시피**
출처: 퍼스트 플러스 에이드 홈페이지[7]

또한 대기업 조직에서 중책을 맡게 되고, 독설과 디테일로 회자될 만큼 소비자 입장에 서서 깐깐하게 승부해 온 노희영 대표의 개발 역량을 '마녀의 깐깐한 레시피'라는 카피로 표현하며 제품에 대한 신뢰를 나타내고 있다.

둘째, 퍼스트 플러스 에이드는 코로나19 맞춤형 건강식품 브랜드로 탄생한 만큼 배달 주문 수요를 신중하게 준비했다. 이는 리:티핑 포인트의 3C 중 모먼트 마케팅에 해당된다. 배달 음식은 과학이자 화학이라는 솔루션으로 접근하였고, 시간에 따른 음식의 반응을 일일이 체크하여 데이터 처리 및 분석을 하였다. 그 결과, 배달 시간이 길어져도 맛과 상태를 보존할 수 있는 음식을 개발할 수 있었다. 특히, 포두부로 만든 파스타는 일반 파스타 면보다 탄수화물이 적고 단백질이 풍부해 건강에 좋은 것이라고 한다. 쉽게 붇지 않는 장점이 있는데다 식은 후 데워도 맛있고 차갑게 먹어도 맛있는

[그림 5-5] 퍼스트 플러스 에이드의 건강하고 배달에 최적화된 메뉴
출처: 퍼스트 플러스 에이드 홈페이지

배달에 최적화된 면인 것이다.[8]

셋째, 퍼스트 플러스 에이드는 건강식 메뉴와 보조식품의 결합으로 새로운 식생활을 제안해 현대인의 건강관리를 돕는다는 기본에 충실한 브랜드이다. 리:티핑 포인트의 3C 중 본질주의 환경을 조합하여 업의 본질을 중심으로 오프라인 매장이 줄 수 있는 '체험'에 집중하였다. 예를 들면, 이커머스에서 건강보조식품을 판매하면서 오프라인 매장에서 뉴노멀 라이프스타일 기반의 브랜드 아이덴티티를 체험하게 하고, 이커머스 제품의 샘플을 제공하였다.

퍼스트 플러스 에이드는 건강과 면역에 절실해진 소비자를 위해 좀 더 전문적이고 위생적인 이미지를 전하고자 하였다. 광고와 프로모션을 하지 않는 대신 오프라인 매장에서 식사를 하는 고객을

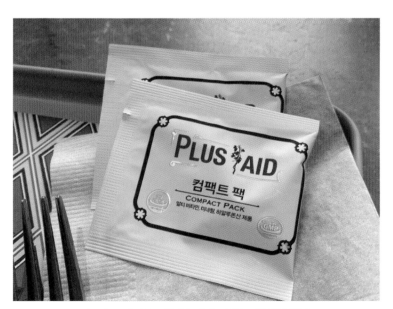

[그림 5-6] **퍼스트 플러스 에이드 컴팩트 팩 샘플 증정**
출처: 네이버 블로그 유딩's 작은서랍[9]

대상으로 샘플을 제공한다. 품질 좋은 제품을 샘플로 제작하여 고객에게 사용해 볼 기회를 통해 자신의 몸에 맞는지 효과가 있는지 확인할 수 있도록 하는 것이다.

본질주의 컬처 코드는 퍼스트 플러스 에이드 브랜드의 노희영 대표가 30년 전 첫 식당을 오픈하면서 시작된 건강하고 좋은 재료의 중요성에 대한 철학의 연장선상에서 역사와 오리지널리티를 강조하고 있다. 즉, 매장 내에서 판매되는 모든 메뉴에 들어가는 신선한 재료를 고객의 눈으로 직접 보고 확인할 수 있도록 하였고, 직

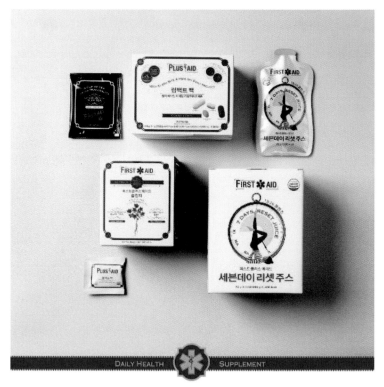

[그림 5-7] 퍼스트 플러스 에이드 건강보조식품 소개

출처: 퍼스트 플러스 에이드 홈페이지

원 유니폼은 간호사, 점장 유니폼은 의사 가운처럼 만들어 단순한 음식을 파는 게 아닌 건강을 위한 처방을 제공한다는 기분을 느끼도록 하였다. 이는 코스메틱 브랜드 키엘 매장에서 전문 상담가들이 하얀 약사 가운을 착용하고 고객별 피부 문제점에 가장 적합한 제품을 추천하는 맞춤화된 서비스를 연상시킨다. 이는 결국, 나이키의 탈아마존 선언처럼 오프라인 체험을 중시하는 기본에 충실한 전략인 것이다.

위기가 오히려 성장 동력이 될 수 있다는 것을 보여 준 용기

퍼스트 플러스 에이드는 리:티핑 포인트의 3C와 관련해, 30년간 건강한 식품을 추구해 온 전문가의 철저하고 깐깐한 철학과 신뢰감을 기반으로 배달에 최적화된 레시피, 본질주의 소비 환경의 조합으로 빠른 출시 이후 꾸준한 성장을 이루고 있는 것으로 보여진다.

코로나19 시대 면역과 건강한 음식에 대한 수요를 겨냥한 제품들이 많이 출시되었으나 퍼스트 플러스 에이드는 배달 플랫폼을 이용한다는 것을 전제로 맛과 제품 상태를 과학적으로 준비하였고 오프라인 비스트로 매장과 온라인 건강보조식품 판매를 연계한 프리미엄 브랜드로 급성장하는 중이다.

광고와 대외 프로모션을 거의 하지 않지만, 매장 방문 고객을 대상으로 건강보조식품 샘플을 증정하며 고객 리뷰, 매장 및 건강보조식품에 대한 체험기 등을 많이 축적하고 있다. 네이버에서 '퍼스트 플러스 에이드'로 검색해 보면, 블로그에서 뷰티, 푸드 분야 인플루언서들의 건강보조식품 체험과 일반 블로거들의 매장 방문기 및 건강보조식품 체험 글이 어마어마하게 올라와 있다. 더불어 대

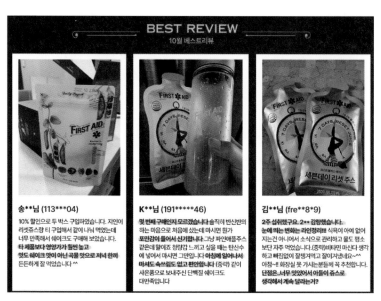

[그림 5-8] **퍼스트 플러스 에이드의 2021년 10월 베스트 리뷰**

출처: 퍼스트 플러스 에이드 홈페이지

표의 개인 인스타그램, 유튜브 등에서 연예인 지인들과의 일상이나 브랜딩 법칙에 대한 강의 내용으로 브랜드의 위상과 전달력을 높이고 있다. 그리고 퍼스트 플러스 에이드는 매월 베스트 리뷰를 통해 신뢰감을 강조하고 있다.

자사 쇼핑몰의 리뷰 대부분은 맛있고 꾸준히 먹게 된다는 내용이다. 체형 및 건강에 있어서의 효과가 있다는 리뷰도 간간이 올라오고 있다. 자사 홈페이지 쇼핑몰에서 슬림티는 2021년 11월 28일 기준 595개의 리뷰가 업로드되어 있다.

팬데믹과 같은 위기에서는 타이밍이 중요하다. 과거에는 소비자와의 접점, 관계, 유지, 일관성, 상호작용 등 고려할 사항이 많았지만, 위기 상황에서는 그럴 여유가 없다. 순발력을 발휘해서 치고 들어가야 한다. 따라서 모먼트 마케팅, 즉 최적의 타이밍을 강조하는 마케팅 전략이 중요하다.

코로나19 발발 이후 8개월 만에 만들어진 퍼스트 플러스 에이드는 비스트로 매장과 건강보조식품의 모먼트 마케팅을 위한 **빠른** 사업전개에 집중하면서도 당장의 매출 신장보다 질적인 요소에 아낌없는 노력을 투자하였다. 30년간 외식업계 미다스의 손으로 불리는 노희영 대표의 프로페셔널한 깐깐함과 신뢰는 본질에 충실하면서도 **빠르고** 순조로운 출시를 가능하게 하는 원동력이 되었다고 보여진다.

About 퍼스트 플러스 에이드

코로나 팬데믹의 영향으로 거리두기가 장기화되면서 배달 플랫폼 이용이 증가하며, 운동량 부족과 칼로리 높은 배달 음식 과잉섭취로 체중 관리가 어려울 수 있는 시기에 언택트 시대 뉴노멀 라이프를 위한 퍼스트 플러스 에이드가 출시되었다.

2020년 9월, ㈜식음연구소 대표 노희영은 '당신이 먹는 모든 것이 곧 건강한 처방'이라는 콘셉트로 신개념 비스트로 매장 퍼스트 플러스 에이드를 오픈하였다. 퍼스트 플러스 에이드 매장의 대표 메뉴는 스파이시 치킨 라이스볼, 명란 라이스볼, 살몬 오곡 라이스볼, 튜나 나또 라이스볼 등 대표 곡물 도시락 메뉴를 비롯해 사과, 비트, 당근, 레몬 등이 조합된 ABCL주스 등이다. 매장에서 판매 중인 메뉴는 온라인 상품으로도 확대되고 있으며, 코로나19 이후 현대인의 건강한 식습관을 위해 슬림티, 단백질 쉐이크, 클렌즈 주스 등의 제품라인으로 간편하고 맛있게 건강을 관리하는 건강기능식품을 선보이고 있다.

오아시스마켓
– 고래 싸움에서 승전보를 알린 새우의 감수성

■ 3C 조합–안티 컨슈머 × 아너십 × 본질주의

너무 일렀던 새벽 배송에 덮친 코로나19 위기

오아시스마켓은 신선식품 새벽 배송을 처음 시작한 선두주자이다. 오프라인 매장을 중심으로 운영하다가 2018년 5월부터는 온라인 새벽 배송 시장에 뛰어들었고, 지역 거점의 오프라인 생협을 중심으로 새벽 배송 서비스를 수행했으나 너무 빠른 시장진입으로 실패했던 경험이 있다. 이후, 고객의 목소리를 귀담아듣고 고객 입장에서 불편함을 해소하는 업무처리 방식을 생각해 보게 되었다.

온라인 새벽 배송 서비스의 실패 경험을 통해 오아시스마켓은 주부들이 과잉 포장과 스티로폼 포장을 꺼린다는 것을 알 수 있었다. M사 및 타 경쟁사들이 신선물류 자동화 시스템을 도입하여 품목별 포장과 충전재 및 스티로폼 포장으로 신선도를 보장한다는

[그림 5-9] **최소화를 추구하는 오아시스마켓 포장**
출처: 오아시스마켓 홈페이지[10]

것은 업체의 입장이며, 배송 후 뒷처리를 하는 고객의 입장은 여러 개의 박스와 스티로폼 포장이 반갑지 않으므로 최소화를 추구하는 포장으로 방향을 바꿔야 한다는 결정을 하게 되었다.

이커머스 고래 싸움을 이겨 내기 위한 새우의 전략

오아시스마켓은 '불만 고객 의견의 수용, 진정성과 신뢰 추구, 기본 충실 환경'이라는 리:티핑 포인트의 3C 요소를 조합했고, 전자상거래 유일의 흑자실현기업으로 주목받고 있다. 리:티핑 포인트의 3C 요소는 다음과 같이 설명될 수 있다.

첫째, 새벽 배송 실패 경험을 통해 소비자가 불만을 가졌던 부분이 무엇인지 파악하였고, 최소화를 추구하는 포장 시스템을 갖추었다. 온라인 쇼핑의 편리함을 위해 너무 많은 쓰레기가 함께 배송되고 있는 현실에서 자동화 시스템 엔지니어 출신 대표가 운영 중인 오아시스마켓은 고객의 불편함을 이해하는 물류로 새벽 배송을 재정비하여 다시 시작하였다. 수요에 발맞춘 빠르고 유연한 고객 중심의 물류로 고객의 감동과 만족을 높이고 있다.

뛰어난 물류 IT 시스템도 흑자 비결 중 하나로 꼽힌다. 모회사인 지어소프트가 자체 개발한 물류 시스템 '오아시스루트'는 다른 새벽 배송 업계 관계자들도 인정할 정도로 쉽고 효율적인 것으로 유명하다. 애플리케이션(앱)으로 구현된 덕분에 스마트폰만 있으면 작업자 누구나 오아시스루트를 활용할 수 있다. 집품(피킹), 포장(패킹), 배송은 물론 입고·보관·진열·포장재 요청 등 물류와 관련한 모든 과정을 실시간 확인하고 컨트롤이 가능하다. 400여 명의 운용 인력이 하루 약 2만 5000건 주문을 소화할 수 있다.[11]

오아시스마켓은 100% 종이 포장으로 한 박스에 모든 제품을 담고, 보냉제 대신 얼린 생수를 사용하며 고객 입장에서 불쾌함을 없애기 위해 노력했다. 예를 들어, 냉동, 냉장, 상온 식자재를 섞어서 주문하더라도 한 박스로 도착할 수 있다. 박스 내에 골판지로 벽을 만들어 식자재들이 서로 뭉개지지 않도록 한 것은 고객에게 많은 칭찬을 받았다. 보냉재 얼린 생수의 배치도, U자 형태로 박스 내벽에 두른 대파의 배치도 자동화 시스템으로 효율성을 추구하는 물류에서는 찾아볼 수 없는 포장이었다.

둘째, 오아시스마켓 사례를 보면 편리한 새벽 배송과 쓰레기를 함께 배송받는 고객의 마음에 공감하여, 감수성과 적절한 대응력으로 진정성과 신뢰를 추구하였다. 코로나19로 비대면 신선식품 새벽 배송이 일상화되고 있으며, 배달 플랫폼 이용까지 증가하며 너무 많은 쓰레기가 배출되고 있다. 고객이 편리함과 안전함을 위해 선택한 서비스이지만, 어쩔 수 없이 감수해야 하는 죄책감과 불편함을 덜어 주는 깔끔한 포장은 한 번이라도 이용해 본 고객이라면 잊을 수 없는 경험이 된다.

셋째, 기본을 지향하는 환경전략의 조합으로 새벽 배송 유일의

[그림 5-10] 오아시스루트 정보에 따라 피킹과 패킹을 진행하는 모습

출처: Byline Network[12]

혹자 기업으로 성과를 높이고 있다. 즉, 오프라인 매장을 지속적으로 확대하는 기본에 충실한 전략으로 사업을 키우고 있다. 신선식품은 직접 눈으로 보고 구매하려는 소비자의 욕구가 크고, 오프라인 매장을 통해 온라인에 대한 신뢰도를 높일 수 있다는 장점이 있다. 이는 위기 상황일수록 업의 본질을 중심으로 불편함을 제거하고 기존 고객 서비스를 개선해야 한다는 사이먼 무어(Simon Moore)의 말과도 일치한다.

오아시스마켓에 따르면 회사 측은 2021년 1월 서울 등촌점 개점을 시작으로 신촌점, 아현점, 공덕점, 청담역점, 압구정점 등 올해 10개 점포를 새로 열었다. 연말에 추가로 5개 매장을 더해 누적 53개 매장을 운영하게 된다.

오아시스마켓은 고객의 불만과 불편함에 대한 의견을 기반으로 업의 본질이 되는 오프라인 매장을 중심으로 지속적인 고객 반응을 모니터하면서 진정성과 신뢰를 추구하고 있다. 이러한 리:티핑 포인트의 3C 요소에 근거한 전략은 전자상거래 기업 중 유일한 흑자기업이 될 수 있었던 비결이라고 볼 수 있다.

거품 낀 이커머스 시장에서 유일한 흑자 기업으로 등극

이 사례는 우선 새벽 배송 선두주자로서 오아시스마켓이 시행착오를 통해 이용자의 불만사항을 수용하고, 문제해결 전략을 이끌어 냈다는 점이 중요하다. 또한 기본에 충실한 전략으로 온·오프라인을 함께 운영하며 소비자의 취향 선호도를 파악할 수 있어 이후 다양한 상황에서 또 다른 안티 컨슈머에 대한 대응이 가능해질 것이라 예측된다.

그 결과, 오아시스마켓은 효율화된 물류센터와 합포장 시스템으로 비용 절감을 이루고, 전자상거래 기업 중 유일의 흑자 기업이 될 수 있었다. 또한 새벽 배송을 통해 판매되지 않은 재고를 오프라인 매장에서 재판매해 재고 폐기율을 낮출 수 있는 장점이 있다. 오아시스마켓은 판매량, 상품 상태, 고객 반응 등에 따라 매장별로 자율적으로 할인율을 적용하고 있다.

이렇듯 오아시스마켓은 흑자 경영 안정화 후 외형 확장을 시작했지만, 마켓컬리는 수익성에 도움이 되지 않는 전략을 지속 펼치고 있다. 마켓컬리는 사업 초기 이후 어느 정도 입소문이 나자 전지현을 모델로 기용했고, 올해 들어서는 박서준을 앞세운 광고를 공개했다. 수익성보다는 점유율을 끌어올리는 데 무게를 둔 것이다. 마켓컬리의 2021년 광고 선전비는 297억 원에 달했다. 마켓컬리의 초기 투자자였던 한국투자파트너스가 '마켓컬리 대항마'로 불리는

[그림 5-11] 마켓컬리 3개년 실적과 주주현황

오아시스로 갈아탄 것을 두고 업계는 마켓컬리의 경쟁력이 크게 약화했기 때문으로 보고 있다.[14]

오아시스마켓 관계자는 "직영 매장 덕에 홍보 비용을 절감할 수 있었고 효율적인 재고 폐기율 관리가 가능했다. 이는 흑자 경영이 가능한 중요한 이유"라며 "오프라인 충성 고객도 상당하다. 지난해 매출 비중 중 50%는 오프라인에서 발생했다."고 설명했다. 오아시스마켓은 물류 브랜드 '부릉'을 운영하는 메쉬코리아와 손잡고 합작법인(JV) '주식회사 브이'를 출범시켜 퀵커머스 시장에 뛰어든다.[15] 전국 배송을 위해 CJ대한통운과 손잡은 마켓컬리의 규모 확대 전략과 비교될 수 있는 행보로 보여진다.

유일한 흑자 실현의 비법은 아이러니하게도 시스템 자동화의 중요성을 누구보다 잘 알고 그 분야의 전문가라고 할 수 있는 김영준 의장과 최대 주주인 지어소프트가 내린 다음의 결정에 의한 것으

[그림 5-12] **오아시스마켓 오프라인 생협매장**
출처: 디지털투데이[16]

로 볼 수 있다. 바로 무인화 혹은 로봇화된 신선물류 시스템을 따르지 않았기 때문이다. 그들은 오히려 고객 입장에서 박스에 담긴 제품과 포장 상태를 보고 느껴질 수 있는 불만과 정서를 개선하고 만족시키고자 했다. 신중하게 다룰 필요가 있는 식자재의 정밀한 핸들링을 위해 숙련된 피커 직원 1인당 15개 장바구니를 배정하여 냉장/냉동/상온 제품을 한 박스에 보기 좋게 담아 배송하는 방식을 창안해 냈으며, 자동화 시스템의 효율성보다 깔끔한 포장에 기뻐하고 행복해하는 고객의 미소를 떠올리며 칭찬을 받기 위해 노력한 것이다.

　온라인 기업들의 오프라인 확대는 올해와 내년에도 계속될 전망이다. 이마트, 롯데마트 등 전통의 대기업들 역시 오프라인 매장을 최대한 활용해 온라인 확대에 나설 것이고, 온라인 기업들도 오프라인 매장을 늘려 가며 온라인과 오프라인의 경계가 허물어질 것이다. 오아시스마켓의 전략은 이러한 추세에 가장 부합한 것으로 보인다. 퀵커머스 플랫폼 '브이'의 출시로 당일 주문에 대한 더 빠른 대응이 가능해졌기에 소비자 입장에서는 이보다 완벽할 수 없는 기업이라는 생각이 들 것 같다.

About 오아시스마켓

오아시스마켓은 적자 경쟁을 하는 여타 새벽 배송 업체들과 달리 유일하게 흑자를 기록하며 성장하고 있다. 마켓컬리의 새벽 배송 대항마로 꼽히는 오아시스마켓은 최근 기업가치 1조 원을 넘으며 유니콘 기업에 등극하였으며, 2018년 매출 1,112억 원, 영업이익 3억 원 규모이던 실적은 2020년 매출 2,386억 원, 영업이익 97억 원으로 뛰었다.

오아시스마켓은 2021년 3분기 만에 지난해 1년 동안의 매출액을 넘어서며 폭발적으로 성장 중이다. 3분기 누적 매출액은 2,601억 원을 기록했는데, 이는 2020년 같은 기간 매출액 1,725억 원 대비 50.8% 증가한 수치다.[17]

2011년 우리소비자생활협동조합 출신의 김영준 대표가 설립한 오아시스마켓은 오랜 유통 분야의 경험을 통해 생산자와 직거래 시스템을 구축, 친환경/유기농 식품을 매우 합리적인 가격에 선보이면서 소비자는 물론 시장의 큰 관심을 받아왔다.[18] 오프라인 매장을 중심으로 운영하다가 2018년 5월부터는 온라인 새벽 배송 시장에 뛰어들었다. 현재 수도권과 충청권 일부 지역에 새벽 배송을 하고 있다. 최근 경기도 외곽 지역인 평택시, 안성시, 오산시, 양주시와 함께 충청남도 아산시, 천안시, 충청북도 청주시를 새벽 배송 가능 지역으로 편입하였다.

이를 위해 오아시스마켓의 오프라인 매장은 주택가이면서 접근성이 좋은 곳 위주로 위치하고 있다. 2021년 1월 등촌점 오픈을 시작으로 신촌점, 아현점, 공덕점, 방학점, 대치3호점, 한티역점, 상일점, 청담역점, 압구정점을 신규로 열었다. 올해 11월 기준 47개의 매장을 운영하고 있다.

오아시스마켓이 오프라인 매장 확대에 나서고 있는 이유는 현재 이커머스 시장이 온·오프라인의 경계가 사라지고 있다는 판단에 근거한다. 오프라인 매장 확대가 곧 오아시스마켓을 홍보하며 온라인 사업에 좋은 영향을 끼치며 흑자 경영의 기반이기 때문이다.

06 공간의 포인트

남의 집 프로젝트
– 사회적 거리두기? 반대로 집에서 가게로 확장하다

■ 3C 조합–슈퍼 팔로워 × 아너십 × 하이퍼 코피티션(본질주의)

코로나19로 문 닫은 내 집, 그리고 남의 집

코로나 팬데믹으로 인해 오프라인 모임 기반 플랫폼 서비스들은 위기를 겪게 되었다. 남의 집 프로젝트 측에서 호스트에 대한 자질을 검증하고 모임이 개설되지만, 호스트의 코로나 감염 여부까지 검증하는 것은 불가능했다. 마찬가지로 호스트가 게스트의 취향을 검증하고 초대가 이루어지지만 코로나 감염 여부까지 알 수는 없었다.

오프라인 공간에서 진행되는 모임이 상품이기 때문에 최대 매출

액에 한계가 있을 수밖에 없다. 남의 집 프로젝트 측에서는 게스트 1인당 참가비를 5만 원 이하로 세팅하는 것을 추천한다. 거대한 규모의 공간을 가지고 있지 않기 때문에 최대 참석 인원을 8명이라고 가정하면 최대 매출은 40만 원이 나오는 셈이다. 남의 집 프로젝트에서는 20%의 중개 수수료를 갖고 나머지 80%를 호스트에게 정산해 주는데, 40만 원의 매출을 가정했을 경우 남의 집 프로젝트 측이 가져가는 수익은 8만 원이 되는 셈이다. 하지만 코로나 팬데믹 상황을 겪으면서 오프라인 모임을 개설하는 호스트와 게스트 모두 남의 집 모임에 참여하는 데 주저하는 상황이 되었고, 이는 곧 수익성의 악화로 이어졌다.

코로나 팬데믹으로 매출을 일으키기 어려우니 새롭게 투자를 받아서 버텨야 하는 상황이었다. 남의 집 프로젝트 측에서는 2020년 9월부터 벤처 캐피탈에게 미팅을 요청했으나 거절을 당하거나 회신이 없었다.

남의 집만 공간인가? 남의 가게도 활용하자는 발상의 전환

남의 집 프로젝트 측에서는 기업 설명회 과정에서 심사 역들의 부정적인 의견들을 유추해 본 결과, 공통적인 의견은 성장세이기는 하지만 매출액과 유저 수 등의 수치가 부족하다는 점을 알 수 있었다. 그렇기 때문에 기존의 비즈니스 모델 이외에 피버팅을 해서 지표를 끌어올려야 하는 상황이 되었다.

'남의 집 동네 가게'라는 새로운 모임을 오픈하였다. 기존 남의 집 프로젝트 모델에서 호스트를 가게의 사장님으로 변경한 버전이다. 2020년부터 가게에서 열리는 남의 집 모임의 숫자가 늘어나는

[그림 6-1] **거실에서 동네 가게로의 진출**

출처: 남의 집 프로젝트 홈페이지[1]

추세였기 때문에 세부적인 데이터를 분석하여 가게에서 열리는 모임의 가능성을 체크해 보았다. 분석한 지표는 재오픈율, 전환율과 같은 지표들이었는데, 가정집에서 호스트하는 분들보다 가게에서 호스트를 하는 분들이 더 적극적으로 남의 집 프로젝트를 통해 모임을 운영하고 있었다.[2] 가정집에서 열리는 남의 집 모임은 호스트의 취향을 공유하는 것이 목적이라면, 가게에서 열리는 남의 집 모임은 취향 공유 이외에 자신의 가게를 홍보하는 목적이 추가되기 때문에 호스트의 적극성에서 차이가 있을 수밖에 없었다.

호스트는 남의 집 모임을 통해 가게로의 안정적인 트래픽을 만드는 것이 목적이었다. 카페에서 열리는 1시간짜리 모임을 예로 들어 보자. 1인당 2만 원의 참가비를 내고 5명의 게스트를 모은다고 하면 총매출은 10만 원이다. 여기에서 남의 집 프로젝트에 내는 수수료 20%를 제하면 호스트에게 돌아가는 돈은 8만원이 된다. 객단가가 1.6만 원이 되는 셈인데 F&B 업장에서 이 정도의 객단가를 가진 손님이라면 효율적인 고객이다.

주요 남의 집 동네 가게 모임은 카페에서 휴대전화를 비행기 모드로 바꾸고 2시간 동안 책을 읽은 후 각자의 독서 경험을 나누는 '비행 독서', 동네 오락실을 운영하는 호스트의 비대면 무인 창업기를 듣는 '로컬을 지키는 전자오락수호대', 도자기 공방에서 각자의 감정 상태를 나눈 후 도자기로 만들어 보는 '내 안의 감정세계 여행하기' 등이 있었다.

게스트의 입장에서는 남의 집 동네 가게를 가는 이유는 새로운 경험을 원했기 때문이다. 코로나 팬데믹으로 인해 대부분의 F&B 매장의 음식들은 집에서 배달해서 먹을 수 있었다. 즉, 단순하게 물건과 재화를 구매하는 것이 아니라 호스트는 어떤 성장 배경을 통해 어떤 취향을 가졌는지, 어떤 계기로 가게를 열게 되었는지, 왜 이 동네로 장소를 정했는지, 가게의 인테리어 콘셉트는 무엇인지 등과 같은 경험을 할 수 있는 것이었다.

동네 가게는 자본이나 경험이 대형 프랜차이즈와 비교해 보면 부족한 부분들이 많다. 사장님은 이런 부족한 점을 밝히는 데 주저하지 않았다. 부족한 점을 쿨하게 인정하되 왜 그럴 수밖에 없었는지에 대해 게스트에게 이야기를 했다. 예를 들어, 동네 오락실을 운영하는 호스트의 비대면 무인 창업기는 인건비를 많이 낼 수 없기 때문에 무인으로 운영할 수밖에 없다는 점을 이야기한다. 와인 바는 돈이 부족했기 때문에 셀프 인테리어를 해서 마감의 완성도가 부족하다든지, 공간이 좁아서 주방 집기들을 풀 세팅할 수 없었기 때문에 메뉴의 선택지가 많지 않았다는 이야기를 전했다. 미사여구를 써서 부족한 점을 있어 보이게 포장하는 대신 솔직하게 인정하니 게스트의 반응도 더 좋았고, 동네 가게 사장님과 게스트와의 유대감이 형성되었다.

이를 통해 게스트는 동네 가게의 슈퍼 팔로워가 되었다. 남의 집 동네 가게 모임 이후 지인들과의 모임이 있을 때 다시 그 가게를 재방문하기도 했고, 호스트를 대신하여 가게와 호스트에 대한 깊이 있는 스토리를 말해 주는 좋은 스피커(speaker)의 역할을 수행하기도 하였다. 동네 가게를 소개하는 시간은 자연스럽게 남의 집 프로젝트 플랫폼에 대한 설명으로 이어졌다. 동네 가게의 슈퍼 팔로워가 남의 집 프로젝트의 슈퍼 팔로워가 되어 지인들에게 자연스러운 홍보를 하게 된 것이다.

남의 집 동네 가게 프로젝트를 진행하면서 새로운 가능성을 발견했다. 하지만 한계점이 있었다. 이 모임이 상승 그래프를 그리려면 동네 가게 사장님들의 적극적인 참여가 전제되어야 하는데 아직 규모가 작은 스타트업인지라 영업력에 제한이 있을 수밖에 없었던 것이다.

동네에서 가게를 하는 사장님들의 적극적인 참여를 끌어내기 위해 '로컬을 잘 아는 사람이 로컬의 사장님을 추천하면 어떨까?'라는 생각에서 '로컬 큐레이터' 제도를 도입하게 된다. 로컬의 가게들을 잘 알고 있는 로컬 큐레이터가 자신만의 안목으로 같은 동네에서 남의 집 동네 가게 모임을 여러 개 만드는 것이다. 즉, '로컬 큐레이터 × 남의 집 프로젝트'와의 컬래버레이션 개념의 콘텐츠가 기획된 것이다. 현재는 서울의 서촌과 광진구 등 여러 곳의 로컬 큐레이터 콘텐츠가 오픈되어 있다.

서촌의 큐레이션은 로컬 공간 콘텐츠 스타트업인 '로컬루트'에

[그림 6-2] 로컬 큐레이터가 제안하는 로컬 여행

출처: 남의 집 프로젝트 홈페이지

서 운영하는 '서촌라이프' 브랜드와 협업으로 진행된다. 서촌 라이프는 서촌의 아기자기함을 잘 표현하고 있는 1인 가게들을 위주로 선정하였다. 게스트는 서촌의 여러 1인 가게들 중 자신의 호기심을 충족하는 사장님과의 시간을 보냄과 동시에 서촌 상권의 다양한 1인 가게들을 알 수 있다.

가게 사장님에 대한 이야기가 게스트의 공감을 이끌어 내는 것이 중요하기 때문에 상세 페이지에도 호스트에 대한 소개와 가게에 대한 소개가 더 자세하게 추가되었다. 주요 내용은 호스트가 어떤 성장과정을 거쳐 지금에 이르렀고, 현재의 동네에 살게 되었는지에 대한 이야기, 가게를 오픈하게 된 이유와 지금까지의 활동들, 가게의 공간 소개, 그리고 남의 집 동네 가게 모임에서 함께 나누게 될 이야기와 게스트에 대한 취향 프로필을 고지하고 있다. 게스트는 이처럼 디테일한 설명을 통해 호스트와 모임이 자신의 취향과 맞는지를 사전에 예측할 수 있기 때문에 만족도 높은 경험을 할 수 있게 되었다. 이를 통해 한 동네를 집중 조명하게 되는데, 이는 본질주의의 하이퍼로컬 개념에 해당하기도 한다.

기존의 컬래버레이션은 브랜드와 브랜드 간의 컬래버레이션이었다면 남의 집 프로젝트와 로컬 큐레이터와의 조합은 브랜드와 사람 간의 조합이었다. 로컬 큐레이터가 조합하는 동네 가게들은 한정된 손님을 영입하기 위한 경쟁자의 관점을 갖고 있지만, 로컬 상권의 활성화를 위해서 협력하는 관계가 되기도 한다는 점에서 코로나 팬데믹 시기에는 어떤 주체와도 컬래버레이션을 할 수 있다는 하이퍼 코피티션의 개념을 잘 적용한 사례이다.

당근마켓의 투자로 이어진 남의 집 동네 가게

'남의 집 동네 가게' 프로젝트를 통해 남의 집 프로젝트에 대한 미션과 비전을 재정의하게 되었다. '공간 기반 호스트를 중심으로 취향이 비슷한 분들을 매칭하여 오프라인 공간에서 대화를 통한 커뮤니티 구축', 비전은 '커뮤니티를 통해 오프라인 공간을 운영하는 호스트의 지속가능한 수익 창출을 도와 취향으로 모여 대화를 나눌 수 있는 공간을 확장한다.'이다.

이렇게 미션과 비전을 '커뮤니티'로 재정의하고 나니 당근마켓과의 유사점을 발견하게 되었다. 당근마켓이 중고거래 플랫폼에서 로컬 커뮤니티로 영역을 확장해 나가는 과정이었고, 당근마켓의 후기에서도 동네 주민들끼리 만나서 재미있었다는 내용들이 전해지면서 소모임들이 만들어지는 단계였다. 당근마켓에서는 '비즈프로필'이라는 기능을 오픈해서 동네 가게가 주민들을 대상으로 마케팅을 할 수 있는 채널로 가치를 더하고 있었다. 약 30만 명의 점주들이 비즈프로필을 개설했는데, 남의 집 동네 가게의 호스트가 될수 있는 잠재 고객들이었다. 이 점에 착안하여 남의 집 프로젝트 측에서 당근마켓에 협업과 투자를 제안하게 된다. 남의 집 프로젝트 입장에서 당근마켓에는 30만 명의 호스트와 2100만 명의 게스트가 존재하는 플랫폼이었으며, 당근마켓 입장에서 남의 집 프로젝트는 지역 커뮤니티로 확장을 하는데 오퍼레이션 노하우가 있는 파트너로 역할을 할 수 있다는 점이 제안의 이유였다. 결과는 서비스 연동을 전제로 10억 원의 투자가 확정되었다. 단순한 금액 투자가 아닌 당근마켓의 트래픽을 기반으로 더 큰 도약을 할 수 있는 기회를 잡게 된 것이다.

남의 집 프로젝트와 같은 플랫폼 비즈니스에서 가장 중요한 것은 콘텐츠 제공자, 즉 호스트의 수이다. 호스트가 모임을 개최하지 않거나 퀄리티가 부족하면 게스트의 구매가 이루어지지 않는다.

[그림 6-3] 당근마켓의 투자를 받은 남의 집 프로젝트

출처: 남의 집 프로젝트 브런치[3]

남의 집 프로젝트는 코로나 팬데믹으로 인해 집에서의 모임 대신 로컬 가게 업주를 호스트로 하는 모임을 대대적으로 만드는 과정에서 새로운 모임과 호스트의 양적 확대를 이루게 되었다.

로컬 가게의 '찐팬'을 확보할 수 있게 된 것도 새롭게 확보한 경쟁력이다. 팬심의 형성에서 중요한 것은 사적인 트래픽을 어떻게 밀도 있게 만들어 나가느냐인데, 오프라인 공간에서 소수로 이루어지는 호스트의 설명은 게스트를 찐팬으로 만들기에 파워풀한 시간이다.

코로나 팬데믹으로 인해 위기를 극복하는 사례들을 살펴보면 플랫폼 비즈니스는 데이터를 얻기 쉽다는 점에서 유리한 편이다. 남의 집 프로젝트가 코로나 위기를 극복해 나가는 과정을 복기해 보면 호스트들의 신분이 집주인에서 가게 주인인 사람이 늘어나는 것에서 힌트를 얻었고 이를 바탕으로 남의 집 동네 가게를 만들었다. 동네 가게에서 모임을 하다 보니 호스트와 가게에 대한 자세한 설명이 필요하여 디테일한 정보를 제공하기 시작했고, 호스트의 수를 늘리기 위해 로컬 큐레이터라는 제도를 도입하였다. 그 결과, 미션과 비전을 재정의하는 과정에서 '커뮤니티'라는 당근마켓과의 공통분모를 발견하게 되어 서비스 연동을 전제로 한 투자를 받으며 코로나 위기를 극복하게 된 것이다. 이 긴 이야기의 시작은 데이터를 통해 사용자들의 이용 형태 변화를 감지하게 되면서부터였던 것이다.

다른 여행 기반의 플랫폼들이 코로나 팬데믹 상황에서 고전하고 있다. 마이리얼트립의 경우 2020년 매출이 전년 대비 1/5 수준으로 감소했으며, 최근 3년간 평균 100억 원 이상의 영업 손실을 기록했다.[4] 코로나 팬데믹 전이나 후나 여행과 관련된 숙박, 투어 프로그램과 같은 상품이 크게 변하지 않았기 때문에 고객 입장에서는 다른 플랫폼에 비해 차별화 포인트가 부족한 것이다. 하지만 남의 집 프로젝트는 어떠한가? 로컬의 경험을 생생하게 전달할 수 있는 사장님이라는 호스트와 로컬 큐레이터들이 다른 플랫폼에서 만날 수 없는 시간을 제공한다.

About 남의 집 프로젝트

남의 집 프로젝트는 '취향이 담긴 개인 공간에 모여 대화를 나누는 커뮤니티' 플랫폼 서비스이다. 호스트는 자신의 집이나 작업실에서 게스트들과 함께 취향을 나눌 수 있는 모임을 개설하고, 게스트는 자신의 취향에 맞는 모임을 신청하여 참석한다. 이 과정에서 호스트는 게스트가 지불한 참가비의 일부를 수익으로 창출할 수 있다.

남의 집 프로젝트의 주요 모임은 한강뷰 아파트 체험, 보이차 마시며 사주보기, 진공관 스피커로 음악 듣기, 텃밭에서 완두콩 수확하고 완두콩 요리 먹기 등 기존 오프라인 취향 공유 서비스에서는 경험하기 어려운 독특한 경험들을 제공하였다. 호스트의 취향이 짙은 모임들이다 보니 사람들의 호기심을 불러일으키기 충분했고, 많은 사람이 참여하지 못하기 때문에 참가한 사람들로 하여금 특별한 경험을 하는 느낌을 만든 것이 인기의 비결이었다.

취향을 기반으로 한 플랫폼 서비스이니만큼 호스트와 게스트에 대한 사전 검증 프로세스가 진행된다. 호스트가 모임을 등록할 경우 남의 집 서비스 측에서 호스트와 모임의 퀄리티를 검증 후 이상이 없으면 호스트로 활동을 할 수 있다. 게스트가 모임을 등록하게 되는 경우, 타 모임 플랫폼은 선착순으로 마감을 하지만 남의 집 프로젝트에서는 호스트가 게스트의 방문신청서를 확인 후 자신과 결이 맞는 게스트를 선정한다. 이런 과정을 통해 모임의 퀄리티를 유지했기에 호스트, 게스트 모두의 만족도가 높았다.

    남의 집 프로젝트도 여느 플랫폼 비즈니스처럼 호스트의 충분한 공급이 지속되는 것이 중요했다. 호스트 입장에서 남의 집 프로젝트의 매력은 무엇일까? 그것은 자신의 취향을 나눌 수 있는 사람들을 만날 수 있다는 점이었다. 기존에는 자신의 확고한 취향을 지인들과 나누는 것이 어려웠다. 취향이 독특할수록 공감할 수 있는 사람의 폭은 좁기 때문이다. 나와 같은 취향을 가진 지인이 내 주위에 없을 경우, 나 혼자 외롭게 취미를 즐길 수밖에 없었다. 그러나 남의 집 프로젝트에는 나의 취향과 맞는 사람, 새로운 경험을 추구하는 MZ세대가 있었다. 호스트 입장에서 모임에 참석한 사람들의 집객과 긍정적인 피드백이 쌓이면서 모임의 다양성이 확대되었다. 2021년 4월 기준 총 4,059개의 모임이 개설, 모임을 주최한 호스트는 1,572명, 모임에 참석한 게스트는 10,123명이다. [5]

스테이폴리오
– 시대에 맞춰 여행을 쉼으로 재정의하고 도약하다

■ 3C 조합–슈퍼 팔로워×모먼트×초프리미엄(하이퍼 코피티션)

코로나19로 멈춘 여행과 해외 진출

스테이폴리오는 국내의 파인 스테이를 큐레이션하는 플랫폼이다. 2015년에 론칭하였으며 국내외 약 600곳의 스테이가 등록되어 있다.[6] 스테이폴리오와 다른 숙박 플랫폼과의 차이점은 큐레이션을 통해 숙소를 선별한다는 것이다. 다른 숙박 플랫폼이 호스트를 하고 싶은 모두가 등록할 수 있는 것과는 다른 개념이다. 다른 숙박 플랫폼에서 숙소마다 퀄리티가 달라서 고객 경험이 일정하지 않은 반면, 스테이폴리오는 숙소 큐레이션을 통해 안정적인 숙소의 퀄리티와 감성을 유지하였다. 이러한 큐레이션의 안목이 대중의 지지를 받으며 마니아층을 형성하였다.

하지만 스테이폴리오도 코로나 팬데믹에서 자유로울 수 없었다. 다른 여행 관련 비즈니스 플랫폼들이 겪었던 것처럼 팬데믹이 발발하자 기존 여행객들이 여행을 취소하게 된 것이다. 여행은 로컬을 기점으로 유명 관광지를 가거나 특별한 액티비티를 하거나 쇼핑을 하는 등 숙박과 다른 활동들이 결합해서 시너지를 내야 하는데, 여행을 가더라도 할 수 있는 것이 없으니 여행 숙박의 취소도 동반되었다.

사회적으로 집 안에 있지 않고 밖을 나가는 사람이 공동체 의식

[그림 6-4] **스테이폴리오의 해외 스테이 사진**

출처: 스테이폴리오 홈페이지[7]

이 부족한 사람처럼 보여지는 분위기도 스테이폴리오에는 위기였다. 회사에서는 회식을 취소하고 재택근무를 도입하였으며, 소셜미디어에 자신이 집 밖을 활발하게 돌아다니는 것을 인증하는 것 자체가 이기적인 사람으로 보여지는 분위기가 형성되었다. 여기에 신천지 대구교회 코로나19 집단 감염 사건이 터지면서 자신이 살고 있는 지역 이외의 곳으로 이동하는 사람에 대한 부정적인 인식은 더 확대되었다. 이런 분위기에서 국내 여행을 다닌다는 것 자체가 어려운 상황이 되었다.

스테이폴리오가 야심차게 준비했던 글로벌 진출도 어려움을 맞이했다. 스테이폴리오의 감도 있는 큐레이션을 활용하여 일본, 동남아를 거쳐 유럽까지 글로벌 진출을 본격적으로 진행하려고 했으나 하늘길이 막히면서 프로모션을 하기 어려운 상황이 되었다.

여행보다 쉼에 포커스를 맞추고 리:티핑 포인트를 맞이하다

해외 여행을 진행할 수 없게 되는 상황이 되었기에 국내 여행에서 스테이폴리오의 스테이에 대한 수요를 확대하는 방향으로 콘텐츠가 전개되었다. 다행스럽게도 코로나 치료제와 백신이 개발되기 시작하면서 국내 여행에 대한 부정적 인식이 조금 개선되었다. 이런 분위기에 맞춰 스테이폴리오의 스테이에서 경험하는 시간을 순간으로 잘게 쪼갠 후 이것을 여행으로 정의하였다. 그 이후 이 순간들을 확산시키고 다양한 로컬의 경험을 만들어 내는 리:티핑 포인트 조합으로 위기를 극복하였다.

여행의 여러 가지 정의 중 스테이, 쉼에 더욱 포커싱을 하였다. 유명 관광지를 가거나 맛집을 가거나 쇼핑을 한 후 숙소에서 잠을 자는 '관광(tourism)'이 풀 버전(Full Version)의 여행이었다면, 스테이에서 휴식을 취하고 자신의 취향을 다듬는 시간의 모먼트(moment)를 여행으로 단순화하였다. '스테이도 여행이 될 수 있다'는 인식의 사다리를 형성하기 위해 사람들마다 쉼이라고 생각할 수 있는 다양한 활동과 스테이를 결합시키는 콘텐츠를 제작하였다. 책을 읽는 북 스테이, 글을 쓰거나 일을 하는 워케이션(workcation), 노천탕에서 스파를 하는 순간을 스테이폴리오 특유의 정제된 톤 앤드 매너로 담아 게스트들에게 코로나 팬데믹 시대의 여행에 대한 영감을 제공하였다. 여행을 떠나서 맛집 투어를 다니고 관광지를 돌아다니고 쇼핑을 하는 긴 호흡의 여행이 아니라 스테이에서 일어나는 각 순간을 감각적으로 표현한 것이다.

호스트가 오랫동안 요가를 해 온 분이라 아침 7시마다 무료로 요가 클래스가 열리는 '브리드 인 제주', 한 권의 책을 읽기 위해 하루

[그림 6-5] 여행의 순간이 돋보이는 송당일상

출처: 스테이폴리오 홈페이지

를 묵는다는 콘셉트의 북 스테이 '일독일박', 제주 중산간 마을에서 리틀 포레스트 콘셉트의 팜 스테이로서 게스트와 함께 농장 일을 할 수 있는 '송당일상' 등이 이런 순간을 콘셉트로 한 스테이이다.

스테이폴리오는 스테이와 관련된 콘텐츠를 자체적으로 제작하기도 하지만 여행 분야의 다양한 인플루언서와 협업을 통해 콘텐

[그림 6-6] 스테이폴리오가 여행 인플루언서와 협업한 트래블 코너

출처: 스테이폴리오 홈페이지

츠를 생산하여 브런치 채널의 '트래블' 코너에 올린다. 단, 다른 여행 플랫폼과의 차이점이 있다면 협업을 하는 인플루언서를 선정하는 안목도 스테이폴리오답다는 점이다. 팔로워 수의 많고 적음보다는 인플루언서가 가지고 있는 직업, 라이프스타일, 취향을 기반으로 선정한다. 그들을 통해 스테이에서 일어날 수 있는 다양한 '휴식'의 영감을 제공한다. 예를 들어, 글을 쓰는 작가 인플루언서라면 스테이에서 책을 쓰면서 자신만의 시간을 보내는 라이프스타일을 보여 주고, 바텐더인 인플루언서는 요리하는 모습을 보여 준다.

이를 통해 스테이폴리오에서는 스테이에 대한 다양한 관점의 콘텐츠를 확대할 수 있게 되었다. 스테이폴리오의 스테이 중에서도 인플루언서들이 직접 다녀온 후기가 있는 스테이는 스테이폴리오의 또 다른 큐레이션 기준이 되기도 하였다. 더불어 트래블 콘텐츠는 스테이폴리오의 스테이에 대한 실제 숙박 후기로서의 역할도 한다. 트래블 콘텐츠를 통해 스테이폴리오의 팔로워뿐만 아니라 인플루언서의 팔로워들을 대상으로 스테이에 대한 다양한 영감을 제공할 수 있는 효과를 얻게 되었다. 코로나 팬데믹 이전 8개였던 인플루언서 협업 콘텐츠는 팬데믹 이후 33개를 만들고 있으며 지속적으로 확대할 예정이다.

여행의 순간을 정의한 다음에는 브랜드와의 컬래버레이션을 통해 여행의 경험을 더 풍부하게 확장하였다. 블랭크 코퍼레이션의 쿡웨어 브랜드인 '모도리'의 제품을 스테이폴리오 '노모어'의 주방에 비치하여 게스트가 머물며 직접 모도리의 제품을 사용하면서 '머물고 싶은 주방'이라는 경험을 만들기도 하였다.[8] 다이슨과는 서울과 제주의 스테이 5곳에서 '다이슨 헬시 홈 위드 스테이폴리오

(Dyson Healthy Home with Stayfolio)를 운영하였다.[9] 코로나19로 인해 청결과 위생에 대한 관심이 높아지는 시기에 다이슨의 무선 청소기, 공기청정기, 조명, 헤어드라이어, 헤어 스트레이트너를 경험하는 시간을 제공한 것이다.

스테이폴리오의 컬래버레이션은 로컬 콘텐츠를 강화하여 한 단계 진화한다. 대표적인 사례는 테슬라와의 협업 케이스이다. 테슬라의 모델 Y를 운전하며 스테이폴리오가 제안하는 드라이빙 코스(한라산을 가로지르는 산록도로와 삼나무 숲이 이국적인 1122번 비자림로)를 달린 후 어라운드폴리에서 제주의 청정 자연과 함께 캠핑을 하는 콘텐츠를 만들어 낸 것이다. 저녁 식사는 제주의 제철 식재료를 사용한 시그니처 BBQ를 제공한다. 제주도의 산간 도로를 드라이빙하고 제주도의 자연에서 캠핑을 하며 제주도 현지에서만 경험할 수 있는 로컬 식재로 시간을 채우는 것이다.

제주의 아웃도어 컴플렉스, 어라운드폴리

어라운드폴리는 오름이 사방으로 펼쳐지는 난산리에 위치한 신개념 아웃도어 스테이입니다. 제주 신대와 협업을 모티브로한 푸지와 에어스트림, 타이니하우스를 모티브한 캐빈과 캠핑 사이트까지 제주의 자연 속에서 자유로운 협정을 경험할 수 있는 곳입니다.

11:00 AM / DRIVE

한라산을 가로지는 산록도로와 삼나무 숲이 이국적인 1122번 비자림로는 사계절 내내 사랑 받는 드라이브 코스입니다.

6:00 PM / EAT

에이그라운드에서는 매일 저녁 제주의 다양한 해산물과 제철 식재료를 사용한 시그니처 BBQ를 만나볼 수 있습니다.

[그림 6-7] **스테이폴리오 × 테슬라 × 제주**

출처: 스테이폴리오 홈페이지

코로나 팬데믹 시기에 새로 오픈한 스테이는 로컬과의 협업을 강조하였다. 브리드 호텔 양양은 서퍼들을 위한 호텔로 문을 열었다. 로컬의 매력을 최대로 느끼기 위해 호텔이 주도하는 테넌트 입점을 최소화하고 로컬 업체들을 입점시켰다. 서프 라이프스타일 편집숍 '서프코드'와 로컬 카페와 펍으로 유명한 '포이푸서프'를 입점시킨 것이 그것이다. 이 외에도 지역주민과 게스트가 자연스럽게 어울리도록 로비와 야외광장을 구성하여 코로나 팬데믹 이후에는 이 공간에서 서핑을 기반으로 한 로컬 콘텐츠가 자연스럽게 진행될 예정이다.

또 다른 컬래버레이션 사례는 라이즈 오토그래프 컬렉션 호텔과 협업을 한 'ep1. 편지 쓰는 호텔'이다. 라이즈 오토그래프 컬렉션 호텔의 한 방에 스테이폴리오가 큐레이션한 콘텐츠를 채워 넣었다. 가구는 원목가구 브랜드인 '코헨', 편지와 관련된 제품과 서비스를 제공하는 '글월', 사진집 독립서점 '이라선', 식물 가게 '폰드'가 있었으며, 이 콘텐츠의 디렉팅을 스테이폴리오가 진행한 것이다. 투숙객은 이 공간에서 스테이폴리오가 디렉팅한 가구에 앉아 식물을 바라보며 책을 읽고 종이에 편지를 쓰는 경험을 하면서 스

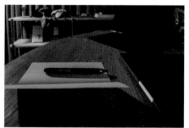

[그림 6-8] 스테이폴리오 × 라이즈 오토그래프 컬렉션

출처: 이형기

테이폴리오가 제안하는 라이프스타일을 경험하게 된다. 스테이폴리오의 게스트들이 스테이에서의 쉼과 휴식을 보내는 순간에 자사의 브랜드를 노출시키고 싶은 브랜드들이 지속적으로 협업을 제안하면서 새로운 기회가 만들어지고 있다.

마지막으로 스테이폴리오는 초프리미엄 전략을 유지하였다. 스테이폴리오의 스테이는 20~50만 원대에 주요 가격대가 형성되어 있다. 비싼 스테이의 경우 5성급 호텔과 견주어 보더라도 비슷한 편이다. 코로나 팬데믹 위기를 겪은 여행 관련 비즈니스 플레이어들이 위기를 극복하기 위해 가격 할인을 하였으나 스테이폴리오는 그 길을 따라가지 않았다. 다른 호텔이나 스테이에서 제공해 주지 못하는 콘텐츠 제공을 통해 '가격 < 경험'의 공식을 만들어 냈다. 호텔의 객실은 같은 룸 타입이 여러 개 공급되지만 스테이폴리오의 독채 스테이, 스테이만의 로컬과 브랜드 경험, 외부와의 단절 경험은 공급이 부족하기 때문에 가능하게 되었다.

위기 속에서 위로가 된 스테이폴리오

코로나 팬데믹으로 인해 여행을 떠나는 인구가 줄어들며 위기가 찾아왔지만, 결론적으로는 전화위복이 되었다. 스테이폴리오가 큐레이션하는 스테이에서의 '쉼'과 '휴식'이라는 메시지가 더욱 명확해질 수 있었다. 메시지가 명확해지니 소비하는 사람들이 더 깊은 공감을 할 수 있는 기회를 얻게 되었다. 브랜드의 메시지에 대한 깊은 이해는 팬덤의 발생으로 이어진다.

기존의 스테이폴리오가 제공하는 가치는 '숙박'이었으나 테슬라와의 협업으로는 '라이프스타일', 라이즈 오토그래프 컬렉션과의 협업으로는 '콘텐츠' 디렉터로서의 영역을 확장하게 되었다. 특히, 라이즈 오토그래프 컬렉션과의 협업은 스테이폴리오에서 스테이라는 공간 없이 협업을 했다는 점에서 용기 있는 챌린지를 하게 되었다. 이제는 스테이가 아닌 가구, 식물, 책, 음악을 큐레이션하는 비즈니스 모델도 추가할 수 있게 된 것이다. 코로나 팬데믹으로 인해 위기를 겪었지만 스테이에서의 순간을 명확히 정의하게 되면서 새로운 기회가 많이 생기게 되었다. 그 결과, 2020년 매출 18.7억으로 전년 대비 2배 이상의 매출을 확대하게 되었다.

코로나 팬데믹으로 인해 타격을 받은 비즈니스 카테고리에서 여행은 대표적인 사례이다. 항공, 숙박, F&B 등 다양한 이해관계자들이 엮여 있기 때문에 한 명이 무너지면 다른 사람에게도 충격이 전해는 것이다. 여행에서 제일 중요했던 것은 사람들의 불안한 마음을 어떻게 안심시킬 것인가에 대한 것이었다. 가격을 깎아도 덤을 더 줘도 낯선 사람과의 만남이라는 리스크 앞에서는 무용지물이다.

스테이폴리오는 여행의 정의를 휴식, 쉼으로 뾰족하게 다듬게 되면서 공감을 얻게 되었다. 스테이에서의 휴식이기 때문에 다른 사람을 만나게 되는 리스크를 세련되게 해결할 수 있었다. 브랜드 아이덴티티를 명확하게 단순화하면서 여행에 대한 영감을 제공했고, 이것을 통해 고객의 불안함을 해소하고 새로운 기회를 얻게 된 것이다. 만약 스테이폴리오가 휴식과 쉼이 아닌 다른 정의를 사용했다면 대중의 공감을 얻지 못했을 수도 있었을 것이다.

About 스테이폴리오

스테이폴리오의 숙소는 운영 주체에 따라 두 가지로 구분된다. 개인 호스트가 직접 운영하는 스테이가 있고, 스테이폴리오가 직접 운영하는 스테이가 있다. 스테이폴리오가 직접 운영하는 스테이의 경우 넷플릭스 오리지널 콘텐츠처럼 다른 플랫폼에서는 예약이 불가능한 차별화 콘텐츠의 역할을 한다.

스테이폴리오는 큐레이션 기준에 맞는 '이야기'를 기반으로 스테이를 소개한다. 이 스테이의 호스트는 어떤 사람인지? 어떤 건물을 스테이로 만든 것인지? 이 스테이의 이름은 어떤 의미를 가지고 있는지? 등과 같은 다양한 영역에서의 질문을 TMI라고 할 정도로 자세하게 소개하고 있다. 이런 자세한 정보는 게스트가 단순하게 잠만 자고 가는 여행의 숙소가 아니라 호스트가 가지고 있는 이야기와 취향까지 입체적으로 경험하는 여행의 추억을 만들어 낸다.

이와 같은 다양한 구성요소들을 스테이폴리오만의 감성적인 톤 앤드 매너로 촬영된 사진과 정제된 글로 소개한다. 홈페이지의 숙소 소개와 사진을 보는 것만으로도 숙소에 다녀온 것 같은 기분을 느끼게 할 정도이다. 이로 인해 스테이폴리오에서 스테이를 하지 않더라도 스테이가 갖고 있는 다양한 이야기로 인해 언젠가는 한 번 경험해 봐야겠다는 생각을 갖게 한다.

에어비앤비
– 반토막 난 매출에서 사상 최대 실적으로 부활한 비밀

■ 3C 조합–안티 컨슈머 × 모먼트(데이터이즘) × 기술주의(본질주의)

코로나19로 세계 1위 기업의 IPO가 무산되다

에어비앤비는 220개국에 560만 개의 숙소를 확보한 글로벌 숙박공유 플랫폼이다. 코로나 팬데믹으로 인해 3대 공유 경제 플랫폼(우버, 위워크, 에어비앤비) 모두 큰 위기를 맞이하였다. 코로나 팬데믹으로 인해 2020년 3월에 예정되어 있던 IPO가 무산되었다. 이는 에어비앤비만의 문제는 아니었다. 2020년 전 세계 호텔, 리조트 매출은 6,100억 달러로 2019년 1조 4,700억 달러 대비 반토막 넘게 줄어들었다. 코로나 팬데믹이 한창이던 2020년 4~5월은 전년 대비 예약이 80%까지 줄어들며 생존의 위협까지 받는 상황이 되었다. 비용 절감을 위해 직원 1,900여 명을 해고했고, 임원들의 임금을 50~100% 삭감했다. 운영 자금이 부족하여 11%의 높은 이율로 돈을 빌리기까지 하였다.[10]

고객의 불만과 요구에서 위기 극복의 실마리를 발견하다

에어비앤비가 코로나19로 인해 위기를 겪던 중 CEO인 브라이언 체스키(Brian Chesky)는 에어비앤비의 검색 트렌드에서 특이한 점을 발견하게 된다. 거주지와 가까운 여행지를 중심으로 검색량이 늘어나기 시작한 것이다. 코로나 팬데믹으로 인해 장거리, 해외 여행의 숙소가 취소된 것과는 반대 현상이었다.

에어비앤비는 근거리 여행지 중심으로 예약이 늘어나는 데이터를 참고하여 '본질주의'에 기반한 'Go Near' 캠페인을 시작한다. 캠페인의 핵심은 이용자들이 거주지 근처의 로컬 여행지를 추천받을 수 있게 검색 알고리즘을 개편한 것이다.

에어비앤비가 또 다른 데이터를 통해 파악한 이용자들의 이용 패턴의 변화는 근교나 전원을 찾는 수요가 늘어났다는 점이었다. 코로나 팬데믹으로 인한 재택근무의 확대는 사무실 출근을 굳이 하지 않더라도 언제, 어디서나 일을 할 수 있다는 영감을 제공하였다. 사무실 출근을 하지 않아도 되니 특정 휴가 기간에만 여행을 갈 수 있었던 상황이 1년 내내 여행을 갈 수 있는 상황으로 재정의된 것이다. 이러한 사람들의 잠재적 니즈가 여행지에서 일을 하는 '워케이션(worcation)' 개념으로 구체화되면서 장거리와 장기 숙박을 통한 낯선 로컬에 대한 수요가 증가하게 되었다.

2021년 3분기 기준, 28일 이상 장기 체류의 비중은 20%로 전년 동분기 대비 +6%p 신장했으며, 상위 10개 도시 비율은 6%로 전년 동분기 대비 −5%p 감소하였다. 2021년 여름 기준 주요 국가의 전원 숙박 비율(전년비)은 미국 28%(+14%p), 영국 48%(+25%p), 프랑스 45%(+21%p), 이탈리아 37%(+16%p)이다.[11]

데이터를 통해 정확한 목적지와 기간에 상관없이 떠날 수 있게 된 사용자들의 상황을 확인한 에어비앤비는 '유연한 검색'이라는 서비스를 출시하였다. '더 유연한 검색'이란 기존 고정된 여행지와 일정을 입력하던 검색 기능을 벗어나 해변, 농장, 통나무집처럼 특정 카테고리의 숙소를 살펴볼 수 있게 만든 서비스이다. 일정도 정

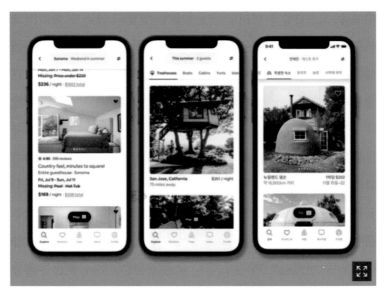

[그림 6-9] **에어비앤비의 유연한 검색**

확한 날짜를 입력하지 않아도 되며 주말, 일주일, 한 달 살기처럼 대략적인 기간을 적용할 수도 있고 1, 2, 3, 4월처럼 특정 월을 설정할 수도 있게 하였다.

　다양한 사람의 욕구가 늘어남에 따라 에어비앤비 검색 결과에서 이를 보증하는 업데이트가 이루어졌다. 그중 대표적인 것이 '반려 동물 동반 가능'과 '초고속 와이파이'였다. 플랫폼이 호스트를 대신하여 보증하였기 때문에 호스트가 자체적으로 인증하는 것보다 신뢰도가 높았다. 이를 통해 게스트는 안심하고 자신의 요구에 맞는 숙소를 선택할 수 있게 되었다.

　먼저, 반려동물 동반 가능에 대해 알아보자. 반려동물이 있는 사람들이 장기간 여행을 떠날 경우, 반려동물 호텔에 추가 비용을 내고 반려동물을 맡기게 된다. 그리고 반려동물 숙박을 에어비앤비 호스트가 옵션으로 제공하고 추가 비용을 받게 하였다. 추가 비용은 오롯이 반려동물이 투숙하게 됨으로써 발생하는 관리 포인트의 해결을 위해 사용된다. 예를 들면, 반려동물의 털이 가구에 붙은 경우 청소기로 제거하거나 유리문에 동물의 발과 코 자국을 제거하는 것처럼 말이다.

호스트는 수익 확대를 위해 반려동물의 투숙을 추가적으로 고려할 수 있게 되었다. 에어비앤비는 반려동물을 키워 본 경험이 없는 호스트를 위한 팁도 제공한다. '사료와 물을 담을 그릇을 준비하세요.', '반려동물이 긁을 수 있으니 가구의 보호 커버를 준비하세요.', '반려동물의 발을 닦을 수 있는 전용 수건을 문 앞에 충분히 비치하세요.'처럼 반려동물을 키워 본 사람만이 줄 수 있는 실질적인 내용들로 구성하였다. 이를 통해 수요에 기반한 공급도 안정적으로 유지할 수 있었으며, 공급의 퀄리티를 보증하여 게스트의 욕구도 충족시킬 수 있었다.

이번에는 초고속 와이파이에 대해 알아보자. 여행자가 숙소를 검색할 때 와이파이 여부를 확인한 경우가 2억 8,800만 건에 달했다. 기존에도 와이파이 유무는 필터에서 확인되었으나 실시간 줌 미팅의 경우 안정적인 네트워크 속도가 중요하기 때문에 '와이파이 속도'가 얼마나 나오는지를 알 수 있어야 했다. 또 안정적인 속도가 필요했던 이유는 집에서 동영상 콘텐츠 감상을 하는 시간도 늘어났기 때문이었다.

에어비앤비는 이와 같은 데이터에 착안하여 에어비앤비 숙소에 와이파이 속도를 인증하는 업데이트를 하였다. 와이파이 속도가

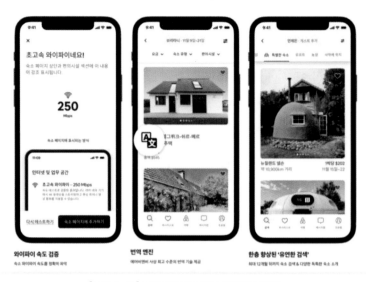

와이파이 속도 검증
숙소 와이파이 속도를 정확히 파악

번역 엔진
에어비앤비 사상 최고 수준의 번역 기술 제공

한층 향상된 '유연한 검색'
최대 12개월 뒤까지 숙소 검색 & 다양한 독특한 숙소 소개

[그림 6-10] 에어비앤비의 주요 업데이트 내역

출처: 에어비앤비 홈페이지

50Mbps 이상인 경우에는 '초고속 와이파이'가 강조되어 표시되는
것이다. 호스트마다 다른 앱으로 와이파이 속도를 측정할 경우 데
이터에 대한 신뢰가 없기 때문에 에어비앤비 앱의 호스트 모드에
서 자체적으로 와이파이 속도 측정을 할 수 있도록 하였다.

에어비앤비에 장기체류를 원하는 사람들이 많아지면서 기존 휴
가 기간에는 갈 수 없었던 장거리 여행이나 지방도시의 수요가 늘
어남에 따라 번역에 대한 고도화가 필요하게 되었다. 선진국이라
고 하더라도 대도시에 위치한 호스트는 제2외국어, 제3외국어를
구사할 확률이 높지만, 지방에 위치한 호스트의 경우는 그렇지 않
았기 때문이다.

에어비앤비는 이를 기술주의를 활용하여 해결하였다. 외국어가
익숙하지 않은 호스트를 지원하기 위해 번역 엔진을 개선한 것이

다. 이 번역 엔진은 숙소 설명과 후기를 게스트가 선택한 언어로 자동 번역을 해 준다. 지원하는 언어의 개수는 62개이다. 에어비앤비는 '클릭하여 번역'이라는 기능을 제공하고 있었지만, 그것보다 더 고도화된 번역을 제공한다. 에어비앤비 자체적으로 의뢰한 연구 결과에 따르면 새로운 번역 엔진은 99% 이상의 향상된 언어 품질을 제공한다고 한다. 자체 번역 엔진은 수백만 개의 에어비앤비 데이터를 학습하고 새로운 콘텐츠가 등록될 때마다 자체적으로 학습을 거듭하기 때문에 시간이 지날수록 번역의 퀄리티는 정교해진다. 에어비앤비는 2022년 중반까지 기존의 '클릭하여 번역' 기능을 모두 대체할 계획이라고 밝혔다.[13]

에어비앤비의 숙박 장소가 대도시에서 전원으로 옮겨 감에 따라 숙소 근처에서 즐길 수 있는 '체험' 콘텐츠의 필요성도 확대되었다. 게스트에게 로컬에서의 삶을 상상할 수 있도록 모먼트를 강조하는 콘텐츠를 기획하였다. 농장에서 즐기는 승마, 와이너리 투어, 별 관찰 투어, 협곡과 동굴로 떠나는 하이킹 투어처럼 대도시에서 즐기기 어려운 로컬 경험을 다양하게 준비하였다.

로컬이 진행하는 체험 콘텐츠의 확장으로 인해 게스트는 여행자의 신분이 아닌 그 지역에서 거주하는 로컬의 기분을 누릴 수 있게 되었다. 홀로 떠난 게스트의 경우 체험 프로그램을 통해 로컬과의 네트워킹을 하게 되면서 또 다른 로컬의 시간을 보낼 수 있는 기회를 확보하게 되었다. 로컬 체험에 대한 업데이트도 함께 이루어졌다. 숙소 근처에서 진행되는 체험에 대한 표시도 지도에서 한 번에 표시하였으며, '여행' 탭에서 여행 중 근처에서 즐길 수 있는 활동들도 확인할 수 있게 하였다.

에어비앤비는 더 나은 서비스를 제공하기 위해 호스트의 불만 사항에도 귀를 기울였다. 에어비앤비의 피드백 세션, 워크숍, 커뮤니티 센터, 호스트 자문 위원회와 같은 불만 청취 경로를 갖고 있었다. 호스트 입장에서의 불만은 게스트에 대한 개런티를 에어비앤비 측에서 해 주지 않는다는 점이었다. 금연을 해야 하는 숙소에 게스트가 흡연을 해서 특수 청소를 해야 하는 경우나 반려견이 가구를 훼손시켜 수리가 필요한 경우가 대표적인 예였다. 기존에 호스트를 보호하기 위한 보상 절차가 있었지만, 보상을 받기 위한 절차가 까다로웠다는 불만도 함께 제기되었다.

기존의 호텔들은 숙박을 하는 투숙객만 고객이었으나 플랫폼인 에어비앤비 입장에서는 호스트도 고객이기 때문에 그들의 불만을 간과할 수만은 없었다. 그들이 피해 보상을 받는 과정에서 불편함을 느끼거나 불공정하다고 생각하는 경우 에어비앤비에 숙소를 제공하지 않을 것이며, 이는 플랫폼의 경쟁력 약화로 직결되기 때문이다. 에어비앤비는 이러한 호스트의 불만을 해결하기 위해 '에어커버'라는 보상 프로그램을 출시하였다. 주요 포인트는 기존에 제공되던 최대 1백만 달러의 분실, 파손 보험 이외에 숙소에 가한 피해, 예상치 못한 청소 비용, 이에 따른 복구로 인한 타 에어비앤비 예약의 취소까지 보상 범위를 확대한 것이다. 보상 범위의 확대뿐만 아니라 절차도 간소화하였다. 피해 내용에 대한 증거(사진, 동영상, 견적서 및 영수증)를 14일 이내에 해결센터에 제출하면 게스트가 72시간 이내에 지급해야 한다. 만약 게스트가 입금을 하지 않으면 에어비앤비 고객지원 팀이 중재를 나서서 호스트의 피해가 원상복구될 수 있도록 개선하였다.

위기에서도 지배력을 강화한 에어비앤비

코로나19 사태로 창업 이래 최악의 시기를 보낸 에어비앤비는 리:티핑 포인트 조합을 통해 2020년 3분기 흑자 전환을 한 이후 2021년 3분기에 분기 최대 매출을 달성하였다. 총매출은 22억 3,700만 달러(약 2조 6,419억 원, +67%), 순이익은 8억 3,400만 달러(약 9,850억 원, +280%)이다.[14] 매출 증가와 함께 2021년 12월 시가 총액은 1,044억 달러(약 124조 원)로 메리어트(488억 달러)와 힐튼(386억 달러), 인터컨티넨탈(83억 달러) 등 세계적 호텔 체인 3곳을 합친 것보다 더 많아졌다.

호스트의 불만을 해결하고, 게스트의 장거리 여행, 장기간 숙박에 대한 니즈를 만족해 가는 과정에서 에어비앤비는 숙박 플랫폼으로서의 경쟁력을 더 강화하게 되었다. 번역 엔진을 고도화하여 제2외국어, 제3외국어가 익숙하지 않은 호스트의 유입도 확대할 수 있게 되었으며, 반려동물의 숙박과 초고속 와이파이를 인증함으로 인해 게스트가 안심하고 장기간 숙박할 수 있도록 하였다. 로컬 생활에서 꿈꾸는 낭만적인 경험들을 제공하여 로컬에서의 시간을 더 풍요롭게 즐길 수 있도록 하였다. 기존의 에어비앤비가 대도시, 유명 관광지 위주로 서비스가 이루어졌다면 이번 위기를 극복하는 과정에서 전 세계 어디든 에어비앤비가 닿을 수 있다는 가능성을 발견하게 된 것이다. 이는 코로나 팬데믹이 종료되어도 사라지지 않는 에어비앤비의 본질적인 경쟁 우위로 남을 것이다.

코로나 팬데믹으로 인해 여행 관련 산업의 종사자들이 위기를 겪었다. 이 위기를 벗어난 종사자들도 있는 반면, 그렇지 못한 종사자들도 있다. 아마도 여행 산업이 코로나 팬데믹을 거치면서 극명하게 성공과 실패가 드러난 분야이지 않을까 싶다.

에어비앤비의 성공 사례를 복기해 보면 여행 산업이 위기를 극복하는 방법에 대한 힌트를 얻을 수 있다. 에어비앤비는 호스트와 게스트의 입장에서 '에어비앤비 여정(Airbnb Journey)'을 펼쳐 놓고 사람들이 원하는 포인트를 개선했다. 숙소를 찾을 때의 '검색 단계', 구매를 하게 되는 '결제 단계', 숙소를 향해 떠나고 숙박을 하는 '여행 단계', 여행이 끝난 이후의 '정산 및 보상 단계'에서의 불만을 찾아 해결하였다.

결정적인 포인트는 로컬을 찾는 사람들의 검색 데이터를 캐치하여 로컬의 경험을 위한 모든 접점을 개선한 것이라고 볼 수 있다. 여행 플랫폼들이 위기를 극복하는 공통적인 포인트를 보면 로컬이 포함되어 있다. 코로나 팬데믹으로 인해 사람들이 떠나지 않은 것이 아니라 어떻게든 떠날 곳을 찾았다는 점을 이야기하고 싶다. 결국 사람들의 마음을 읽고 로컬을 자신의 것으로 만들었느냐 만들지 못했느냐가 성패를 갈랐다고 볼 수 있다.

에어비앤비의 사례를 통해 '고객이 우리 사이트에서 무엇을 검색할까?', '그렇다면 검색에 대한 경험은 어떻게 고도화할 수 있을까?', '화면의 어느 위치에 검색창이 위치해야 하는가?'처럼 고객 경험을 재설계할 수도 있을 것이다. '다른 사람에게는 하지 못하는 이야기를 검색창에는 한다'는 이야기가 있는 것처럼 검색 경험을 개선시킬 수 있다면 고객의 솔직한 데이터를 얻을 수 있을 것이고, 이것이 위기를 대비하는 기반이 될 것으로 보인다.

About 에어비앤비

2007년 10월, 샌프란시스코로 이주한 브라이언 체스키와 조 게비아(Joe Gebbia)는 IDSA(Industrial Designers Society of America)가 주최한 인더스트리얼 디자인 콘퍼런스 기간에 사람들이 숙박할 곳이 없다는 사실을 알게 되었다. 여기에서 아이디어를 얻어 에어베드(airbed, 공기침대) 3개를 구입하고 호텔을 예약하지 못한 디자이너들에게 자신들의 방을 빌려주고 아침을 제공했다.

호텔보다 저렴한 가격에 로컬의 문화를 느낄 수가 있다는 점에서 여행객들의 호평을 받았고, 여기에서 영감을 얻은 그들은 홈페이지를 만들어 방을 빌려주길 원하는 사람과 호텔을 예약하지 못한 관광객을 연결해 주는 사업을 시작하기로 한다. 이것이 에어비앤비의 시작이다.

낯선 사람의 집에서 살면서 커뮤니티를 만들고, 로컬의 문화를 경험할 수 있다는 것이 밀레니얼 세대의 마음을 움직였고 소셜 미디어의 발달로 인해 자발적 확산이 일어났다. 2008년 창업한 이후 3년 만에 100만 건의 예약을 수주했다. 그 이후 1년 만에 500만 건의 예약을 받았다.[15]

07
쇼핑의 포인트

와이즐리
– 고객 불만을 고객 경험으로 업셋하다

■ 3C 조합–안티 컨슈머×모먼트(아너십)×역 매슬로

코로나19에 예민해진 소비자 반응과 위기

코로나19 상황에서 소비자는 기업이나 브랜드의 작은 실수에도 예민하게 반응하기 시작했다. 심리적 너그러움이 사라진 것이다. 이는 위기 상황에서는 어쩔 수 없고 일반적인 것이다. 와이즐리 역시 그런 상황에서 완벽한 품질관리를 하지 못해 위기를 겪었다. 최초 개발된 와이즐리 면도기의 품질은 그렇게 좋지 못했기 때문이다. 그래서 몇몇 구독자들은 와이즐리 면도기에 대해 낮은 평점과 악평을 남겼다. 대표적으로 "솔직히 가격 때문에 썼는데, 수염이

253

많은 사람에게는 맞지 않는 제품이네요. 디자인은 예쁜데, 절삭력은 별로입니다. 좀 실망했습니다."라는 평가가 지배적이었다.

D2C를 기반으로 하고 이커머스 플랫폼을 활용하고 있는 와이즐리 입장에서 소비자의 이런 불만은 빠르게 퍼져 나갔다. 특히, 구독 서비스 특성상 정기적으로 제품을 배송받아야 하는데, 제품에 문제가 있다는 것이 알려지면 구독이 취소됨으로써 매출뿐만 아니라 장기적 평판에도 문제가 생길 수밖에 없었다. 그리고 가뜩이나 코로나19로 인해 대외적인 어려움을 겪고 있는 상황에서 소비자의 이런 불만이 퍼져 나간다는 것은 이중고일 수밖에 없었다. 실제로 김동욱 와이즐리 대표는 소비자의 불만이 터져 나올 때마다 큰 위기감을 느꼈다고 전했다.

고객의 불만을 달래고 위기를 극복한 최고의 순간

하지만 와이즐리는 이런 상황에서 다음과 같이 리:티핑 포인트의 3C 요소를 조합했다. 먼저, 제품에 문제를 제기했던 안티 컨슈머의 불만을 단순히 불만이라고 생각하지 않고 진심으로 받아들였다. 그리고 그 불만에 담긴 문제를 집중적으로 파고들었다. 그래서 기존 제품을 절삭력을 높인 제품으로 다시 개선하였다.

와이즐리는 이렇게 제품을 개선한 것에 그치지 않고, 그동안 낮은 평점과 불만을 남겼던 구독자, 즉 고객들에게 새로 업그레이드한 신제품 면도기를 무료로 배송하였다. 심지어 신제품 패키지에 고객들이 남긴 불만 리뷰를 인쇄하여 누구나 볼 수 있도록 하였다. 소비자의 불만을 진심으로 인정하고 개선 포인트로 삼은 와이즐리의 아너십 콘텐츠가 제대로 호응한 사례로 볼 수 있다. 이에 대해 천성용

단국대학교 교수는 와이즐리가 기업 입장의 소유권(ownership)에서
소비자의 사용권(usership)을 중시한 것이라고 평가했다.[1]

　사실 이렇게 안티 컨슈머의 불만을 반영해서 제품을 개선한 것
자체는 일반적인 솔루션에 그쳤다고 할 수도 있다. 하지만 신제품
패키지에 기존 고객의 불만을 표기한 순간 와이즐리의 신제품은
모먼트 콘텐츠가 된 것이다. 기존 고객뿐만 아니라 신규 고객 역시
그 불만의 내용에 순간 시선이 꽂힐 수밖에 없었을 것이기 때문이
다. 와이즐리는 이에 그치지 않았다. 이렇게 개선된 신제품을 재출
시한 과정을 '떠났던 고객들이 돌아온 이유'라는 영상으로 제작한
것이다. 동영상은 두 편으로 제작되었는데, 그 길이는 7초와 31초
였다. 와이즐리의 안티 컨슈머를 충성 고객으로 만드는 데 필요한
시간이 30초 남짓이었다는 것이다. 이렇게 와이즐리는 모먼트 콘
텐츠로 효과를 극대화했다.

　한편, 와이즐리의 '뉴욕타임스 테스트'를 거론하지 않을 수가 없
다. 김동욱 대표는 이를 "미국계 회사들이 많이 사용하는 개념인
데 내일 당장 『뉴욕타임스』 같은 신문에 우리 내부의 모든 의사결
정이 공개되더라도 전혀 부끄럽지 않아야 한다는 의미"라고 설명

[그림 7–1] 안티 컨슈머의 후기를 패키지에 인쇄한 와이즐리
출처: 인사이트[2]

했다. 김동욱 대표는 "더 많은 고객과 함께 더 멀리, 오래 성장하려면 '정직성'은 절대 타협할 수 없는 가치"라고 강조했다. 그리고 그는 "원가와 판매가의 차이가 큰 문제를 면도기에서 해결한 것처럼 D2C와 구독 서비스를 다른 생활소비재에도 적용해 세계적인 생활소비재 기업으로 성장할 것"이라고 목표를 밝혔다.[3]

특히, 와이즐리는 제품을 개선했다고 하여 신제품의 가격을 올리지 않았다. 팬데믹 상황에서 실속 소비를 하고자 하는 트렌드를 반영하고자 한 것이다. 더불어 와이즐리가 최초 창업할 때부터 합리적 가격을 기업의 경쟁력으로 삼았기 때문에 가격 경쟁력을 유지하고자 한 것도 있다. 와이즐리는 원가가 판매가의 5%도 안 되는 면도날을 아껴 쓰려고 애써 온 소비자의 마음을 진정으로 이해하고 새로운 대안을 제시하기 위해 창업한 기업이기 때문이다.[4] 그래서 와이즐리의 위기 속 컬처 코드는 역 매슬로이다.

위기 속에서도 매출 상승과 브랜드 확장까지 이루어 낸 와이즐리

이 사례는 우선 불만자의 불만으로 시작한다는 점이 중요하다. 그래서 와이즐리의 노력에 소비자 반응이 극적으로 반전되었다는 것이 중요하다. 예를 들어, 한 고객은 자신의 불만이 업그레이드된 한정판 키트로 돌아왔다는 사실에 매우 놀라워하면서도 기분이 좋았다며 주변에 입소문을 냈다. 불만이 만족으로 반전된 것이다. 와이즐리의 이런 반전 전략은 기존 제품에 불만을 느꼈던 고객의 만족도를 90%까지 높이는 데에 기여했고, 나아가 제품에 대한 불만 때문에 구독 서비스를 취소했던 고객 중 2만 명을 다시 돌아오게 만들었다.

그래서일까. 와이즐리는 코로나19에도 불구하고 사업 시작 3년

NEW

좋은 면도날이
꼭 비싸야 할까요?

우리는 누구나 좋은 제품을 정직한 가격에
누릴 수 있어야 한다고 믿습니다.

[그림 7-2] 불합리한 시장을 바꿔 나가겠다는 와이즐리 제품 광고
출처: 와이즐리 홈페이지[5]

만인 2020년 날면도기 시장 점유율 9.3%를 달성했다. 그리고 김동욱 대표는 "2021년에는 점유율 10%로 날면도기 시장 3위에 오를 것으로 예상한다."고 말했다. 국내 시장을 장악해 온 골리앗 같은 해외 브랜드를 상대로 스타트업이 다윗처럼 도전장을 던져 승기를 잡은 양상이다.[6]

이런 결과에 힘입어 와이즐리는 2021년 9월, 코로나19 상황에도 불구하고 두피케어 브랜드 '헤드웍스'를 론칭했다. 헤드웍스는 탈모, 비듬 가려움, 두피 건강 개선 등을 주요 기능으로 하고 있다. 중요한 것은 좋은 성분에도 불구하고 가격은 낮춘 점이다. 모든 두피케어 제품의 가격이 1만 8000원 이내인데, 유명 연예인 광고를 하지 않고 D2C로 유통하는 덕분이다. 김동욱 대표는 "헤드웍스는 두피케어 시장의 상업적인 관행을 걷어 내 좋은 제품을 합리적인 가격에 만든다."고 강조했다.[7]

만약 호경기 때 와이즐리와 같은 스타트업이 서브스크립션 서비

거품을 덜어낸
성분주의 두피케어

[그림 7-3] 와이즐리의 두 번째 신제품인 두피케어 브랜드 헤드웍스
출처: 헤드웍스 브런치[8]

스를 한다고 했을 땐, 최대한 빠른 시일 안에 사세를 확장하기 위해 구독자를 늘리기에만 바빴을 것이다. 하지만 위기 상황에서 한 명의 불만은 유독 두드러지게 나타났고, 그것이 와이즐리로 하여금 진정성 있는 대처를 하게 만든 것이다. 거꾸로 와이즐리가 이 고객의 불만을 그대로 지나쳤다면 어땠을까? 와이즐리는 이 위기 상황에서 그대로 도태되었을 수도 있다.

About 와이즐리

"피날 때까지 아껴 쓰거나, 조악한 1회용 제품을 쓰거나." 전기면도기가 아닌 '날면도기'를 사용하는 남성이라면 쉽게 공감할 수 있는 말이다. 면도날 가격이 꽤 부담스럽기 때문에 보통의 소비자는 몇 번 사용했더라도 쉽게 버리지 못한다. 그러다 보니 무뎌진 면도날에 상처를 입기도 한다. 그래서 "불합리한 면도기 시장, 우리가 바꿔 보려 합니다"라는 포부를 안고 2017년 창업한 와이즐리는 면도용품 D2C(direct to customer, 소비자에게 직접 판매) 구독 서비스를 국내에 선보였다.[9]

그동안 국내에 면도용품 스타트업이 많이 등장했다. 대부분은 유의미한 성과를 만들어 내지 못했다. 생존하지 못하고 사라진 기업들도 많다. 이유가 뭘까. 구독경제가 인기를 모으는 상황을 감안해 정기구매 자체를 마케팅 포인트로 잡은 것이 화근이었다. 미국 달러 셰이브 클럽(Dollar Shave Club)이라는 성공 사례를 그대로 따라 한 것이다.[10]

와이즐리는 다르게 판단했다. 편의점과 H&B 스토어가 많은 한국 시장에서는 미국과 달리 정기구매 자체가 고객이 진짜 원하는 것이 아니라고 진단했다. 면도날을 사기 위해 20분은 운전해야 하는 미국과는 환경이 다르다는 점에 주목한 것이다. 정기구매보다는 비싼 면도날 가격에 대한 불만을 해소해 줄 대안이 고객의 니즈라고 결론을 내렸다. 그런 대안으로 D2C 방식을 선택했다. 유통단계를 줄이고 온라인몰에서 직접 판매함으로써 가격 경쟁력을 높였다.

오롤리데이
– 악재가 겹쳤을 때 못난이 캐릭터를 웃게 만든 전략

■ 3C 조합–슈퍼 팔로워 × 아너십 × 본질주의(기술주의)

코로나19에 해킹까지 악재에 악재가 겹친 배드 타임즈

오롤리데이는 '행복'을 모티브로 다양한 작업을 하는 브랜드이
다. '못난이'라는 대표 캐릭터와 함께 MZ세대에게 폭넓은 지지를
받고 있다. 오롤리데이는 '행복을 주는 제품을 만들고 싶다'는 목표
에서 시작되었다. 다소 추상적인 '행복을 주는 제품'의 정의는 가심
비와 가성비를 가진 제품, 자주 사용하고 또 사고 싶은 생각이 드는
제품, 내돈내산이라도 선물 받는 기분을 주는 제품, 제품 이상의 가
치를 전달하는 제품이었다.[11]

하지만 오롤리데이의 위기는 코로나 팬데믹으로 인해 제품이 입
점되어 있는 오프라인 채널의 매출이 줄어들기 시작하면서 찾아왔

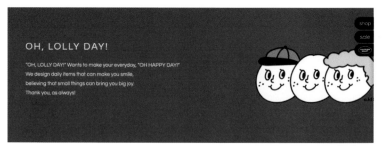

[그림 7-4] **오롤리데이 못난이 캐릭터**

출처: 오롤리데이 홈페이지[12]

260

다. 전년 대비 오프라인 매출은 1/10까지 줄어들게 되었다.[13] 오롤리데이가 입점되어 있는 오프라인 소품숍들도 해외 관광객의 트래픽이 줄어들면서 타격을 같이 받게 되었다.

이 시기에 오롤리데이의 인스타그램 계정이 해킹을 당하게 되었다. 해킹 전 오롤리데이의 인스타그램 팔로워는 약 5만 명이 있었다. 오롤리데이의 대부분 고객 커뮤니케이션은 오롤리데이의 인스타그램 채널로 진행되었기 때문에 인스타그램 계정의 해킹은 치명적인 위기를 초래하게 되었다.

중국 청도의 한 백화점에 오롤리데이의 짝퉁 매장이 론칭하게 되었다. 오롤리데이가 취급하는 문구와 패션 아이템을 똑같이 따라 한 것뿐만 아니라 오롤리데이라는 상표와 '못난이' 캐릭터들까지 조합 가능한 모든 경우의 수를 동원해 30개의 상표권을 등록하는 치밀함을 보였다. 오롤리데이는 먼 미래에 해외 진출을 계획하

[그림 7-5] **오롤리데이의 가짜 청도 매장**

출처: 오롤리데이 인스타그램[14]

고 있었기 때문에 국제 소송을 통해 상표권 취소 및 배상을 받으려고 했으나 소송 비용의 견적이 2억 원 가까이 나오게 되면서 눈뜨고 당할 위기에 처하게 되었다.[15]

도장 깨기로 악재를 하나씩 이겨 내다

오롤리데이가 코로나 팬데믹에서 겪은 위기는 다른 브랜드의 위기보다 차원이 다른 수준이었다. 오롤리데이는 이 위기를 오롤리데이의 슈퍼 팔로워인 '해피어(Happier)'들과 함께 극복하였다. 해피어는 주위 사람들에게 오롤리데이의 해피어임을 커밍하는 것을 주저하지 않는다. 이번 중국 청도의 백화점 도용 건은 해피어의 위력이 어디까지인가를 볼 수 있는 대표적 케이스이다. 오롤리데이의 도용 사실을 먼저 발견하고 DM으로 알린 것이 중국에 있던 해피어였으며, 각 언론사에 이 사실을 제보하여 공중파 메인 뉴스 및 조중동 주요 일간지에 해당 사실이 보도되게 한 것도 해피어들이었다. 백미는 약 2억 원에 달하는 소송 비용을 와디즈 펀딩을 통해 해피어들이 모금에 도움을 주어 현재 진행 중이라는 점이다.

박신후 대표는 대표적인 인스타그램 인플루언서이다. 팔로워 수는 7만 명의 팬덤을 가지고 있으며, 개인의 일상부터 오롤리데이라는 브랜드를 어떻게 빌드업 했는지에 대한 과정들을 솔직하게 담아낸다. 오롤리데이 공식 계정이 해킹 당했을 때는 임시적으로 대표 채널 역할을 하면서 해킹을 어떻게 해결해 나가고 있는지 과정을 공유하였으며, 오롤리데이 공식 계정이 다시 오픈했을 때도 적극적인 홍보를 통해 빠른 복구를 할 수 있게 도움을 주었다.

오롤리데이의 또 다른 포인트는 아너십이다. 오롤리데이는 모든 제작 과정을 여과 없이 보여 준다. 어떤 생각을 통해 제품을 만들었는지의 기획 단계를 거쳐 어느 공장에서 어떤 프로세스를 통해 생산되는지와 함께 직원들이 어떻게 포장을 하는지까지 제품 생산부터 배송까지의 모든 단계를 알 수 있게 해 준다. 예를 들면, 어느 날은 '저 오늘 다이어리 컬러 감리 보러 가는 중인데, 2022년의 컬러는 ○○컬러로 선정했습니다. 색깔이 잘 안 나온 것 같아서 다시 기다리고 있습니다.'와 같은 콘텐츠를 인스타그램에 올린다. 그리고 신규 인력을 채용할 때는 인스타 라이브 방송을 통해 궁금했던 점을 실제로 물어볼 수 있도록 한다.

최근 글로벌 커뮤니케이터와 애니메이터 채용에 대한 인스타 라이브 방송을 진행했는데, 실제로 구직을 하는 사람 이외에도 일반 해피어들도 참여해서 채용뿐만 아니라 다양한 이야기가 오고 가는

[그림 7-6] **오롤리데이 직원들의 실착 이미지가 있는 상세 페이지**

출처: 오롤리데이 홈페이지

오롤리데이-악재가 겹쳤을 때 못난이 캐릭터를 웃게 만든 전략　263

[그림 7-7] 오롤리데이 직원 채용 Q&A 인스타그램 라이브

출처: 오롤리데이 인스타그램

시간을 가졌다. 파운더의 개인 계정에서도 라이브를 진행했을 때가 있었는데 이때 MZ세대가 고민하는 연애, 진로에 대해서 솔직하고 자존감 높은 대답을 하며 사적 트래픽도 만들어 냈다.

모든 판매 과정을 직영화하는 것도 아너십의 영역이다. 대개 상품 패킹이나 배송 같은 경우는 대행하여 인건비와 운영을 효율화하지만 창고 운영, 배송, 교환, 환불 과정에서 진정성 있는 응대와 퀄리티 매니지먼트가 되지 않는다는 판단하에 이 모든 과정을 직영 운영 중이다.

대부분의 사람은 행복을 거창하고 철학적인 것이라고 생각하지만, 오롤리데이가 정의하는 행복은 창밖에 보이는 구름을 보며 사진 한 장 찍는 것, 더운 여름 날 얼음물 한 잔 마시는 것처럼 행복을 일상에 있는 쉬운 모먼트(moment)로 정의하고 있다. 오롤리데이에서 판매하는 컬러풀한 색상의 작은 문구류를 구매하고 사용하면서 좋은 습관을 만들어 가는 것도 행복을 구체화하는 방법 중 하나로 제시한다. 정보가 많고 복잡한 세상에서 행복이라는 개념도 복잡하게 설명하는 브랜드가 많지만 오롤리데이는 일상에서 공감할 수 있는 행복의 순간들을 콘텐츠화하였고 대중의 공감을 얻게 되었다.

기존의 인스타그램으로만 진행하던 커뮤니케이션 채널을 다른 디지털 채널로 확장하였다. 유튜브에서는 브랜드의 가치와 메시지를 전달하면서 오롤리데이에서 일하고 있는 멤버들과 함께 일하는 방식을 여과 없이 보여 준다. 앱의 신규 론칭을 통해 온라인 쇼핑을 더 편하게 도와주면서 전용 이벤트를 진행해 록인을 시킨다. 최근에는 뉴스레터도 론칭했는데, 정보나 소식보다는 구성원들의 이야기를 위주로 해피어들의 브랜드 경험 후기를 담는다. 이로 인하여 해피어들도 오롤리데이의 콘텐츠에 직접 참여하여 찐팬의 농도를 진하게 한다.

누군가의 삶을 행복하게 만들기 위해서는 수단과 방법을 가리지

[그림 7-8] **오롤리데이 뉴스레터와 NFT**

출처: 오롤리데이 뉴스레터[161], 홈페이지

않고 다양한 도전을 하는 오롤리데이는 이제 현실 세계를 넘어 가상 세계로서의 도전장을 던진다. 2022년 4월 대규모의 NFT 프로젝트도 준비 중이다.

본질주의 강화를 위해 오프라인 매장 진출도 진행하였다. 먼저 자체 오프라인 숍인 '해피어마트'를 론칭하였다. 오롤리데이의 오프라인 매장은 기존 다른 오프라인 매장에 입점하는 형태였는데, 해피어마트는 자체적으로 운영하는 첫 번째 오프라인 매장이었다. 콘셉트는 이름대로 '마트'에서 영감을 얻어서 공간과 집기들을 꾸렸으며 '판매원'이 아닌 '프레젠터'라는 직원을 통해 물건이 아닌 오롤리데이가 지향하는 가치관, 행복의 정의를 방문객에게 설명한다. 직원의 역할뿐만 아니라 결제 과정도 다른 오프라인 매장과 차이를 두었는데, 결제를 오롤리데이 앱에서 할 경우 멤버십 개념으로 각종 할인과 혜택을 준다. 이를 통해 오프라인 고객의 앱 고객으로의 전환을 도모하여 장기적 관점의 관계를 형성하도록 한다.

더현대 서울의 크리에이티브 그라운드에서는 팝업스토어도 진행하였다. 2021년 7월 30일부터 8월 19일까지 약 3주간 진행된 팝업스토어에서는 단순하게 물건을 판매하는 것이 아니라 오롤리데이가 정의하는 가치관을 실제로 경험하는 공간으로 꾸몄다. '롤리해피상담소'라는 코너에서는 파운더인 박신후와 함께 20분 동안 대화를 하며 실제로 상담을 할 수 있도록 하였다. 오롤리데이의 팝업스토어에는 웨이팅이 가득할 정도로 해피어들의 집객이 대단했는데, 더현대 서울은 팝업스토어를 통해 기존에 더현대 서울을 방문하지 않았던 MZ세대의 트래픽을 얻을 수 있었다. 더현대 서울 측에서도 온·오프라인 채널을 통해 팝업스토어를 홍보하여 내점

[그림 7-9] **오롤리데이 해피어마트와 더현대 서울 팝업스토어**

출처: 이형기

트래픽을 만들어 줬으며, 이를 통해 오롤리데이를 몰랐던 대중을 대상으로 접점을 넓히는 기회를 가질 수 있었던 사례였다. 이 결과를 바탕으로 현대백화점 판교점에 정식 매장을 오픈하게 되었다.

오롤리데이는 다양한 파트너와의 협업을 진행하였다. 이 중 대표적인 사례 2가지를 소개하고자 한다. 먼저, 스위치(sweetch)의 시티보이 컬렉션과 협업하여 랩톱, 태블릿 PC 파우치를 제작하였다. 퀄리티가 좋은 것으로 인지도가 높은 스위치의 파우치에 오롤리데이의 못난이 캐릭터를 더하고, 컬러 있는 단추로 포인트를 주었다. 이 파우치가 대중에게 인기를 끌었고, LG전자의 노트북인 '그램(gram)'과의 컬래버레이션으로 확장되어 B2B 매출을 일으켰다.

또 다른 컬래버레이션은 유튜버 '리플레이(LEEPLAY)'와 진행하였다. 리플레이는 플레이리스트를 만드는 크리에이터로 약 44만 명의 구독자를 보유하고 있다. 리플레이가 오롤리데이의 오프라인 공간인 해피어마트를 방문 후 느낀 따뜻함과 행복에 대한 영감을 바탕으로 플레이리스트를 만들고 '나만의 소확행' 댓글 이벤트를 진행하였다. 오롤리데이가 추구하는 행복의 개념을 청각 콘텐츠로 구체화한 것도 의미가 있었고, 댓글리케이션을 통해 다양한 사람

[그림 7-10] **LEEPLAY 컬래버레이션**

들의 행복 모먼트를 공유한 참여형 이벤트도 의미가 있었다. 오롤
리데이와 리플레이의 팔로워들이 서로의 계정을 방문하여 두 계정
모두 팔로워가 늘어난 것도 유의미한 결과였다.

오, 롤리 데이? 오, 해피 데이!

코로나 팬데믹을 극복하는 방법은 찐팬들의 팬덤이었지만, 이
것을 만들기 위해 우선적으로 진행되었던 것은 파운더와 대중과의
사적 트래픽을 통해 쌓아 온 유대감이었다. 브랜드의 파운더가 브
랜드와 관련된 이야기가 아닌 요즘 세대의 고민을 언니처럼 공감
해 주고 직언해 주면서 관계는 더 돈독해졌다.

정보가 너무나 많은 시대에 진짜와 가짜를 구분하기 어려워졌
다. 제품 홍보는 그럴싸하지만 실제 이 브랜드와 아이템이 어떤 과

정을 통해 제조되었는지, 어떤 생각으로 기획되었는지까지 공개하는 브랜드는 없다. 하지만 오롤리데이는 대부분의 과정을 투명하게 공개함으로써 소비자가 이 제품은 어떻게 만들어졌는지 신뢰를 가질 수 있게 되었고, 제조 과정이 콘텐츠가 되면서 브랜드에 대한 로열티까지 형성할 수 있었다.

오롤리데이의 교환/반품률은 평균 1%, 자사몰 재방문율 70%, 재구매율 40%를 보여 주고 있다. 이는 다른 브랜드에서는 찾아보기 힘든 대단한 숫자이다. 현재 인스타그램의 팔로워 수는 4.1만 명으로 해킹 이전의 팔로워 수를 빠르게 회복하는 중이다.[17]

팬데믹 시기에 대부분의 브랜드가 위기를 겪었지만, 오롤리데이가 겪은 위기는 스몰 브랜드가 극복하기 힘들 정도의 위기였다. 유일한 소통 채널이었던 인스타그램을 잃었고, 중국 시장에서는 브랜드 비즈니스를 하지 못할 정도였기 때문이다. 이것을 극복할 수 있었던 것은 견고한 브랜드의 팬덤이었으며, '해피어'로 정의되는 찐팬들은 오롤리데이의 위기를 자신의 일처럼 생각하며 주위 사람들에게 관련된 정보를 알리고 펀딩에 돈을 모았다. 사람은 좋은 일보다 위기를 함께 겪으며 극복할 때 관계가 더 깊어지는데 코로나 팬데믹의 위기를 함께 극복하면서 오롤리데이와 해피어의 관계는 더 끈끈해졌다. 앞으로 오롤리데이가 새로운 영역으로 비즈니스를 확장해 나갈 때 해피어의 팬덤은 대체 불가한 경쟁력이 될 것이다.

오롤리데이의 시작은 문구, 팬시 카테고리의 아이템이었다. 비비드한 컬러와 귀여운 못난이 캐릭터의 조합이 사람들에게 인기가 좋았다. 아이템 자체의 가격이 비싸지 않으니 구매하는 데 크게 고민하지 않아도 되었고, 주위 사람들에게 선물로 주기도 좋았던 것도 인기를 얻게 된 요인이었다.

하지만 오롤리데이의 제품은 단순한 문구류가 아니라 사람들의 행복한 습관을 만들어 주는 서포터로서의 기능을 한다. 예를 들면, Big Poster 캘린더에는 365일의 목표, 습관을 관리할 수 있는 '해빗트래커'와 1년 전체의 계획이나 스케줄을 짜고 기록할 수 있는 '달력'의 기능을 하는 것이다. 오롤리데이의 제품을 사용함으로써 내가 어떤 습관을 가질 수 있는지에 대한 커뮤니케이션이 대중의 공감을 얻게 되었다.

대표적인 아이템은 다이어리, 볼펜, 스티커, 마스킹 테이프, 휴대전화 케이스 등이 있으며, 이를 통해 성장과 일상에서 가까운 행복을 찾게 하였다. 문구류로 시작한 오롤리데이는 다양한 영역으로 제품을 확장하는 중이다. 스웨트 셔츠, 가방과 같은 패션, 컵, 코스터, 러그와 같은 리빙 카테고리와 다양한 브랜드와의 컬래버레이션도 병행하였다. 현재 700여 종의 제품을 판매하고 있다.

상품의 유통은 자사 쇼핑몰과 외부의 온 · 오프라인 채널을 통해 진행한다. 제조업을 넘어 콘텐츠 비즈니스, 오프라인 공간, 가상 세계까지 영역을 계속해서 확장하는 도전적인 브랜드이다.

당근마켓
– 위기 속에서 1등이 될 수 있었던 역전의 당근

■ 3C 조합–안티 컨슈머×데이터이즘(아너십)×기술주의

늘어난 중고거래만큼 늘어난 소비자 불만과 갈등

몇 년 전만 해도 중고거래 하면 네이버 카페의 '중고나라'가 바로 떠올랐다. 중고나라의 거래방식은 여러 가지 복잡한 절차가 이어졌다. 가격협상 과정에서 감정이 상하기도 하고, 거래가 불발되기도 했다. 더구나 판매하는 물품이 파손 위험이 큰 경우 택배 발송 후에도 파손 관련 갈등이 생기기도 했다.[18]

1세대 중고거래 플랫폼 중고나라가 사기 피해와 해킹 의혹 등으로 뭇매를 맞은 가운데 최근 국내 중고거래 시장을 뜨겁게 달군 업체로 당근마켓이 주목받고 있다. 당근마켓은 시장의 니즈를 간파하고, 간편결제 서비스와 자체 딜리버리 서비스 등 절차의 단순함과 데이터 머신러닝을 통한 신뢰 형성 제도를 구축하며 급격히 성장할 수 있었다.

그러나 당근마켓 역시 중고업자들이 난입하며 홍보 글과 허위과장 광고 글을 도배하면서 일반 이용자가 판매 글을 보기 어려워지고 업자들의 상품이 주로 노출되는 일이 자주 발생하게 되었다. 또 싼값으로 나온 물품을 싹쓸이한 뒤 웃돈을 얹어 되파는 리셀러 또한 중고거래 시세를 혼란시키고 있었다.

최근 요소수 부족 사태의 사회적 혼란을 틈타 도를 넘은 이득으로 재판매를 하거나 반복적 전문판매업자가 등장해서 나눔과 정상 거래 이외의 불법 거래를 차단하는 이용자 보호 조치를 시행하기도 했다. 당근마켓은 로컬 플랫폼을 지향하고 있어 지역의 일반 이용자가 유입되어야 하는 만큼 일반 이용자의 이용에 불편을 초래하는 업자를 강력히 제재할 수밖에 없었다.[19]

위기일수록 섬세하고 정교하게 문제를 해결해 나갔던 당근마켓

당근마켓은 2017년부터 실시간 AI 검수를 진행해 중고업자와 리셀러 활동을 적발하고 있다. 사업 초기부터 업자를 분류할 수 있는 AI 시스템을 자체 개발하고 있었으며, 업자 난입을 방지하기 위해 AI 도입과 함께 이용자의 적극적 신고를 유도하고 있다. 다양한 신고 사유를 데이터로 축적해 AI 필터링 기능을 강화하고 당근마켓 운영에 적극 반영하고 있다. 이러한 강력한 조치는 당근마켓의 신뢰성을 지키기 위해서이다.[20]

이렇게 당근마켓은 IT 기술을 적극 활용하며 중고거래의 혼란을 바로잡고 있다. 리:티핑 포인트의 3C 요소는 당근마켓 탄생 기반이 된 중고거래에 대한 이용자의 불만 수용, 매너 칭찬과 후기 데이터 활용, 기술주의 환경의 3가지를 조합하였고, 중고거래의 불편함을 최소화하는 방향으로 혁신과 성장을 거듭하고 있다.

먼저, 당근마켓은 리:티핑 포인트의 3C 요소 중 안티 컨슈머의 불만을 수용하며, 중고거래의 불편함을 개선하였다. 즉, 판매자, 구매자, 제품의 신뢰 문제, 판매 및 구매 시 발생하는 불편함을 호소하는 중고거래 이용자의 불만을 진심으로 받아들이고 머신러닝 전문가들의 노력을 집중해 직거래 기반의 앱을 탄생시켰다. 직거래 기반을 만들기 위해 GPS로 동네를 인증한 뒤 반경 6km 이내의 회원 간 거래가 가능하도록 시스템을 구축하였다.

또한 중고거래에서 가장 큰 단점은 거래의 복잡성에 있었는데, 제품을 올리고 홍보하고 실제 거래로 이어질 때까지 과정과 절차가 실제로 복잡했기 때문이다. 이에 당근마켓은 리:티핑 포인트의 3C 요소 중 IT 기술을 활용한 기술주의 환경을 조합해 '쉽고 간단한 중고거래'를 실현하고자 했다. 이는 직거래를 우선으로 하였고, 이용자를 사기에서 자유롭게 했다. 앱 사용 자체가 간단하고 편해서 이용자는 스마트폰으로 채팅을 하듯 제품에 대한 간단한 정보만 확인하고 거래 일정만 정하면 되었다. 겉으로는 단순해 보이지만, 그 안에는 인공지능(AI) 머신러닝 기반의 무수히 많은 알고리즘이 촘촘하게 숨어 뒤에서 이용자의 편의를 돕고 있다. 전체 직원의 60%인 120여 명이 개발자들이며, 머신러닝 전문가 10여 명으로 구성한 별도 팀까지 운영하고 있다.

다음으로, 리:티핑 포인트의 3C 요소 중 이용자 간 객관적 사실에 기반한 데이터이즘 콘텐츠를 적극 활용하고 있다 . 이는 기존 중고거래에서 드러난 사기, 안전 등의 문제를 해결하기 위한 것이며, 매너온도, 동네인증 횟수, 활동배지 등의 숫자를 근거로 한 제도를 마련해 사용자의 빠른 판단을 돕고 있다.

사용자의 매너에 관한 지표로 '매너온도'는 자신이 얼마나 좋은 사람인지 평가하고 타인에게 보여 줄 수 있는 척도가 된다. 따라서 당근마켓에서 거래를 하는 '당근러'에게 매너온도 확인은 필수다. 다른 사용자들에게서 받은 평가를 토대로 온도가 올라가거나 떨어지는데, 온도에 따라 매너온도의 이모지 역시 달라진다. 찡그린 표

[그림 7-11] 당근마켓 매너온도

출처: 당근마켓

정에서부터 활짝 웃는 얼굴까지. 매너온도를 단순 숫자로 표현하지 않고 체온계를 연상시키는 온도바를 배치하여 직관적으로 정보를 파악하도록 하고 있다.

매너온도가 단순 중고거래만을 위해 존재하는 것은 아니다. 물건을 판매하는 것뿐만 아니라 무료로 나누거나 특별한 선의를 베푸는 등 다양한 행위로도 온도의 높낮이가 변화할 수 있기 때문이다.[21]

당근마켓은 사용 전 동네인증이 필수적이다. 사용자 프로필에 동네인증 횟수를 표시하고, 이 사람이 동네에 거주하는 이웃인지 판별할 수 있는 바로미터로 삼게 했다. 대면거래 시 안전과 관련된 이슈가 불거질 위험이 크다 보니 사용자 안심을 위해 동네인증 횟수와 제도를 구비해 둔 것으로 파악된다. 활동배지는 사용자가 특정 조건을 만족시켰을 때 당근이 발급해 주는 배지 시스템이다. 황금배지가 등록되면 프로필 사진 옆에 작게 표시되는데, 상대방의 프로필을 굳이 눌러 보지 않고 해당 배지만으로도 유저의 거래 성향을 파악할 수 있다는 장점이 있다.

위기 속에서도 업계 2인자에서 1인자로 올라서다

당근마켓은 기존 중고거래의 불편함을 해결하는 인공지능 머신러닝 알고리즘을 기반으로 이용자의 실제 의견을 반영하며 서비스를 개선해 왔다. 당근마켓의 성공에는 중고거래 시장의 확대도 작용했겠지만 이런 단순함을 통해 이용자 수가 2020년 550만 명에서 2021년 2100만 명으로 급증했다.

당근마켓 월 사용자 성장세는 오름폭이 커지고 있다. 최근에는 동네 세탁소, 부동산 등 정보를 공유하는 '내 근처', '동네 생활'을 추가하며 하이퍼로컬 기능을 강화했다. 이제 당근마켓은 중고거래 플랫폼을 넘어, 지역 주민 커뮤니티로 자리 잡았다는 평가를 받고 있다.

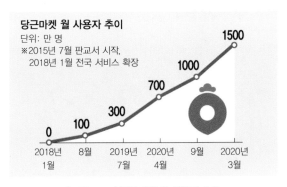

[그림 7-12] 당근마켓 월 사용자 추이

출처: 당근마켓 홈페이지

매너평가 등을 기준으로 온도의 높낮이가 결정되는 만큼 큰 트러블 없는 거래를 할 가능성이 높아진다. 불특정한 대상을 만난다는 두려움도 해소할 수 있다. 매너온도가 중고거래를 할 때만 쓰인다고 생각하면 오산이다. 매너온도는 자신의 가치를 증명하고 자존감을 높일 수 있는 기제가 되기도 한다. 그래서인지 당근마켓에서는 본인에게 필요 없는 물품을 이웃 주민과 나누는 무료 나눔 게시 글도 쉽게 찾아볼 수 있다. 작년 한 해 동안 당근마켓에 올라온 무료 나눔 게시 글 수는 210만 건을 넘어서며 전년 대비 5배 이상 증가했다.[22]

코로나19로 사회적 거리두기로 인해 생활 반경이 좁아지고 동네에 머무는 시간이 늘면서 스마트폰 등 비대면 소통이 익숙한 세대를 중심으로 하이퍼로컬 서비스 시장이 더욱 활성화되고 있는 것이다.

이 사례는 우선 로컬 플랫폼 선두주자로서 당근마켓이 기존 이

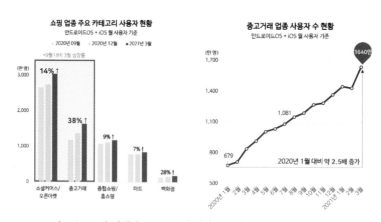

[그림 7-13] 세대별 TOP 5 쇼핑 앱과 중고거래 업종 1위 당근마켓

출처: 플래텀[23]

276

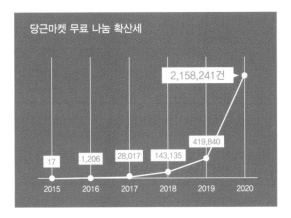

[그림 7-14] **당근마켓 무료 나눔 성장 인포그래픽**

출처: 이데일리[24]

용자의 불만 사항을 해결하는 머신러닝 앱을 출시하고 숫자를 근거로 한 제도를 마련하여 훈훈한 동네 생활을 만들어 가는 스토리를 연상하게 한다. 리:티핑 포인트의 3C 요소를 대입해 보면, 중고거래 이용자의 불만 수용, 데이터이즘 콘텐츠, 기술주의 환경의 3가지를 조합한 것이었다.

매너온도는 중고거래를 위한 신뢰의 척도로 작용한다. 나눔을 통해 온도를 높이면서 자부심을 나타내는 수단이 되기도 한다. 당근마켓 측은 매너온도와 활동배지에 대해 당근마켓만의 감성을 전하는 차별화된 서비스 요소이므로, 지역 커뮤니티 문화를 형성할 수 있는 이용자 경험과 행동을 이끄는 핵심 기능으로 발전해 갈 것이라 말했다.

당근마켓은 중고거래 사기를 막는 AI 보안관처럼 불법 불건전 요소를 걸러 내고 있을 뿐 아니라, 신뢰를 기반으로 한 중고거래와 무료 나눔을 통해 따뜻한 동네 생활을 만들어 가고 있다. 현재 전국

6,577개 지역에서 사람과 사람의 사이를 기술로 연결해 지역 공동체의 중요성과 이웃의 정을 느끼게 해 주는 역할로 자리매김하고 있다.[25]

About 당근마켓

중고거래가 소비 트렌드로 떠오르면서 국내 중고거래 시장 규모는 매년 성장을 거듭해 20조 원을 돌파하였다. 하나금융경영연구소에 따르면 2008년 4조 원이었던 국내 중고거래 시장 규모는 2020년 20조 원으로 성장, 10여 년 만에 5배가량 성장한 것으로 분석되었다.

특히, 코로나19로 가장 많은 성장을 이룬 분야 중 하나는 중고거래 플랫폼이다. 집에서 생활하는 시간이 늘면서 쓰지 않는 물건을 팔려는 사람들이 증가하고, 새 상품보다 저렴하게 구매하려는 사람들이 생기며, 중고거래 시장이 큰 폭으로 성장하고 있는 것이다.

그중 최근 국내 중고거래 시장을 뜨겁게 달군 업체로 당근마켓이 주목받고 있다. '당신 근처의 마켓'이라는 의미를 지닌 당근마켓 중고거래 서비스는 기존 중고거래의 불편함을 최소화하기 위해 혁신과 성장을 거듭해 왔다.

당근마켓을 창업한 인물은 카카오에서 개발자와 서비스 기획자로 함께 일한 바 있는 김용현, 김재현 공동대표이다. 이들은 처음에 '판교 장터'라는 이름으로 중고거래를 시작했다가 지역을 전국으로 확대하고 '당근마켓'으로 이름을 바꿨으며, 2019년 'KARROT'이라는 이름으로 영국까지 진출했다.[26]

아이지에이웍스의 데이터 분석 솔루션 모바일인덱스에 따르면, 주요 모바일 쇼핑 업종 중 규모가 가장 큰 카테고리인 '소셜커머스/오픈마켓' 앱의 3월 사용자 수는 3046만 5466명으로 분석되었으며, '중고거래' 앱 사용자 수는 1640만 5219명으로 2020년 9월(1190만 6916명) 대비 38%가량 증가했다. 쇼핑 앱 중 가장 높은 월 사용자 수를 기록한 것은 '쿠팡'(2503만 6170명)으로 10대부터 60대까지 전 연령대에서 1위를 차지했다. '중고거래' 앱 사용자 수는 1년 새 141% 증가한 1640만 명을 돌파했으며, 이 중 당근마켓이

 1518만 4659명의 MAU로 93%의 점유율을 차지했다.[27] 이에 대해 한국투자증권은 최근 리포트를 내고 당근마켓을 "한국의 독보적인 하이퍼로컬 플랫폼이 될 것"이라고 평가했다.[28]

08
배움의 포인트

째깍악어
– 모두가 거리를 둘 때 째깍악어를 가까이 둔 이유

■ 3C 조합–안티 컨슈머 × 아너십 × 초프리미엄(기술주의)

방문 돌봄과 학습이 막혀 버리면서 찾아온 위기

째깍악어는 놀이부터 배움까지 선생님과 아이를 매칭하는 앱 서비스이다. 하지만 코로나 팬데믹으로 인해 아이의 집을 방문해야 하는 째깍악어 돌봄 서비스는 위기를 겪는다. 낯선 사람을 집 안에 들이는 것도 리스크가 있지만, 아이를 대상으로 하는 서비스이기 때문에 부모의 입장에서는 더 조심스러울 수밖에 없었다.

김희정 대표는 신한 스퀘어브릿지 유튜브 채널과의 인터뷰에서 "코로나 팬데믹 이전에 펀딩을 완료한 째깍악어는 마케팅비를 써

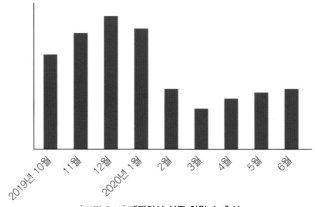

[그림 8-1] **째깍악어 신규 회원 수 추이**

출처: 째깍악어 홈페이지[1]

서 광고를 집행했음에도 신규 회원이 유입되지 않았다."[2]고 밝혔
다. 2019년 12월까지 지속 성장 중이었던 신규 회원 수는 2020년
1월을 기점으로 하락세로 돌아서기 시작했다. 특히, 코로나19 확
진자가 늘어나기 시작하면서 감소세는 더욱 뚜렷하게 나타났다.
2020년 1월 신규 가입자 수를 100%로 봤을 때 2~5월 평균 신규 가
입자 수는 44% 수준일 정도로 심각했다. 스타트업 성장의 필수 요
소인 신규 가입 회원 수가 정체되기 시작한 것이다.

같은 인터뷰에서 "사람들은 익숙한 것을 사용하는 경향이 있는
데, 째깍악어는 인지도가 낮은 신규 서비스이다 보니 구매 시도에
대한 부담이 있었던 것 같다. 집으로 문을 열고 들어가는 서비스이
다 보니 부담이 있었다."고 밝혔다. 2020년 3월 당시에는 코로나
백신과 치료제에 대한 개발이 안 되어서 마스크와 손소독제에만
의존했던 시기였기 때문에 부담의 크기는 지금과 달랐다.

째깍악어는 2020년 2월에 오프라인 놀이 공간인 '째깍섬'을 오픈

할 계획이었다. 째깍악어 돌봄 서비스가 집으로 찾아가는 방문 서비스라면, 째깍섬은 사람들의 트래픽이 발생하는 대형 쇼핑센터에 입점하는 키즈 아카데미의 형태를 띠는 공간이다. 사람들이 밖으로 나오지 않는 시기임에도 오프라인 공간을 오픈하는 것은 매출과 손익이 무엇보다 중요한 스타트업에게는 부담스러운 일이었다.

스스로 진입 장벽을 높여서 신뢰부터 쌓아 가기 시작한 째깍악어

코로나 팬데믹으로 인해 어린이집과 유치원은 등원을 무기한 연기했고, 초등학교는 온라인 입학이라는 초유의 학사 일정을 시작하였다. 부모가 휴가를 내거나 재택근무를 하면서 아이의 온라인 줌 수업을 도와주기 시작하였다.

그러나 온라인 줌 수업을 위해 노트북 앞에 아이를 앉히는 것은 쉬운 일이 아니었다. 네이버 카페, 커뮤니티에서 초등학생 자녀의 온라인 수업을 케어하기가 어렵다는 불만이 감지되기 시작하였다. 이와 동시에 째깍악어의 홈페이지에도 초등학생 돌봄 신청 시 온라인 줌 수업 보조를 요청하는 케이스가 늘어나고 있었다.

아이들의 줌 클래스 케어가 어려웠던 이유는 재택근무를 하는 부모가 같이 봐주기에는 아이들의 주위가 산만했으며, 할아버지와 할머니가 아이들을 봐주기에는 스마트 기기에 익숙하지 않았기 때문이다. 이 점에 착안하여 '온라인 수업 보조'라는 신규 서비스 종류를 빠르게 3월 첫 주에 오픈하였다.[3] 째깍악어의 젊은 대학생 선생님들이 있었기 때문에 스마트 기기를 활용한 온라인 줌 수업에 적절히 대응할 수 있었다.

째깍악어 측에 따르면 2020년 4월 신규 돌봄 신청이 전월 대비

250% 신장했으며, 째깍악어가 운영하는 콘텐츠와 연결된 검색 유입도 코로나 팬데믹 이전에 비해 170% 증가했다고 밝혔다.[4] 늘어나는 수요에 대응하기 위해서는 교사들의 안정적인 수급이 중요했다. 이를 위해 째깍악어가 눈을 돌린 것은 경력단절 여성이었다. 서울시 산하 서부여성발전센터와 교육 협약(MOU)을 맺어 각 여성발전센터에서 경력단절로 인한 재취업의 어려움을 겪는 보육교사 지원을 진행하였다. 2020년 7월 기준 200명 이상이 교육을 수료하여 째깍악어의 보육교사로 활동하게 되었다.[5]

기존의 경력단절은 육아를 위해서 직장인의 생활을 포기하고 전업주부로 나선 사람들이었다면, 코로나 팬데믹 기간에는 새로운 경력단절의 개념이 등장했다. 바로 코로나 팬데믹으로 인해 일자리를 잃은 선생님들, 예를 들면 백화점이나 마트의 문화센터에 소속된 선생님들이었다. 코로나 팬데믹으로 인해 오프라인 유통 채널의

[그림 8-2] 째깍악어 여성발전센터 교육 장면
출처: 서울경제TV 째깍악어 제공

문화센터 강좌는 폐강하게 되었는데, 이 사실을 파악한 째깍악어는 롯데마트 문화센터에서 어린이를 대상으로 강좌를 진행하고 있는 강사들을 안정적으로 수급받기 위해 제휴를 시작하였다. 문화센터의 강사뿐만 아니라 일자리를 잃은 학원 강사, 초등학교 방과 후 교실 강사들도 '특기교사'라는 유형으로 빠르게 유입하였다.

코로나 팬데믹으로 인해 오픈 여부를 고민했던 오프라인 공간, '째깍섬'의 오픈을 감행하게 되었다. 결국 아이들의 육아와 놀이는 디지털이 100% 대체할 수 없다는 '본질주의'에 착안한 것이다. 실제로 코로나19로 인한 사회활동이 길어지면서 집에만 있기 힘든 아이들이 밖을 나가고 싶어 했다. 부모 입장에서도 아이가 에너지를 마음껏 발산하면서도 어느 정도 신뢰할 수 있는 공간, 믿을 수 있으면서도 육아 노동을 덜어 줄 곳을 찾았다.

째깍섬은 아이들이 마음껏 뛰어놀 수 있는 놀이터와 체험학습을 할 수 있는 째깍섬 클래스로 이루어져 있다. 클래스의 경우 100% 사전 예약제를 통해 인원 수를 적절하게 유지하였으며, 클래스에서 입는 겉옷 유니폼을 빌려줘서 흙을 묻히거나 물감이 묻어도 문제가 없게 편의성을 제공했다. 클래스는 오프라인 체험에서 중요한 신체의 감각을 느낄 수 있는 도시농부, 드로잉, 오감놀이의 클래스 위주로 구성하였다. 디지털 줌 클래스가 대체할 수 없는 오프라인 본질주의에 더욱더 집중한 것이다.

째깍섬은 마케팅 채널로서의 역할도 하게 되었다. 현재 째깍섬은 잠실 롯데월드몰, 일산 차병원, 판교 파미어스몰에 입점되어 있다. 트래픽이 많은 공간에 입점하여 이곳을 찾은 부모들에게 자연스럽게 브랜드 노출을 하게 되었다. 째깍섬에서 선생님이 아이와

[그림 8-3] 째깍섬의 도시농부, 드로잉 프로그램

출처: 째깍악어 홈페이지

함께 놀아 주는 것을 본 부모들은 "이렇게 젊은 선생님이 오는지, 이렇게 재미있게 놀아 주는지, 이렇게 아이가 좋아하는지를 두 눈으로 목격하게 되었다."는 의견을 말하였다. 대형 쇼핑몰에 입점했기 때문에 부모들의 신뢰를 얻게 된 것도 부가적인 효과였다.

째깍섬은 째깍악어의 회원 가입을 해야지만 이용이 가능하다. 이를 통해 신규 회원 가입이 발생하게 되었다. 째깍섬에서의 신규 회원 가입은 째깍섬을 경험하고 간 부모들이 째깍악어의 돌봄 서비스로 확장될 수 있는 기회와 AI 알고리즘 정교화를 위한 데이터를 제공하였다. 그리고 째깍섬에서 사용했던 놀이 세트나 도서들을 구매하는 수요도 생기면서 부가 매출이 확대되는 효과도 발생하였다.

코로나 팬데믹으로 인해 입학이 연기되고 재택근무를 하는 부모들이 업무에 집중하기 위한 수요가 늘어났다는 기사들이 있다.[6] 그래서 째깍악어가 노력한 것보다는 시대의 운이 좋았다는 외부의 평가를 하기도 한다. 하지만 네이버와 구글 트렌드를 분석해 보면 째깍악어, 경쟁사, 아이돌봄 서비스의 검색량 추이가 일정하지 않다는 점, 2020년 하반기로 가더라도 검색량의 진폭이 비슷하다는

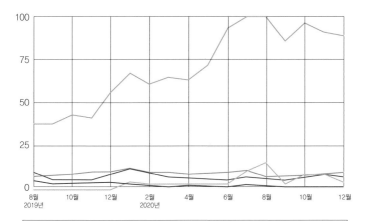

● **째깍악어** │ 째깍악어, 째각악어, 재깍악어
● **자란다** │ 자란다
● **놀담** │ 놀담
● **째깍섬** │ 째깍섬, 째깍섬잠실, 째깍섬일산, 째깍섬판교, 잠실째깍섬, 일산째깍섬, 판교째깍섬
● **아이돌봄** │ 아이돌봄서비스

[그림 8-4] **째깍악어 및 아이돌봄 검색량 추이**

출처: 네이버 트렌드 검색어 트렌드 자체 조사[7]

점, 백신 접종이 시작된 것이 2021년 4월이라는 점에서 째깍악어가
3C를 조합하여 코로나 팬데믹을 극복했다는 점을 주장하고 싶다.

위기 속에서 최대 매출을 경신하다

코로나 팬데믹으로 인해 위기를 극복한 여러 브랜드들 중에서
째깍악어의 케이스는 더 특별한 의미를 가진다. 그 이유는 백신과
치료제를 처방받지 못하는 어린이를 대상으로 한 비즈니스라는 점
이다. 게다가 20대와 30대 선생님들의 경우에는 백신 접종 순위도
후순위였으니 백신 접종의 수혜는 없었다고 봐야 한다.

2016년 연 매출 1000만 원으로 시작한 째깍악어의 매출은 지속적
으로 성장하였다. 코로나 팬데믹을 겪은 2020년 매출은 23억 원으로

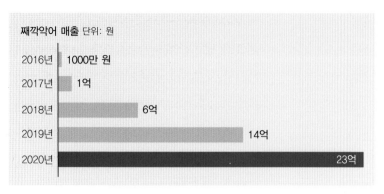

[그림 8-5] 째깍악어 연 매출 추이

출처: 째깍악어 자료제공

전년 대비 64% 신장하면서 성장세를 이어 갔다. 코로나 팬데믹 초기에 집을 방문하는 서비스의 취소가 없거나 백신 접종의 혜택이 적용되었다면 더 유의미한 반등을 이루어 냈을 것으로 보인다.

코로나 팬데믹 이전에 70억 원 규모의 시리즈 A 투자를 완료했던 째깍악어는 2021년 8월 70억 원 규모의 시리즈 A 브릿지 투자를 마무리했다. 당시 기준 누적 투자 유치 금액은 150억 원으로 업계 최대 규모이다.[8]

투자금은 째깍악어의 미래 성장을 위해 사용될 예정이다. 김희정 대표는 "지금까지 확보한 방대한 데이터를 활용해 아동행동 패턴의 근본적인 원인을 파악하는 '아동인지발달 모델링'을 구축하여 언어 장벽 없이 글로벌 진출이 가능할 것"이라고 밝혔다.[9] 이 외에도 추천 매칭 알고리즘 고도화, 메타버스 라이브수업 런칭, 째깍섬 오프라인 거점 확대를 주요 방향으로 투자금 사용 계획을 설정했다. 특히, 메타버스 라이브수업은 가상 공간에서 다수의 선생님과 다수의 아이 매칭을 가능하게 하여 아이들 간의 상호작용 경험을 통한 교육 효과도 도모할 예정이다.[10] 이는 필자들이 리:티핑 포인트로 선정한 '기술주의(technologism)'와 '본질주의(essentialism)'의 컬처 코드에 해당하는 내용과 일맥상통한다.

코로나 팬데믹 시기의 O2O 서비스 기업은 대부분 비슷한 위기를 겪었다. 기존 고객이 예약을 취소하고 신규 고객이 유입되지 않았다. 이 과정에서 위기를 극복한 기업과 무너진 기업의 차이는 새로운 수요를 찾아내고 빠르게 대응하느냐 안 하느냐의 것이었다.

째깍악어가 리:티핑 포인트를 통해 위기를 극복한 사례를 복기해 보자. 검색 유입 데이터 분석을 통해 개학, 등원 연기에 따른 온라인 줌 수업에 대한 수요가 생겼음을 인지한 후 빠르게 관련 '온라인 수업 보조' 서비스를 론칭한 것이 반등의 시작이었다. 늘어나는 수요에 대응하기 위해 경력단절 선생님들을 안정적으로 제공받는 구조도 만들었다. 그 이후 온라인 클래스가 100% 교육 수업을 대체하지 못한다는 점에 착안하여 오프라인 공간인 째깍섬의 활동을 강화하였다. 째깍악어를 몰랐던 부모에게 인지도를 쌓았고, 눈으로 직접 확인하게 함으로써 부모에게 신뢰를 제공하였다. 째깍섬에서 신규 가입한 고객을 째깍악어 돌봄 서비스로 연동하였고, 이 과정에서 데이터를 축적하게 되었다. 매출이 확장되었고 신규 투자가 유치된 것이다.

째깍악어는 이상적인 코로나 팬데믹 극복 사례이지만, '리:티핑 포인트의 구성 요소인 '아너십(Honorship)'의 커뮤니케이션을 확대했으면 어땠을까?'라는 아쉬움이 있다. 째깍악어는 김희정 대표가 워킹맘으로 일을 하면서 직장과 육아의 무너진 밸런스에 답답함을 느껴 창업하였다. 부모에게 안정적인 육아 돌봄을 제공함으로써 직장과 육아의 양립이 가능한 사회를 만들기 위한 회사라는 점을 부각시켰으면 좋았을 것 같다.

째깍악어는 육아로 인해 경력이 단절된 여성들의 경제활동 복귀에도 도움을 주었다. 서울시 산하 여성발전센터와 연계하여 안정적인 일자리를 긱 이코노미(Geek Economy) 형태로 일자리 수를 확대 제공하였다는 점도 강조되었으면 어땠을까? 이러한 사회 문제를 해결하는 진정성의 메시지를 대중에게 소통하였다면 슈퍼 팔로워를 모을 수 있지 않았을까? 코로나 팬데믹 시기에는 진정성의 메시지가 대중에게 더 잘 소구되었을 테니까 말이다.

육아돌봄 서비스는 째깍악어뿐만 아니라 유사한 경쟁 업체들도 제공하고 있다. 아직은 시장의 규모가 크지 않기 때문에 동반 성장을 하는 모습을 띠고 있다. 하지만 향후 성숙기 시장으로 넘어갔을 때나 또 다른 위기가 찾아왔을 때는 슈퍼 팔로워의 유무가 차이를 만들어 낼 수 있다는 점에서 고려해 볼 만한 포인트라고 생각한다.

About 째깍악어

째깍악어는 놀이부터 배움까지 선생님과 아이를 매칭하는 앱 서비스이다. 등하원/이동, 학습, 영어, 창의미술, 놀이돌봄 등을 담당하는 선생님이 등록되어 있으며, 부모는 등록된 클래스 중 자신의 아이에게 필요한 클래스를 신청하면 된다. 만 1세부터 초등학생까지 아이를 둔 부모라면 누구나 신청할 수 있다. 급하게 아이 돌봄을 맡겨야 하는 젊은 엄마들이나 워킹맘들을 타깃으로 한다.

다른 육아돌봄 서비스와의 차별화 포인트는 선생님의 연령대가 젊다는 점이다. 대학생/대학원생, 보육교사, 특기교사들로 이루어져 있으며 양질의 선생님으로 운영하기 위해 까다로운 검증 과정을 합격한 선생님만 활동할 수 있다. 째깍악어는 사회 취약계층 할인, 한부모 가정 할인, 장애인 형제를 둔 비장애인 할인 등을 기업의 후원을 통해 제공한다. 이를 통해 사각지대에 속해 있는 어린이들도 동일한 교육 기회를 누릴 수 있었다. 이 사실이 대학교 선생님들에게 사명감을 제공했고, 선생님의 친구들이 선생님을 등록하는 선순환 구조를 만들었다.[11] 추가적으로 째깍악어 선생님들에게 사회에 먼저 진출한 인생 선배들을 매칭해 주는 시간을 만들어 준 것도 선생님들 사이에서는 좋은 반응이 있었다.[12]

째깍악어의 깐깐한 사전 검증을 통과한 선생님들은 자기 소개 페이지를 통해 부모님을 처음 만난다. 선생님의 소개 페이지에는 '동영상 프로필'을 통해 선생님의 모습을 미리 확인할 수 있으며, 자신 있는 돌봄&학습 분야, 연령대, 누적된 돌봄 시간, 다른 부모님의 리뷰 등을 통해 내 아이와 맞는 선생님인지 미리 매칭해 볼 수 있다.

째깍악어의 아동창의연구소에서는 선생님과 아이들의 성장을 위한 프로그램을 개발한다. 아이들을 위해서는 교보문고, 교원 에듀 등의 파트너와 유아동 교육콘텐츠 발굴 및 협력을 하거나 자체 프로그램 개발을 통해 교육의 질을 높인다.

아이들을 가르치는 선생님의 자질이 서비스의 퀄리티와 직결되는 특성상 선생님의 전문성 강화를 위해서 기초 교육 및 교육 커리큘럼 개발을 도와준다. 이를 통해 부모들의 높은 만족도를 얻었고 지속적인 성장을 하는 중이다.[13]

크레버스
– 팬데믹에도 죽지 않는 교육의 가치로 글로벌을 겨냥하다

■ 3C 조합 – 안티 컨슈머 × 아너십 × 기술주의

코로나19로 인한 교육 환경의 붕괴

코로나19 여파로 교육 현장에서는 이례적인 일상이 펼쳐졌다. 등교 연기와 순차적 온라인 개학, 감염 확산에 의한 등교 중지 등의 소식으로 2020년 상반기는 어수선한 분위기로 흘러갔다.[14] 또, 8월 중순 수도권에서 시작된 코로나 2차 대유행으로 초·중·고 학생 대부분은 집에서 TV나 PC 화면을 보며 수업을 하게 되었다. 오프라인 수업은 중단되고 온라인 수업이 전격 시작되었다.

오프라인 학원 중심인 크레버스 역시 코로나19 확산 방지를 위해 청담어학원, 에이프릴(April)어학원, 아이가르텐 등 주요 브랜드의 봄 학기 개강을 연기하게 되었고, 2020년 1분기 영업이익과 당기순이익은 작년 동기 대비 절반 수준으로 감소하였다.

교육이라는 불변의 가치를 적극 활용하며 위기를 극복하다

크레버스는 위험한 전략으로 평가받았던 실용 영어 교육 중심의 창업이 이루어진 1998년부터 리:티핑 포인트의 3C 요소를 조합한 기업이었다. 즉, 영어 사교육에 대한 학부모들의 불만과 진정성 콘텐츠, 기술주의 환경의 조합으로 성장해 왔다.

따라서 팬데믹 기간 오프라인 학원 운영이 어려운 상황에서도

그림 1. 크레버스의 매출액 및 연간 성장률

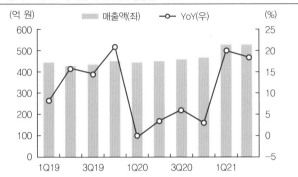

그림 2. 크레버스의 영업이익 및 영업이익률

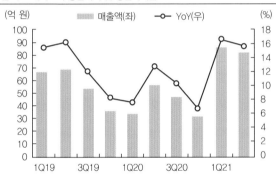

[그림 8-6] 크레버스 최근 실적 추이

출처: IBK투자증권[15]

크레버스는 온라인 라이브 클래스를 통해 위기 상황을 극복할 수 있었다. 이는 2021년 예정이던 VLC(Virtual Learning Class) 도입 시기를 앞당긴 것으로, 200개 브랜치의 비대면 온라인 수업 라이브 클래스 전환을 완비하게 된 결과이다.

첫째, 크레버스는 리:티핑 포인트의 3C 요소 중 불만 고객의 의견을 수용하며 시작되었다. 청담어학원 창업 초기부터 입시 중심의 영어 교육이 해결할 수 없는 말하기·쓰기 실용 영어를 중요하게 생각하는 높은 교육열을 가진 학부모들의 심리를 간파하였다. 청소년 영어 교육 분야에서 학부모 소비자들이 느끼는 불만에서 수요를 찾았던 것이다.

당시 입시 위주의 학습방식 일색의 영어 교육이 대세였음에도 영어권 국가 1년 단기 유학이 유행일만큼 실용 영어가 입시 이후에도 가져갈 수 있는 중요한 지적 자산이라고 생각하는 학부모들이 급속도로 증가하고 있었고, 의사소통 도구로서 영어 교육을 위한 청담어학원의 차별화된 커리큘럼은 교육열이 높은 지역을 중심으로 큰 인기를 끌게 되었다.

둘째, 리:티핑 포인트의 3C 요소 중 진정성 가치를 통해 소비자의 존경과 신뢰를 얻을 수 있었다. 즉, 세계화 시대에 기업의 채용, 교육훈련, 업무환경이 실용 영어가 중심이 되는 추세에서 영어교육을 통해 비판적 사고력을 갖춘 글로벌 인재를 양성하겠다는 노력을 잘 어필하였던 것이다. 입시 스타 강사였던 창업자가 '비입시 실용 영어 중심의 영어 교육'이라는 전략으로 어필한 것은 당시 사교육 시장에서 충격적으로 들릴 만큼 위험한 행보였으나, 인재를 키우는 영어 교육을 위한 진정성을 보여 주며 학부모와 학생들에게 미래에 대한 동기부여를 제공했다.

셋째, 많은 청소년에게 생존 무기가 되는 영어 능력을 갖추도록 하고 싶다는 창업자의 소신은 온라인 콘텐츠 개발에 대한 집중적 투자로 이어졌다. 리:티핑 포인트의 3C 요소 중 기술주의 환경과 조합을 이룬 것이다. 크레버스는 2000년대 후반부터 스마트탭 및 스마트보드를 수업에 활용하고, 디지털 학습교재 제작 및 송출 솔루션을 개발하는 등 스마트러닝 기술에 대한 투자를 지속해 왔다.

또, AI 기술을 과제 첨삭 서비스에 접목해 실시간 문법 첨삭 기능을 구현했으며, 학생들의 몰입도와 학습에 대한 흥미를 향상시키기 위해 증강 및 가상현실 기술이 접목된 콘텐츠를 '아이가르텐' 학습 커리큘럼에 광범위하게 적용하였다.[16]

정리하자면, 크레버스의 리:티핑 포인트 3C 조합은 현행 교육 서비스에 불만을 가진 소비자의 의견에서 시작되어, 더 많은 청소년에게 실용 영어 구사 능력을 갖추도록 하는 진정성을 근간으로, 기술주의 환경에서 영어 교육 콘텐츠와 IT를 융합시키며 영어 교육 분야 디지털 개선을 이루어 온 것이라 설명할 수 있다. 특히, 코로나19 상황이 되자 차근차근 준비해 왔던 에듀테크 역량을 순발력 있게 발휘할 수 있었던 성과는 리:티핑 포인트의 모먼트 콘텐츠로 적기적시의 타이밍을 차지한 것으로 볼 수 있다.

위기일수록 교육이 중요하다는 것을 보여 준 크레버스

크레버스는 코로나19가 점차 기세를 올리던 2020년 3월에 실시간 언택트 영상수업인 라이브 클래스를 출시했다. 정보기술(IT) 인력만 40명 이상 갖출 정도로 투자를 아끼지 않았기에 가능한 대처였다. 코로나19가 재확산되면서 현재 재원생 수의 85%가 라이브 클래스로 교육을 받고 있다.[17]

전국적으로 등교가 중지되었던 팬데믹 초기 오프라인 학원 운영이 어려운 상황에서도 IT 기반 혁신을 가속화하며 위기 상황을 극복할 수 있었다. 크레버스는 개원 연기 중에도 학생들의 학습 공백을 최소화하기 위해 '온라인 실시간 강의', '동영상 강의 콘텐츠' 등을 제공하였고, 특히 코로나19로 인해 매출 공백이 발생하였음에

[그림 8-7] **크레버스 라이브 클래스 비대면 수업**

출처: 크레버스 공식 블로그[18]

도 스마트 클래스 중심의 디지털 개선(digital upgrade)을 가속화하며 코로나19 대응 기반을 마련하였다.

2021년으로 예정되어 있던 VLC 도입 시기를 앞당기며 200개 브랜치의 비대면 온라인 수업 라이브 클래스 전환을 완비하였다. 이와 함께 핵심 사업 부문인 청담어학원과 에이프릴어학원 매출액은 전년 동기와 비교해 20% 이상 증가할 정도로 놀라운 성장률을 보이고 있다. 총 재원생 수는 5만 4000명을 넘어서며 3분기 역대 최대 실적을 달성했으며, 2021년 3분기까지 누적 매출은 1,577억 원, 누적 영업이익은 258억 원을 달성했다.[19]

비입시 실용 영어 학원 사업으로 시작하여, 제휴형 콘텐츠 사업의 전개 및 해외 시장 진출을 거쳐 에듀테크 기업으로 변신하고 있는 크레버스는 2020년부터 코로나19 팬데믹으로 온라인 사업 모델

[그림 8-8] **메타버스 교육 플랫폼 바운시(Bouncy)**

출처: 크레버스 자사 홈페이지[20]

이 활성화됨으로써 재원생 수 성장 폭이 커지고 있는 것을 알 수 있다. 가장 주목할 만한 성과는 코로나 팬데믹 기간 동안 1년간의 라이브 클래스 운영 노하우로 지방 소도시 등 신규 시장 창출을 앞두고 있다는 점이다.

이처럼 신규 시장 진입에 의한 성장 모멘텀을 강화하고 있을 뿐 아니라, 2021년 12월 메타버스 교육 플랫폼 바운시(Bouncy)를 출시했다. 바운시는 에이프릴어학원의 콘텐츠와 소셜 미디어 기능이 결합된 서비스로 국내에서 자리 잡은 뒤 중국, 베트남 등 글로벌 서비스 확장을 목표로 하고 있다.

한국의 21세기 초는 역사상 최악의 경기침체를 겪은 후 그 어느 때보다도 불확실성의 심리가 팽배해 있던 시기였다. 그러한 시기에 출시된 크레버스의 청담어학원은 불확실성과 변동성을 배경으로 강남권의 교육열이 높은 학부모들의 입시 위주 교육에 대한 불만을 수용하며 글로벌 인재 양성의 메카가 되기 위한 노력을 아낌없이 투자하여 학부모들의 존경과 신뢰를 통해 성장할 수 있었다.

팬데믹 위기 상황에서는 온라인 콘텐츠 활용도를 높이며 고정비를 감소시키는 등 성장 모멘텀을 강화하고, 온라인 콘텐츠 중심의 사업 모델 실현과 메타버스 플랫폼 출시에 박차를 가하였다. 이는 기술주의 환경에서 혁신 지향의 코드로 위기를 반전으로 이끌어 내고자 한 것이라 해석할 수 있다.

크레버스는 본질적 가치는 유지하면서 지속적 혁신을 추구하며, 시장 확대를 위한 브랜드 리인벤팅(brand reinventing)을 이루어 냈다. 장 노엘 캐퍼러(Jean-Noel Kapferer) 교수의 브랜드 리인벤팅은 '잘 팔리고 존경받는 오래된 브랜드도 그 본질적인 가치는 유지하되 인터넷의 영향력, 기술 혁신 등을 끊임없이 반영해서 지속적인 재창조 작업을 해야만 브랜드가 성장할 수 있다'는 개념으로 크레버스 사례에 잘 부합하는 것으로 보인다.[21] 한국과 동아시아의 더 많은 청소년이 생존 도구로서 영어를 익히고 글로벌 무대에서 원활한 의사소통을 하는 날이 멀지 않았을 것이라 기대해 본다.

About 크레버스

프리미엄 학원 브랜드 청담어학원과 에이프릴어학원으로 유명한 크레버스는 국내 입시 위주의 영어 교육 시장에서 차별화된 언어사고력 콘텐츠로 지난 20여 년간 프리미엄 영어 교육 시장을 이끌어 왔다. 2005년 사명을 CDI 홀딩스로 변경하였고, 2008년 주식 시장 기업 공개(IPO) 이후 청담러닝으로 사명을 변경했다. 2008년 IT와 교육을 융합한 스마트러닝 사업을 신성장 동력으로 삼고 유아 대상 영어 콘텐츠 렛미플라이(Let me fly)와 SK텔레콤과 제휴한 성인 대상의 잉글리시 빈(English Bean)을 출시하기도 했다.

2012년부터 스마트 클래스를 구축하여 에듀테크에 집중적으로 투자를 해왔으며, 최근 2020년부터 LG유플러스와 제휴를 맺고 '아이들나라 4.0'에 영어 콘텐츠를 공급하며 집콕육아 중인 학부모들에게 인기를 끌고 있다.

크레버스는 설립부터 꾸준히 사업을 확장했다. 지금은 계열사만 21개에 달하는 거대 교육 프랜차이즈 그룹을 구축했다. IBK투자증권 투자리포트에 따르면, 2021년 2분기 기준 2019년 대비 약 20%의 원생 수 증가와 81.6% 영업이익 증가를 보였다.[22] 특히, 2021년 3분기 영업이익은 89억 8952만 원(연결기준)으로 전년 동기 대비 88% 증가했다. 같은 기간 매출액은 526억 2864만 원으로 15.1% 늘었다.

2021년 3분기까지 누적 매출은 1577억 원, 누적 영업이익은 258억 원을 달성했다. 누적 당기순이익은 201억 원으로 전년 동기 대비 150% 이상 증가했으며, 당기순이익은 178억 원으로 전년 동기 대비 169% 늘었다. 별도 영업이익률과 당기순이익률은 각각 23%, 22%으로 이는 국내 상장 교육 기업 중 최고 수준이다.[23]

특히, 코로나19 이후 IT 기반 혁신에 박차를 가하며 온라인 사업 모델 활성화를 위한 성장 모멘텀을 강화하고 있다. 2021년 말 메타버스 교육 플랫폼 바운시(Bouncy) 출시 후 학부모뿐만 아니라 전 국민의 기대를 받고 있는 상황이며, 에이프릴어학원의 콘텐츠와 소셜 미디어 기능이 결합된 서비스로 국내 출시 후, 중국, 베트남 등 글로벌 서비스 확장을 목표로 하고 있다.

김미경
– 시대를 이길 수 없다면 시대를 활용하라

■ 3C 조합–폴리 스페셜리스트 × 모먼트 × 하이퍼 코피티션(기술주의)

평판의 하락과 함께 찾아온 강연 업계의 위기

코로나19로 오프라인 중심으로 소비되던 대부분의 브랜드가 위기를 겪었지만, 강사 김미경이 겪은 위기는 그 어떤 브랜드보다 혹독했다. 2010년대 초반 '국민 강사'로 불릴 만큼 유명세를 탔으나, 코로나19로 오프라인 강의 일정은 '0건'이 되었고, 폐업 위기에 몰렸다. '강사'라는 직업은 순식간에 '코로나19 위험 직업군'으로 전락했다.

김미경 대표는 신문을 보다가 동영상 강의로 등록금을 받을 수 있는 사업 모델을 떠올리게 되었다. 지금까지 쌓아 온 오프라인 콘텐츠를 디지털화해서 '디지털, 정보기술 기업'으로 변신해야겠다고 결심하게 되었다. 디지털 생태계 구조와 작동 원리를 알기 위해 디지털 스타트업 창업자들과 매주 만나고 파이썬과 코딩 수업을 수강하였다.

김미경 대표가 코로나로 겪게 된 위기는 아날로그와 디지털의 경계에서 결단을 내려야 할 상황을 직면하게 만들었다. 그녀는 누구보다 빨리 디지털 교육에 매진한 이유에 대해 코로나 팬데믹으로 세상의 변화가 최소 5년 앞당겨졌기 때문이라 설명하였다. 아날로그 위주의 세상이 디지털로 바뀌었고, 디지털로의 변화는 진짜

빛의 속도처럼 빠르게 진행되었다.

아날로그 국민 강사에서 디지털 교육 기업가로 변신하다

김미경 대표는 '전문가 전달자, 모먼트 콘텐츠, 하이퍼 코피티션 컬처 코드'의 리:티핑 포인트의 3C 조합으로 디지털 교육 기업으로 안착에 집중했다. 30년 가까이 동기부여, 인간관계 등 자기계발 영역에서 강의를 해 왔지만, 코로나19 이후 다양한 영역에서 수준 높은 전문적 강의가 필요해질 것이라 예상하였다. 그녀는 각계 전문가들과 함께 방송을 진행하며 시청자들이 가장 궁금하고 고민되는 이슈를 중심으로 모먼트 콘텐츠를 만들어 내었고, 누구보다 빠른 대응으로 오프라인 콘텐츠를 비대면 온라인 콘텐츠로 전환시켰다.

이 사례는 리:티핑 포인트의 3C 중 전달자로서 전문가 역량과 영향력이 중요하다. 우선 디지털 교육 기업 CEO로서 본인의 전문성을 급속히 강화했다. 혼돈 속에서 질서를 찾기 위해 몸으로 안개 속을 헤맸다. 컨설팅 리포트와 신문을 읽고 학자와 금융계 종사자, 스타트업 혁신가, 자영업자 등을 만나며 안개 속을 더듬다 보니 희미하던 형체가 또렷이 보이기 시작했다.[24]

『리부트(REBOOT)』 출판을 통해 코로나19 이후 달라진 세상을 살아가는 공식으로 '언택트, 디지털 트랜스포메이션, 인디펜던트 워커, 세이프티'의 네 가지 공식에 맞춰서 자기 시나리오를 쓰자고 제안하였다.[25]

다음으로 리:티핑 포인트의 3C 중 하이퍼 코피티션 컬처 코드를 지향하고 있다. MKYU 강의의 95%는 외부 전문가들의 강의로 이루어진다. '글쓰기, 자기계발, 경제 트렌드, 디지털 기기 작동법' 같

[그림 8-9] 김미경의 「리부트」 표지

은 10여 개 교양필수 과목과 50여 개 자율전공 과목이 있고, 매월 5개 이상씩 새로운 콘텐츠를 올린다. '인스타그램으로 사업하는 방법' '스마트 스토어 운영법' '유튜브 방송법' '나만의 디지털 브랜딩' 같은 현장에서 바로 적용 가능한 실전 강의가 큰 호응을 얻고 있다. 심지어 2020년 8월에는 미국의 4대 빅테크(big tech) 기업 CEO와 화상 인터뷰를 하기도 했다.

　특히, 김미경 대표는 온라인 대학 MKYU와 마인즈랩과의 협약을 통해 'AI 휴먼 솔루션을 활용한 콘텐츠 제작 및 상호협력' 업무협약을 맺었으며, 자신과 꼭 닮은 '인공지능(AI) 휴먼' 도입의 첫 사례가 될 전망이다. AI 휴먼은 딥러닝 기반 음성, 영상 합성 기술로 구현한 AI 분신인데, 텍스트만 제공하면 실제 인물과 똑같은 목소리, 말투,

몸짓으로 말할 수 있다. 이제 김미경 대표는 AI 휴먼을 통해 실제 강의를 하지 않고도 수십 수백 개 강의 콘텐츠를 만들 수 있다.[27]

[그림 8-10] **2020년 8월 미국 연방의회 청문회에 화상으로 출석한 미국의 4대 빅 테크 기업 CEO**

출처: 조선일보DB[28]

[그림 8-11] **김미경 대표의 '인공지능 휴먼'**

출처: 한국경제

일상의 회복뿐만 아니라 과거의 명성까지 회복시킨 저력

코로나19에도 불구하고 김미경 대표는 MKYU 유튜브 대학 CEO로 활약하는 중이다. MKYU가 거둔 성과는 눈부시다. 9만 9000원의 연간 구독료를 내는 '열정 대학생(유료 멤버십 회원)'만 6만 명이 넘는다. 2019년 1월에 시작된 MKYU는 코로나19 발발 후 2020년 7~8월 유료 가입이 급증했으며, 무료 회원을 포함한 전체 회원은 10만 명에 달한다. 교양필수 과목과 자율전공 과목으로 프로세스를 나누었는데, 교양필수 강연 콘텐츠 수만 해도 300여 개에 달한다. 직원은 100여 명으로 늘어났고, C레벨 경영진도 3명이나 영입했다. 온라인 강연 플랫폼이 충분한 설득력을 갖고 있고, 수지 타산도 맞다는 얘기다. 김미경 대표는 "원래 하는 일에 디지털 혁신을 꾀한 셈"이라고 설명했다.[29] 거기에 2021년 12월 김미경 TV 구독자는 145만 명이 넘고 업로드된 동영상은 1600여 개이다.

[그림 8-12] 김미경 대표의 MKYU

출처: MKYU 홈페이지[30]

김미경 대표가 코로나 팬데믹을 극복하는 방법은 하이퍼 코피티션을 적극적으로 지향하는 혁신이었지만, 이것을 만들기 위해 우선적으로 코로나19로 의기소침해진 30~50대 여성을 대상으로 용기를 북돋아 주고 자신만의 솔루션을 찾도록 직언과 공감을 제공하였다. 이는 예전부터 20대 실업자 청년들이나 신입사원을 대상으로 한 오프라인 강의에서 세상을 거스르더라도 정정당당하게 자신만의 방법과 길을 찾아야 한다고 일깨웠던 강의에서 강조했던 내용과 크게 다르지 않다.

코로나19 발발 후 6개월 만에 발간하여 베스트셀러가 된 『김미경의 리부트(Reboot): 코로나로 멈춘 나를 다시 일으켜 세우는 법』은 2021년 7월 아마존에서 영문판을 선보이기도 했다. 특히, MKYU에서 화상 인터뷰를 진행했던 인연으로, 『총, 균, 쇠』의 저자인 재러드 다이아몬드(Jared Diamond) UCLA 교수와 세계적 투자자인 짐 로저스(Jim Rogers) 회장의 추천사를 받기도 해서 주목받고 있다.[31]

김미경 TV 구독자는 145만 명을 넘어섰다. 30대부터 50대 사이의 여성이 MKYU 유료 학생의 80%가 넘는다. 이들에게 길을 제시하는 플랫폼은 생각보다 많지 않다. MKYU는 온라인 강연 플랫폼으로 6만 명이 넘는 열정 대학생을 확보하고, 강사 김미경은 100명이 넘는 직원을 둔 CEO로 변신할 수 있었다.

『이코노미스트』 인터뷰에서 김미경 대표는 MKYU의 미래에 대해 학생 개개인의 성향을 분석해서 맞춤화한 교육 콘텐츠를 제공하는 딥테크 기업이 되는 것이라 밝힌 바 있다. 지금 있는 열정 대학생 6만 명의 전공이 6만 개로 제각각 달랐으면 좋겠다는 바람을 말하였다.[32]

〈집사부일체〉등 공중파 방송에서 소통 전문가 '소통령'으로 불리는 김창옥 강사의 경우 유튜브 채널 '김창옥 TV'를 운영하며 방송 출연을 중심으로 활동하고 있다. 다큐멘터리 영화 〈들리나요〉에 출연해 자신의 상처를 드러내고 상처받은 이들을 위로하려는 마음을 보여 주고 있다. 홍보와 마케팅보다 상처받은 사람들에게 위로와 공감을 전하는 김창옥 강의의 본질에 더욱 충실하게 전념하고 있는 모습이다. 코로나19 사태로 대반전을 이룬 김미경 대표의 적극적인 모먼트 대응과 하이퍼 코피티션 전략과 대조를 이루면서도 꾸준히 방송계와 국민의 지지를 받고 있다는 점을 눈여겨볼 만하다.

About 김미경

지난 30년간 대한민국 최고 인기 강사로 명성을 떨친 김미경 대표는 코로나19로 인해 강사로 살아온 삶을 모조리 바꾸게 되었다. 2020년 1월 22일 강의를 마지막으로 강의 수요는 완전히 멈췄고, 유튜브 채널 '김미경 TV'와 유튜브 대학 'MKYU 대학'이 있었지만 20여 명이 일하던 콘텐츠 회사의 주 수익처는 김미경 대표의 강의였기에 회사는 직원들의 월급을 주기도 힘들어진 폐업 위기에 처하게 되었다.

이러한 상황에서 김미경 대표는 혼돈 속에서 나아갈 방향을 얻기 위해 일간지와 각종 코로나 대응에 대한 자료와 도서 등을 공부하게 되었고, 20년 전부터 발전해 왔던 디지털 기술은 코로나19 사태로 인한 사회적 거리두기가 진행될수록 급격히 진화하고 있다는 것을 깨닫게 되었다. 그리고 새로운 세상에 적응하기 위해 직업의 골격만 남기고 그동안의 방식을 바꾸어야 할 때가 온 것이라 생각하게 되었다.

김미경 대표는 위기를 기회로 만들기 위해 속도를 내어 위기대응을 위한 공부를 하고 출판을 하고 MKYU 대학을 통해 각계 각 분야의 전문가와 소통하는 양질의 콘텐츠를 만들며 온라인 강연 플랫폼 CEO로 반전을 이루었다.

위기가 현실이면 위기관리는 전략이다.

— 『퀀텀 마케팅』 저자 라자 라자만나르(Raja Rajamannar) —

나가는 말

    지식은 영원불멸하지 않고 지속적으로 수정과 보완을 거쳐 이론과 법칙으로 나아간다. 중요한 것은 어떤 지식이 그럴 만한 가치가 있느냐이다. 필자들은 수많은 지식 중에서 말콤 글래드웰의 『티핑 포인트』를 그 대상으로 생각했고, 위기 상황에 맞춰 재해석하고 재구성하였다. 『티핑 포인트』는 베스트셀러이자 스테디셀러로서 그럴 만한 가치가 있고, 또 약 20년이 지난 지금의 시점에서도 시사하는 바가 많기 때문이다.

    『티핑 포인트』가 현재에도 유효한 것은 그 뼈대가 탄탄하기 때문이다. 대표적으로 작은 아이디어를 빅 트렌드로 만들기 위한 '사람, 메시지, 상황'이라는 명쾌한 조건은 다양한 비즈니스 상황에서 의사결정을 할 때 중요한 지침이 된다. 이에 대해 생각나는 말이 있다. 제프 베이조스(Jeff Bezos) 아마존 의장은 "10년 후에도 변하지 않는 것에 집중하라."고 한 것이다. 이를 대입해 보면 티핑 포인트의 성공 조건인 '사람, 메시지, 상황'과 리:티핑 포인트의 위기 극복 조건인 '커뮤니케이터, 콘텐츠, 컬처 코드' 조합은 앞으로도 각 상황에 맞게 지속적으로 적용 가능할 것이라고 생각한다. 그런 점에서 독자들은 티핑 포인트와 리:티핑 포인트를 양손에 쥐고 각 상황에 맞는 전략을 선택하기를 바란다.

한편, 필자들은 팬데믹이라는 전대미문의 위기 상황, 앞으로 다양한 위기 상황이 닥칠 것을 감안하여 리:티핑 포인트를 좀 더 세분화하였다. 이렇게 세분화된 조합은 45개 이상의 위기 극복 솔루션을 제공할 수 있음을 알게 되었다. 그리고 필자들은 리:티핑 포인트 조합에 따른 다양한 사례를 제시하여 많은 기업, 브랜드, 사람 등 다양한 분야에서 리:티핑 포인트로 위기를 극복할 수 있음을 증명하였다.

그렇다면 리:티핑 포인트는 누구에게, 언제 필요하고, 어떤 비즈니스에서 적용될 수 있을까. 이에 대해 육하원칙에 따라 요약해서 정리하면 다음과 같다.

리:티핑 포인트의 5W1H

육하원칙	질문의 재정의	질문에 대한 답변
무엇 (what)	리:티핑 포인트는 무엇인가?	티핑 포인트와 달리 위기 상황을 반전시키는 포인트
어떻게 (how)	리:티핑 포인트는 어떻게 도출되었나?	다양한 분야의 방대한 사례 조사, 전문 자료의 조사, 전문가 인터뷰 등
왜 (why)	리:티핑 포인트는 왜 필요한가?	위기를 극복하고 또는 후발 주자가 선두 주자를 쫓아가기 위해, 경쟁에서 이기기 위해, 차별화를 위해
누가 (who)	리:티핑 포인트는 누구에게 필요한가?	위기에 빠진 모든 비즈니스 이해관계자 또는 개인. 만년 2인자 또는 그 이하 그룹

언제 (when)	리:티핑 포인트는 언제 필요한가? 또는 언제 일어나나?	모든 지표가 하락하고 침체되어 갈 때, 반전이 필요할 때
어디서 (where)	리:티핑 포인트는 어떤 비즈니스 에 적용 가능한가?	정책, 전략, 유통, 마케팅, 광고 등 다양한 비즈니스에 적용할 수 있 고, 심지어 사람, 스포츠 팀, 정당 에도 적용 가능

결론적으로 리:티핑 포인트는 기업 경영자, 사업가, 전략가, 마케팅 실무자, 정책 입안자, 자영업자, 크리에이터, 개인, 정당 등 각 업계와 개인 단위에서 활로를 찾기 위해 고군분투하는 사람들을 위한 것이다. 그리고 한마디로 리:티핑 포인트는 새로운 팬데믹 시대에 새로운 해결책을 제시하기 위한 방향성을 제시하는 개념이다.

따라서 리:티핑 포인트를 잘 습득한다면 위기를 극복하고자 할 때 막연하고 추상적인 조언이 아니라 위기 극복을 위한 구체적이고 다양한 옵션이 있다는 것을 깨달을 것이다. 또한 다양한 사례를 통해 개인적으로, 비즈니스적으로 우리 주변에 참고할 수 있는 유사한 위기 극복 사례가 있다는 것을 바탕으로 용기를 얻을 수 있을 것이다.

한편으로는 리:티핑 포인트에서 너무 많은 개념과 사례를 다루는 것이 아닌가 하는 필자들 스스로의 우려도 있었다. 하지만 필자들은 '덜 다루는 것보다 더 다루는 것'이 낫다는 판단을 했다. 왜냐하면 위기라는 불확실성과 변동성에서는 많은 옵션이 있어야 효과적인 대응이 가능할 것이라는 판단이 있었기 때문이다. 결과적으로 리:티핑 포인트는 티핑 포인트보다 더 다양하고 구체적인 해결의 실마리를 제공함으로써 위기 상황에서의 불확실성과 변동성에

대비할 수 있다는 의의가 있다.

그럼에도 불구하고 필자들은 스스로 놓친 커뮤니케이터, 콘텐츠, 컬처 코드는 더 없는지 끊임없이 고민할 것이다. 필자들이 각 분야에서 전문성을 확보하고 있다고는 하지만 사람에 따라, 전문성에 따라, 업종에 따라 위기 상황에서의 커뮤니케이터, 콘텐츠, 컬처 코드는 달라질 수 있기 때문이다. 더불어 필자들은 리:티핑 포인트가 적용된, 적용될 수 있는 더 많은 사례를 추적할 것이다. 그리고 앞으로도 꾸준히 각종 플랫폼을 활용해 리:티핑 포인트가 잘 적용된 성공 사례들을 공유할 것이다.

이런 관점에서 필자들은 독자들에게도 한 가지 제안하고자 한다. 근본적으로 티핑 포인트의 '사람, 메시지, 상황'을 더 좋은 개념으로 재해석하고 재구성할 수는 없을지, 필자들이 놓친 커뮤니케이터, 콘텐츠, 컬처 코드는 무엇일지 함께 고민해 주기를 바란다. 그리고 리:티핑 포인트의 조합에 따라 위기를 극복한 또 다른 사례는 없을지 주위에 관심을 기울여 주기를 바란다. 그런 사고실험과 누적된 사례가 많아질수록 우리 주변에 위기 극복이 필요한 기업, 브랜드, 사람들에게 큰 힘이 되기 때문이고, 성공 방정식이 여럿 있듯 위기 극복 방정식과 알고리즘도 여럿 있을 수 있기 때문이다.

결과적으로 필자들이 리:티핑 포인트를 통해 강조하고 싶었던 것은 다음과 같다. 앞으로 위기는 반복적으로 나타날 것이지만 너무 두려워할 필요는 없다. 위기 때마다 잘 대응해서 위기를 극복했던 기업, 브랜드, 사람, 심지어 스포츠 팀, 정당 등이 무수히 많기 때문이다. 필자들은 이를 최대한 잘 집대성해서 위기 극복에 대한 청사진을 던지고자 하였다.

독자들은 이 책의 가이드와 다양한 사례를 바탕으로 각자의 현실에서 적용해 볼 수 있는 리:티핑 포인트를 찾을 수도 있을 것이다. 그리고 비즈니스적으로, 마지막으로 기업에서의 의사결정 순간에 위기가 닥쳤을 때 리:티핑 포인트를 통해 위기를 극복할 수 있는 실마리를 발견하고 나아가 위기를 쉽게 극복해 나가기를 바란다. 한편, 리:티핑 포인트를 적용할 수 있는 부분이 없다면 이 책에 언급된 방법론과 개념, 그리고 여러 사례를 통해 위기를 반전시킬 수 있는 포인트에 대한 인사이트를 얻기 바란다.

코로나19로 인한 팬데믹과 같은 상황은 10년 뒤든, 언제든 다시 들이닥칠 수 있다. 그뿐만 아니라 위기는 어떤 상황에서든 일어날 수 있다. 하지만 필자들은 그 속에서 뭔가의 실마리를 찾기를 바랐다. 그리고 그 실마리가 정답이라기보다는 방향성이라도 제시해서 도움이 되기를 바랐다. 우리 주변을 보면 그런 위기 속에서 언제나 그것을 극복한 사례를 발견할 수 있기 때문이다. 그것을 놓치지 않고 잘 모아서 도움이 될 수 있는 부분을 추출한다면 그것은 정답에 가까워질 수 있다. 우리는 그렇게 항상 위기를 극복해 왔다. 그리고 앞으로도 그럴 것이다.

커뮤니케이터	콘텐츠	컬처 코드	케이스
안티 컨슈머	아너십	기술주의	크레버스*
		본질주의	오아시스마켓*
		초프리미엄	째깍악어*
		역 매슬로	강남언니*
		하이퍼 코피티션	흥국F&B
	모먼트	기술주의	에어비앤비*
		본질주의	텐먼스*
		초프리미엄	도그메이트
		역 매슬로	와이즐리*
		하이퍼 코피티션	제주항공
	데이터이즘	기술주의	당근마켓*
		본질주의	밀리의 서재
		초프리미엄	SK매직 직수형 정수기
		역 매슬로	캐롯손해보험
		하이퍼 코피티션	두드림퀵
슈퍼 팔로워	아너십	기술주의	빅이슈
		본질주의	오롤리데이*
		초프리미엄	프라이탁
		역 매슬로	성심당
		하이퍼 코피티션	남의 집 프로젝트*
	모먼트	기술주의	NBA
		본질주의	노스트레스버거
		초프리미엄	스테이폴리오*
		역 매슬로	키디키디
		하이퍼 코피티션	더 뉴 그레이*

	데이터이즘	기술주의	트렌비
		본질주의	쏘카
		초프리미엄	신세계백화점 강남점
		역 매슬로	필리
		하이퍼 코피티션	바른생각
폴리 스페셜리스트	아너십	기술주의	퍼스트 플러스 에이드*
		본질주의	식스티세컨즈
		초프리미엄	헤닝
		역 매슬로	용용선생
		하이퍼 코피티션	금돼지식당
	모먼트	기술주의	위키드와이프*
		본질주의	포이 키친
		초프리미엄	러쉬 강남역점
		역 매슬로	팔각도
		하이퍼 코피티션	김미경*
	데이터이즘	기술주의	닥터나우
		본질주의	노비타 살균비데
		초프리미엄	모다모다
		역 매슬로	네고왕
		하이퍼 코피티션	무직타이거

*앞선 케이스 스터디에 언급

부록 2: 2020년 이후 출간된 위기 극복 관련 도서

제목	저자	출판사	출판년월
2030 축의 전환	마우로 F. 기옌	리더스북	2020. 10.
반전의 품격—통쾌하거나 찝찝하 거나 찌질하거나 위대하거나	박재항	위북	2021. 6.

변화는 어떻게 일어나는가-새로운 행동, 믿음, 아이디어가 퍼져나가는 연결의 법칙	데이먼 센톨라	웅진지식하우스	2021. 6.
부의 역발상-원칙과 상식을 뒤집는 부자의 10가지 전략	켄 러스크	유노북스	2020. 8.
업스트림-반복되는 문제의 핵심을 꿰뚫는 힘	댄 히스	웅진지식하우스	2021. 6.
스토리의 과학-팔리는 브랜드에는 공식이 있다	킨드라 홀	윌북	2021. 7.
CHANGE 9(포노 사피엔스 코드)	최재붕	쌤앤파커스	2020. 8.
팬데믹 다음 세상을 위한 텐 레슨-개인의 운명과 세상의 방향을 결정지을 10가지 제언	파리드 자카리아	민음사	2021. 4.
새로운 미래가 온다	다니엘 핑크	한국경제신문사	2020. 11.
모든 것이 달라지는 순간	리타 맥그래스	청림출판	2021. 4.
리질리언스 9-넥스트 노멀, 위기를 기회로 만드는 기업의 생존 전략	류종기	청림출판	2020. 11.
코로나 이후의 세상-트위터 팔로워 총 490만 명, 글로벌 인플루언서 9인 팬데믹 대담	말콤 글래드웰 외	모던아카이브	2021. 9.
크라이시스 마케팅-코로나19를 극복할 세계 석학들의 해법	김기찬 외	시사저널사	2020. 5.
메신저-메시지보다 메신저에 끌리는 8가지 프레임	스티브 마틴, 조지프 마크스	21세기북스	2021. 10.
퀀텀 마케팅-한계를 뛰어넘는 마켓 프레임의 대전환	라자 라자만나르	리더스북	2021. 6.
2022 콘텐츠가 전부다	노가영 외	미래의창	2021. 11.

미주

들어가는 말

1) 이영성(2020. 1. 24.). 사스·메르스·우한 폐렴 …… 바이러스 변이 '10년 주기' 현실화?. 뉴스1.

2) 홍준의(2021. 4. 9.). 스타트업의 흥망성쇠로 보는 '티핑포인트' 마케팅의 명과 암. 뉴스퀘스트.

3) Ho, J. K. K. (2014).

4) Ralston, D. A. (2008).

5) 질 라보(2020. 5. 1.). 경제계도 '큰 정부' 한목소리. 이코노미 인사이트.

6) 한국지능정보사회진흥원 https://www.nia.or.kr/site/nia_kor/ex/bbs/View.do?cbIdx=25932&bcIdx=23065&parentSeq=23065

7) The World Bank govdata360.worldbank.org/indicators/h5083f593?country=BRA&indicator=394&viz=line_chart&years=2000, 2020

8) Edelman Trust Barometer Archive. www.edelman.com/trust/archive

9) 하이투자증권 m.hi-ib.com:442/upload/R_E04/2020/05/[15150417]_201104.pdf

10) Statista https://www.statista.com/statistics/188165/annual-gdp-growth-of-the-united-states-since-1990/

11) World Bank Open Data https://data.worldbank.org/indicator/NY.GDP.MKTP.KD.ZG?end=2020&start=1990

12) 장덕진(2021. 1. 5.). 큰 정부의 시대 …… 방만재정·빅브라더는 막아야 한다. 한겨레.

13) World Economic Forum https://www.weforum.org/agenda/2016/01/the-fourth-industrial-revolution-what-it-means-and-how-to-respond/

14) 『동아비즈니스리뷰』 https://dbr.donga.com/article/view/1201/article_no/9572/ac/magazine

제1부 리:티핑 포인트

1) 하버드비즈니스리뷰(HBR), 동아비즈니스리뷰(DBR), 포브스코리아, 포춘코리아, 매경이코노미, 한경비즈니스, 더스쿠프, 이코노미스트, 이코노미인사이트, 이코노미조선 등

2) 맥킨지, 보스턴, A.K.커니, KPMG, WGSN 등

3) 315쪽에 제시하였다.

01 발 없는 전달자

1) 한영혜(2021. 2. 14.). 유튜버 첫 소득신고 …… 상위 1% 27명, 평균 6억 7000만 원 벌어. 중앙일보.

2) 한국 기준 팔로워 수가 10만 명 이상일 때 메가 인플루언서(mega influencer), 5~10만 명일 때 매크로 인플루언서(macro influencer),

1~5만 명일 때 마이크로 인플루언서(micro influencer), 1만 명 이하일 때 나노 인플루언서(nano influencer)라고 한다. 이를 글로벌 기준에 맞추면 각각 10배의 규모로 생각하면 된다.

3) SocialPubli https://socialpubli.com/blog/influencer-marketing-statistics-2021/

4) 『동아비즈니스리뷰』 https://dbr.donga.com/article/view/1203/article_no/8451/ac/magazine

5) 정용민(2021. 7. 29.). 소리치는 소수 vs. 침묵하는 다수. The PR.

6) New York Times Article Archive https://archive.nytimes.com/www.nytimes.com/library/tech/99/08/cyber/articles/27dunkin.html

7) Aric Jenkins (2019. 12. 20.). Airbnb copes with a bad trip on the road to its IPO. Fortune.

8) 사실 블랙 컨슈머(black consumer)는 용어 자체가 흑인을 연상하게 하는 등 인종차별적인 가치를 담고 있다는 지적을 받고 있다. 그래서 소비자 관련 학계에서는 '문제행동 소비자'라는 표현이 쓰이기도 하고, 해외에서는 '비윤리적 소비자', '나쁜 소비자' 등이 쓰이고 있다고도 한다. 하지만 악성 민원인을 통칭하는 용어로 여전히 블랙 컨슈머가 널리 쓰이고 있고, 독자의 직관적인 이해를 위해 이 책에서는 블랙 컨슈머를 그대로 썼다. 다만, 이에 대한 부연을 각주로 남긴다.

9) 『Harvard Business Review』 https://www.hbrkorea.com/article/view/atype/ma/category_id/5_1/article_no/1732

10) 함철민(2021. 8. 30.). 평점 테러 받고 오히려 신제품 선물한 면도기 브랜드. 인사이트.

11) 스브스뉴스 https://www.instagram.com/p/CUWJnZ_gE7a/?utm_medium=copy_link

12) 김재유(2021. 10. 1.). 이재용 부회장 출소 뒤 '인앱 광고' 싹다 사라져

버린 삼성페이 상황. 인사이트.

13) 최진욱(2021. 9. 7.). 한국차 인색했던 '600만' 유튜버 …… '그냥 사세요'. 한국경제TV.

14) 박지영(2021. 10. 9.). "사장님, 삼성은 40대 '아재폰' 아닙니까?" …… 쓴소리 먹혔나[IT선빵!]. 헤럴드경제.

15) 최용석(2021. 10. 10.). 갤럭시Z 폴드·플립3 형제, 글로벌 판매량 '한 달 만에 200만'. IT 조선.

16) 김종학(2021. 11. 20.). '한국의 아마존'이 어쩌다 …… 쿠팡 주가, 8개월 만에 반토막. 한국경제.

17) 『Harvard Business Review』 https://www.hbrkorea.com/article/view/atype/ma/category_id/5_1/article_no/1732

18) Sumit Adhikari (2021. 12. 6.). Twitter Super Follows Now Available On Android. Android Headlines.

19) New York Tech Editorial Team (2021. 10. 29.). All iOS users can now Super Follow on Twitter. New York Tech Media.

20) Megarani, S., & Dini, J. (2021).

21) 곽정영(2020. 7. 10.). 中 진화하는 소셜마케팅으로 코로나19 위기를 기회로. KOTRA 해외시장뉴스.

22) 유은아, 최지은(2020).

23) OctoPlus Media Global https://www.octoplusmedia.com/2021/02/what-is-private-traffic-2/

24) 장경영(2021. 12. 3.). 고객은 떠나도 팬은 떠나지 않는다. 한국경제.

25) 김지수(2021. 11. 6.). [김지수의 인터스텔라] "인플루언서 효과는 착각 …… SNS 변두리 주목하라" 네트워크 석학의 조언. 조선비즈.

26) Jeffbullas's Blog https://www.jeffbullas.com/turn-customers-into-brand-advocates/

27) Jeffbullas's Blog https://www.jeffbullas.com/turn-customers-into-brand-advocates/

28) 정덕현(2021. 8. 4.). [컬처 읽기] 글로벌 시대, 마니아를 잡아야 하는 이유. CHIEF EXECUTIVE.

29) Tubefilter https://www.tubefilter.com/2019/07/09/influencer-marketing-good-engagement-rates-data/

30) 박미선(2020. 5. 13.). 롯데월드몰, 한 달마다 매장 얼굴 바꾼다 …… '가치공간' 오픈. 이투데이.

31) 임소현(2021. 7. 4.). 오는 손님 또 오게 …… 롯데호텔, 멤버십 혜택 강화 나선다. 뉴데일리경제.

32) 이성균(2021. 5. 24.). 호캉스 플렉스 늘자 VIP 멤버십 가입도 쑥쑥. 여행신문.

33) 나선혜(2021. 10. 18.). CJ푸드빌 빕스, 코로나19 불구 매출↑ …… 단골 고객 공략 주효. FNTIMES.

34) 조성일(2021. 9. 1.). [신경영 트렌드] 느슨한 연대의 시대, 커뮤니티십이 부상한다. CHIEF EXECUTIVE.

35) 권경은(2021. 6. 24.). 나이키·코카콜라·애플의 공통점은? …… 21세기 아이코닉 브랜드를 만드는 4가지 요소. 브랜드브리프.

36) 구아정(2021. 5. 31.). 브랜드에서는 왜 커뮤니티를 만들기가 어려울까?. 패션포스트.

37) 조성미(2021. 7. 14.). [AD톡] 비스포크가 영화와 음악으로 확장됐다. The PR.

38) 김송호(2021. 2. 23.). [김송호의 과학단상 ⑤] 코로나19가 기업 경영 환경에 미치는 영향. 메가경제.

39) 김지수(2020. 1. 4.). [김지수의 인터스텔라] "혼자 사회 가속화 …… 좋아하는 일 해야 살아남는다" 송길영. 조선비즈.

40) 에델만코리아 https://www.edelman.kr/sites/g/files/aatuss416/
files/2020-09/2020%20Edelman%20Trust%20Barometer%20Specl%20
Rept%20Brand%20Trust%20in%20 2020%20S.%20Korea_KOR.pdf

41) 조성미(2021. 4. 21.). 나는 '임플로이언서'다. The PR.

02 문제는 콘텐츠

1) 더글라스 B. 홀트 저, 윤덕환 역(2021).

2) 장경영(2021. 10. 14.). 소비자가 원하는 창의성은 시대적 맥락에서 찾
아야 한다. 한국경제.

3) 박철한(2021. 1. 25.). [Opinion] 세상의 모든 '떡상'을 이걸로 설명할 수
있지 않을까? [도서]. 아트인사이트.

4) Facebook https://about.fb.com/news/2020/09/introducing-a-
forwarding-limit-on-messenger/

5) 황부영(2015. 6. 8.). 말로만 진정성? 이제 그만하자. The PR.

6) 김지수(2021. 1. 16.). [김지수의 인터스텔라] "진정성 사회 가속화 ……
개인도 기업도 룰 지켜야 생존한다" 송길영. 조선일보.

7) 박소정(2020. 12. 10.). 배민 '자란다데이 2020' 성료 …… 코로나 생존
키워드는 진정성, 속도, 브랜드. 뉴데일리경제.

8) 박소정(2020. 12. 10.). 배민 '자란다데이 2020' 성료 …… 코로나 생존
키워드는 진정성, 속도, 브랜드. 뉴데일리경제.

9) 이수빈(2021. 2. 1.). 투명사회 '진정성'이 답이다. 중소기업신문.

10) 강민(2021. 9. 2.). [단독] 신세계푸드몰 오발행 쿠폰, 정상처리키로. 시
사포커스.

11) 정수환(2021. 7. 27.). 생리, 털, 수유, 고환 …… '바디 포지티브' 넘어
'내추럴 포지티브'로. The PR.

12) Campaigns of the World https://campaignsoftheworld.com

13) 성유진(2021. 9. 19.). "우린 진짜 스팸" "국산 김치" ⋯⋯ 이 인증 받으러 식당들 줄 선다고?. 조선일보.

14) eyesmag https://www.eyesmag.com

15) Hilton https://www.hilton.com/en

16) 성유진(2021. 9. 19.). "우린 진짜 스팸" "국산 김치" ⋯⋯ 이 인증 받으러 식당들 줄 선다고?. 조선일보.

17) 최영호(2020. 7. 30.). 한국광고학회, "언택트 시대, 광고와 마케팅의 새로운 트렌드를 논하다". 매드타임스.

18) Cailey Rizzo (2020. 4. 28.). Hilton Revamps Its Cleaning Protocols With the Help of Lysol and the Mayo Clinic. Travel+Leisure.

19) 안준영(2020. 9. 4.). "맛없으면 100% 환불" 약속 지켜도 남는 장사인 놀라운 이유를 알아봤다. 위키트리.

20) 방영덕(2021. 11. 26.). 정품 아니면 200% 환불 통했다 ⋯⋯ 月320억 매출 찍고 압구정 사옥 산 이 회사. 매일경제.

21) 정용민(2021. 7. 29.). 소리치는 소수 vs. 침묵하는 다수. The PR.

22) 정용민(2021. 7. 29.). 소리치는 소수 vs. 침묵하는 다수. The PR.

23) 『Harvard Business Review』 https://www.hbrkorea.com/article/view/atype/ma/category_id/3_1/article_no/1771

24) 안규호(2021).

25) 배세진(2021. 5. 20.). 빙그레 요플레 토핑-이 광고 진짜 컨펌한 것 맞나요?. AP신문.

26) 빙그레 www.bing.co.kr

27) KFC https://www.kfckorea.com

28) 전재욱(2021. 3. 3.). 단점을 장점으로 ⋯⋯ 쿨내 진동하는 '유결점 마케팅'. 이데일리.

29) 이시내, 민동원(2016).

30) 에델만코리아 https://www.edelman.kr/sites/g/files/aatuss416/
files/2020-09/2020%20Edelman%20Trust%20Barometer%20Specl%20
Rept%20Brand%20Trust%20in%20 2020%20S.%20Korea_KOR.pdf

31) 에델만코리아 https://www.edelman.kr/sites/g/files/aatuss416/
files/2020-09/2020%20Edelman%20Trust%20Barometer%20Specl%20
Rept%20Brand%20Trust%20in%20 2020%20S.%20Korea_KOR.pdf

32) 제일기획 매거진 https://blog.cheil.com/magazine/43744

33) 은현주(2021. 8. 2.). 식상한 '바닐라 콘텐츠'가 되지 않으려면? ……
"공감 바탕으로 한 의외성이 핵심". 브랜드브리프.

34) Claeys, A. S., & Cauberghe, V. (2012).

35) Preeti Prakash (2020. 5. 22.). How Top Brands Leverage Moment
Marketing And How You Can Too (Examples & Insights). WebEngage.

36) Cathryn Boyes (2020. 8. 25.). It's just good: KFC drops 'finger lickin'
'amid pandemic'. The New Daily.

37) 장경영(2021. 10. 22.). 이용자의 경험 공유를 유도해 브랜드 친밀감 높
였다. 한국경제.

38) 최용준(2020. 6. 12.). 현대약품, 미에로화이바 '5초 광고'로 효과. 파이
낸셜뉴스.

39) 청정원 https://www.chungjungone.com

40) 김효혜(2021. 4. 11.). 부먹 찍먹? 이제는 '갓먹' 시대. 매일경제.

41) 장경영(2021. 11. 26.). 신규 고객, 가입 후 3일에 달렸습니다. 한국경제.

42) 김희연(2021. 8. 10.). '광고 천재'로 불리는 배우 라이언 레이놀즈의
'패스트버타이징' 전략. 브랜드브리프.

43) 당근마켓 https://www.daangn.com

44) 김주완(2021. 10. 8.). 당근마켓, 하이퍼로컬 서비스 1위된 비결. 한국

경제.

45) 최재붕(2019).

46) 성욱제, 정은진(2020).

47) 박경호(2021. 1. 14.). [코로나19 백신] 코로나19 1년 …… '인포데믹'과 끝나지 않는 싸움. KBS.

48) 제일기획 매거진 https://blog.cheil.com/magazine/43810

49) 박경호(2021. 1. 14.). [코로나19 백신] 코로나19 1년 …… '인포데믹'과 끝나지 않는 싸움. KBS.

50) 김지수(2021. 1. 16.). [김지수의 인터스텔라] "진정성 사회 가속화 …… 개인도 기업도 룰 지켜야 생존한다" 송길영. 조선일보.

51) 성민주(2021. 7. 25.). 그린피스, 고래가 기후변화 재앙의 해결사, 고래 몸 자체가 거대 이산화탄소 제거 탱크. CIVIC뉴스.

52) 성민주(2021. 7. 25.). 그린피스, 고래가 기후변화 재앙의 해결사, 고래 몸 자체가 거대 이산화탄소 제거 탱크. CIVIC뉴스.

03 위기 속 컬처 코드

1) Oxford Lexico Dictionary https://www.lexico.com/definition/technologism

2) Keren (2019. 2. 12.). What is 'Neo-Technologism' and Why You Should Care About It. Medium.

3) 우리 몸에서 면역 반응을 일으키는 단백질 또는 단백질 조각을 만드는 방법을 세포에게 가르쳐 전염병에 대한 보호 기능을 제공하는 새로운 유형의 기술이다.

4) CDC https://korean.cdc.gov/coronavirus/2019-ncov/index.html

5) 한경닷컴 사전 https://dic.hankyung.com/apps/economy.

view?seq=5578

6) 신동훈, 이승윤, 이민우(2021. 2. 8.). 한국 기업이 '디지털 전환'에 성공하려면?. 채널예스.

7) 윤선영(2020. 4. 16.). [Biz times] 온라인 매장 하나 열었다고 디지털 전환? ⋯⋯ CIO에 맡기지 말고 리더가 직접 챙겨야. 매일경제.

8) 안상현(2021. 1. 11.). [Mint] 롯데마트 '다크 스토어' 매출 90% 폭증 ⋯⋯ 배민 'B마트' 요기요 '요마트' 확 늘린다. 조선일보.

9) Ivana Kotorchevikj (2021. 6. 30.). Deep Brew: Transforming Starbucks into an AI & data-driven company. Medium.

10) 은현주(2021. 7. 22.). "대의명분 아닌, 진짜 변화 추구" ⋯⋯ 코로나19가 바꾼 브랜드 커뮤니케이션. 브랜드브리프.

11) Criteo https://www.criteo.com/blog/10-consumer-behaviors-shaping-the-new-normal/

12) 강상구(2009).

13) 강상구(2016).

14) 김희연(2021. 7. 7.). 버거킹은 왜 20년 만에 로고를 바꿨을까 ⋯⋯ '본질'에 집중한 리브랜딩 전략. 브랜드브리프.

15) 김희연(2021. 7. 7.). 버거킹은 왜 20년 만에 로고를 바꿨을까 ⋯⋯ '본질'에 집중한 리브랜딩 전략. 브랜드브리프.

16) Faraji-Rad, A., Melumad, S., & Johar, G. V. (2017).

17) Galoni, C., Carpenter, G. S., & Rao, H. (2020).

18) 2021 서울국제도서전 https://sibf.or.kr/2021/exhibition/sibfbook/

19) 성범수(2021. 9. 29.). OLDIES BUT GOODIES. ARENA.

20) 송혜진(2021. 10. 22.). 아빠가 사오던 치킨, 국민 물병 델몬트 ⋯⋯ '아는 맛'이 무섭게 팔린다. 조선일보.

21) 이동은(2021. 4. 22.). "추억을 팝니다" ⋯⋯ 식품업계 복고마케팅 열

풍. 식품외식경제.

22) 김채영(2021. 11. 6.). "패밀리 레스토랑 다 망했다는데" …… 1세대 '아웃백'의 이유 있는 독주. 이코노미스트.

23) 남정민(2021. 9. 24.). 코로나19 직격탄 맞은 LCC가 사는 법. 한국경제.

24) 윤성열(2021. 10. 1.). "과거·현재·미래 응축" …… 오리지널리티에 집중한 '쇼미10'[종합]. 스타뉴스.

25) 서병기(2021. 12. 4.). '쇼미10' 조광일 우승, 신스 준우승 …… '정통 힙합' 통했다. 헤럴드경제.

26) 최인수(2021. 1. 6.). 보테가베네타, 모든 SNS 계정 폐쇄. 패션포스트.

27) 김은영(2021. 1. 7.). [2021 컨슈머 ⑤] "아마존에서 안 팔아" 나이키 '신의 한수' 통했다. 조선비즈.

28) 홍다영(2020. 10. 16.). 공무원, 컨설턴트에서 '정용진의 남자'가 된 강희석의 '한 방'은 신선식품이었다. 조선일보.

29) 김보현(2021. 9. 3.). '쇼핑도 체험' 코로나와 MZ세대가 바꾼 백화점 공간 브랜딩. 비즈한국.

30) 김신혜(2021. 9. 7.). '시몬스 테라스' 3주년 …… 누적 40만 명 방문. 산업경제신문.

31) 김정우(2021. 9. 9.). "물건 안 팔아도 괜찮아요" …… 달라진 기업들의 '공간 활용법'. 한경BUSINESS.

32) 『Harvard Business Review』 https://www.hbrkorea.com/article/view/atype/ma/category_id/8_1/article_no/1751

33) 오정은(2021. 9. 7.). "30세 임영웅 → 62세 이문세로 …… 매출 1000억 깨진 밀레의 '실험'. 머니투데이.

34) 전설리(2021. 9. 16.). 커피, 다시 기본으로 …… 에스프레소에 빠지다. 한국경제.

35) 박수호(2021. 8. 24.). '하이퍼로컬'이 뜬다 …… 당근마켓 몸값 3조 '동

네 생활권'이 숲. 매일경제.

36) 신수지(2021. 11. 18.). 우리가 망할 줄 알았죠? 에어비앤비 퍼펙트 부활시킨 역발상. 조선일보.

37) 이준영(2019. 7. 27.). 불황기 소비는 양극화로 간다. 주간동아.

38) 이준영(2019. 7. 27.). 불황기 소비는 양극화로 간다. 주간동아.

39) 변희원(2021. 5. 23.). 초고가 · 초저가만 잘 팔린다 …… 국내 소비 'K자 양극화'. 조선일보.

40) 조현숙(2021. 8. 10.). 소비도 K자 양극화, 백화점 매출 최대, 슈퍼 · 잡화점 급감. 중앙일보.

41) 변희원(2021. 5. 23.). 초고가 · 초저가만 잘 팔린다 …… 국내 소비 'K자 양극화'. 조선일보.

42) IMF https://www.imf.org/en/Publications/SPROLLS/covid19-special-notes

43) 박해영(2021. 4. 15.). 팬데믹에도 줄줄이 가격 올린 명품, 국내 매출 급상승. 어패럴뉴스.

44) 이지나(2021. 6. 22.). LVMH가 1조 원 들여 리노베이션한 '라 사마리텐' 백화점이 드디어 문을 열었다. 아이즈매거진.

45) Vogue Business https://www.voguebusiness.com/consumers/the-lvmh-game-plan-for-la-samaritaine

46) 안성희(2021. 3. 15.). [월요기획] 잇미샤 등 영캐릭터, 고급화 전략 통했다. 패션비즈.

47) 민경진(2021. 10. 14.). 시몬스, 사상 첫 연 매출 3000억 원 달성 비결. 한국경제.

48) 장주영(2021. 8. 18.). 호텔 식당 모두 죽을 맛인데 …… 창사 이래 최대 호황 리조트 비결이……. 매일경제.

49) 정병준(2021. 5. 31.). "아무나 안 받습니다!" 플랫폼 진입장벽 높이자

미주

서비스 재구매 고객 60%로 증가. 사례뉴스.

50) 사실 매슬로의 욕구 피라미드는 여러 오류가 있음이 학계에서 증명되었다. 하지만 필자들은 매슬로의 욕구 피라미드에서 인간의 욕구 우선순위가 위기 상황에서 거꾸로 뒤집힐 수 있다는 그 자체에 주목하였다.

51) 제일기획 매거진 https://blog.cheil.com/magazine/43810

52) ULTRAsomething https://www.ultrasomething.com/2012/11/the-inverted-maslow/

53) ULTRAsomething https://www.ultrasomething.com/2012/11/the-inverted-maslow/

54) McKinsey & Company https://www.mckinsey.com/industries/retail/our-insights/redefining-value-and-affordability-in-retails-next-normal

55) Criteo https://www.criteo.com/blog/10-consumer-behaviors-shaping-the-new-normal/

56) 김설아(2020. 9. 2.). '코로나19' 소비트렌드도 바꿨다 …… 브랜드 대신 '품질 · 가격' 따지는 실속 소비↑. 머니S.

57) McKinsey & Company https://www.mckinsey.com/industries/retail/our-insights/redefining-value-and-affordability-in-retails-next-normal

58) 고병수(2021. 10. 13.). 메가커피 '이유 있는' 고속성장. 내일신문.

59) 노승욱(2021. 10. 28.). 메가커피 vs 컴포즈커피, 둘이 합쳐 3천 개 눈앞 …… 최단 기간 최대 확장. 매경이코노미.

60) 나원식(2021. 10. 10.). '진격의 이단아' 맘스터치의 3兆 시장 정복史. 신동아.

61) 맹진규(2021. 8. 29.). 메가커피, 2년 연속 100% 성장한 '가성비 甲' 커피브랜드. 한국경제.

62) 김은영(2021. 9. 24.). '노브랜드' 무한 확장한다던 정용진, 버거 이어 피자에도 도전. 조선비즈.

63) 나원식(2021. 10. 10.). '진격의 이단아' 맘스터치의 3兆 시장 정복史. 신동아.

64) 고수리(2021. 10. 1.). 펭귄처럼, 우리들도 '허들링'[관계의 재발견/고수리]. 동아일보.

65) 문화일보 http://www.munhwa.com/news/view.html?no=20200504 01031442000001

66) 삼정KPMG https://home.kpmg/kr/ko/home/media/press-releases/ 2021/11/press-releases-11.html

67) 은현주(2021. 7. 28.). "틱톡에서 대박" …… 아보카도 화장품 사례로 배우는 '브랜드의 발전적 재건'. 브랜드브리프.

68) 정수환(2020. 10. 21.). [요즘 콜라보 ①] 즐길거리 던지기. The PR.

69) 정수환(2020. 10. 22.). [요즘 콜라보 ②] 의외성의 법칙. The PR.

70) 김혜원(2021. 10. 20.). [시선집중] 장수브랜드의 이유 있는 변신 …… 이름값에 신선함 더했다. 업타운뉴스.

71) 이종석(2020. 11. 20.). 점점 더 과감해지는 콜라보레이션, 효과는. 어패럴뉴스.

72) 정수환(2020. 10. 23.). [요즘 콜라보 ③] 새로운 의미부여. The PR.

73) 백민정(2021. 7. 15.). 9시 땡 하면 2분 만에 '완판 막걸리' …… 곰표 붙으면 대박, 왜?. 중앙일보.

74) 김정우(2021. 11. 23.). 유니클로부터 삼성전자까지 …… 컬래버레이션으로 MZ세대에 스며든 '협업의 장인들'. 한경BUSINESS.

75) 남정민(2021. 9. 24.). 코로나19 직격탄 맞은 LCC가 사는 법. 한국경제.

76) 전 세계가 인터넷이라는 하나의 네트워크를 중심으로 거미줄처럼 긴밀하게 연결되어 있다는 뜻이다.

77) 이정민(2021. 2. 1.). 하이퍼커넥션, 뉴 장르 찾아라. 패션비즈.

제2부 위기와 불황기를 극복한 기업

04 아름다운 포인트

1) 더 뉴 그레이 https://www.thenewgrey.com

2) 더 뉴 그레이 인스타그램 www.instagram.com›_thenewgrey

3) 포럼M(2021. 8. 20.). 배 나온 우리 아빠가 '패피'된 사연: 더뉴그레이의 패션 콘텐츠 마케팅 전략. 퍼블리.

4) 신세계 인터내셔날 www.sikorea.co.kr

5) 텐먼스 인스타그램 www.instagram.com›studio10months

6) 이지원(2017. 3. 16.). 힐링페이퍼 홍승일 대표. 메디게이트 뉴스.

7) 문지현(2021. 12. 10.). 힐링페이퍼 황조은 이사 인터뷰.

8) 김영인(2021. 8. 31.). 미용의료 정보 플랫폼 강남언니는 어떻게 일본에 진출했는가?. 아산기업가리뷰.

9) 이지원(2017. 3. 16.). 힐링페이퍼 홍승일 대표. 메디게이트 뉴스.

10) 플래텀(2021. 6. 10.). 미용의료 정보 플랫폼 '강남언니', 누적 앱 가입자 300만.

11) 모비인사이드(2021. 3. 16.). 미용의료 정보 플랫폼 강남언니는 어떻게 일본에 진출했는가?.

12) 힐링페이퍼 https://www.healingpaper.com

13) 장윤서(2021. 3. 10.). 성형앱 '강남언니', 일본 여성 사로잡다 …… "현지화 4개월 만에 플랫폼 1위". 조선비즈.

14) 장민제(2021. 10. 5.). 바비톡 vs 강남언니 10조 미용성형 시장 주도권 경쟁. 신아일보.

15) 홍승용(2020. 12. 9.). 강남언니 "전국 성형외과 3곳 중 1곳은 여기에 있다". 매일경제.

1) 위키드와이프 https://www.wkd-seoul.com

2) 남윤진(2020. 7. 10.). 모든 게 완벽하게 준비되어 있는 와인 피크닉. 에스콰이어.

3) 「주세법」상 주류의 구독 서비스는 최초 1회 오프라인 결제를 한 후에 집으로 배송받을 수 있다.

4) 이미주(2020. 4. 6.). 위키드와이프 이영지 대표. 여성동아.

5) 클래스 101 https://class101.net/products/c9I5jPKZSiMHpCsFPEUW

6) 100%의 절대 공식은 아니지만 일반적인 와인 입문자들에게 페어링에 대한 개념을 설명할 때의 경우를 예로 들었다.

7) 퍼스트 플러스 에이드 https://firstaid.kr

8) 노희영(2020).

9) 네이버 블로그 유딩's 작은서랍 https://blog.naver.com/rnb_luvz

10) 오아시스마켓 https://www.oasis.co.kr

11) 나건웅(2021. 12. 3.). 치열한 새벽배송 경쟁 …… 관록의 컬리, 규모의 SSG, 복병 오아시스. 매경이코노미.

12) 신승윤(2021. 8. 24.). "새벽배송업계 유일한 흑자기업", '오아시스'가 물류하는 법. Byline Network.

13) 김민지(2021. 6. 3.). 마켓컬리 초기투자자 지분전량 털고 오아시스로 갈아탄 배경은?. 뉴스웨이.

14) 김민지(2021. 6. 3.). 마켓컬리 초기투자자 지분전량 털고 오아시스로 갈아탄 배경은?. 뉴스웨이.

15) 노유정(2021. 7. 15.). 오아시스·메쉬코리아, 퀵커머스 가세. 한국경제.

16) 조민음(2021. 11. 28.). 달아오른 신선식품 새벽배송 …… 오아시스, 오프라인 확장 눈길. 디지털투데이.

미주

17) 홍성용(2021. 12. 10.). 새벽배송 삼국지 '쩐의 전쟁'이 펼쳐진다 ……
SSG닷컴, 마켓컬리, 오아시스 기업가치 '쑥쑥'. 매일경제.

18) 장원수(2021. 6. 2.). 오아시스마켓, IPO 대표주관사로 한국투자증권
추가 선정. 뉴스투데이 E.

06 공간의 포인트

1) 남의 집 프로젝트 https://naamezip.com

2) 김성용(2021. 9. 27.). 남의집, 당근마켓에서 투자받다. 남의집 프로젝
트 브런치.

3) 남의 집 프로젝트 브런치 brunch.co.kr›magazine

4) 김보경(2021. 11. 27.). 코로나에도 수백억 투자받은 여행 스타트업들
…… 향후 전망은?. 아시아경제.

5) 남의 집 프로젝트(2021. 12. 7.). 남의 집이란. 남의집 프로젝트 홈페이지.

6) 폴인 https://www.folin.co/story/689

7) 스테이폴리오 https://www.stayfolio.com

8) 오한준(2021. 10. 12.). 블랭크 '모도리', 스테이폴리오와 "주방휴家" 진
행. 데일리경제.

9) 차주경(2021. 4. 1.). 첨단 기술이 줄 건강한 생활 체험 '다이슨 헬시 홈'.
IT조선.

10) 신수지, 오명언(2021. 11. 18.). 우리가 망할 줄 알았죠? 에어비앤비 퍼
펙트 부활시킨 역발상. 조선일보.

11) 신수지, 오명언(2021. 11. 18.). 우리가 망할 줄 알았죠? 에어비앤비 퍼
펙트 부활시킨 역발상. 조선일보.

12) 에어비앤비 https://www.airbnb.co.kr

13) 에어비앤비 https://www.airbnb.co.kr/resources/hosting-homes/a/

communicate-easily-with-airbnbs-new-translation-engine-462

14) 신수지, 오명언(2021. 11. 18.). 우리가 망할 줄 알았죠? 에어비앤비 퍼 펙트 부활시킨 역발상. 조선일보.

15) 강일용(2018. 1. 2.). [IT CEO 열전] 에어비앤비 창업자 3인, 성공의 비 결은 절실함 …… 운도 따랐다. IT DONGA.

07 쇼핑의 포인트

1) 장경영(2021. 5. 7.). 와이즐리, 고객의 '진짜 니즈' 충족시키는 마케팅. 한국경제.

2) 함철민(2021. 8. 30.). 평점 테러 받고 오히려 신제품 선물한 면도기 브 랜드. 인사이트.

3) 장경영(2021. 5. 7.). 와이즐리, 고객의 '진짜 니즈' 충족시키는 마케팅. 한국경제.

4) 장경영(2021. 5. 7.). 와이즐리, 고객의 '진짜 니즈' 충족시키는 마케팅. 한국경제.

5) 와이즐리 https://www.wiselycompany.com

6) 장경영(2021. 5. 7.). 와이즐리, 고객의 '진짜 니즈' 충족시키는 마케팅. 한국경제.

7) 김현우(2021. 9. 7.). 면도기 구독 서비스 와이즐리, 두피케어 브랜드 '헤 드웍스' 론칭. 글로벌경제신문.

8) 헤드웍스 브런치 https://brunch.co.kr/@headworks

9) 『동아비즈니스리뷰』 dbr.donga.com/article/view/1901/article_ no/10117/ac/a_view

10) 장경영(2021. 5. 7.). 와이즐리, 고객의 '진짜 니즈' 충족시키는 마케팅. 한국경제.

11) 폴인 https://www.folin.co/story/1831

12) 오롤리데이 https://oh-lolly-day.com

13) 폴인 https://www.folin.co/story/1841

14) 오롤리데이 인스타그램 www.instagram.com>ohlollyday.official

15) 윤혜주(2021. 5. 12.). 한국 브랜드 '오롤리데이' 매장이 중국 본토에 떡하니. MBN.

16) 오롤리데이 뉴스레터 https://stibee.com/api/v1.0/emails/share/oMWk1YGUmRnSijPprbSwu5CLZCfniQ

17) 폴인 https://www.folin.co/story/1831

18) 이준호(2021. 12. 8.). "혹시 당근이세요?" …… '요즘' 중고거래 직접 해봤습니다. AsiaA.

19) 김무연(2020. 10. 6.). 물 흐리는 업자 발 못 붙인다 …… AI 동원한 당근마켓. 이데일리.

20) 김무연(2020. 10. 6.). 물 흐리는 업자 발 못 붙인다 …… AI 동원한 당근마켓. 이데일리.

21) 위시켓(2021. 2. 16.). 당근마켓이 고객의 문제를 해결하는 방법. ㅍㅍㅅㅅ.

22) 이돈주(2021. 6. 18.). 당근마켓 '매너온도' 아시나요 …… 이용자 열광 이유 있다. EBN산업경제신문.

23) 김문선(2021. 4. 26.). 중고거래 업종 뚜렷한 성장세 …… 당근마켓 점유율 93%. 플래텀.

24) 유현욱(2021. 1. 11.). 당근마켓, 지난해 무료 나눔 210만 건 돌파. 이데일리.

25) 위시켓(2021. 2. 16.). 당근마켓이 고객의 문제를 해결하는 방법. ㅍㅍㅅㅅ.

26) 이영아(2021. 11. 23.). 월 이용자만 1600만 명 …… 증권가가 바라본

'당근마켓'의 성공비결은. TechM.

27) 김문선(2021. 4. 26.). 중고거래 업종 뚜렷한 성장세 …… 당근마켓 점 유율 93%. 플래텀.

28) 이영아(2021. 11. 23.). 월 이용자만 1600만 명 …… 증권가가 바라본 '당근마켓'의 성공비결은. TechM.

08 배움의 포인트

1) 째깍악어 http://www.tictoccroc.com/

2) 김희정(2020. 11. 10.). 째깍악어, 고피자, 캐시노트가 코로나 위기를 극 복하는 방식. 신한 스퀘어브릿지 유튜브.

3) 성호철(2021. 10. 29.). [스타트업] 째깍악어 김희정 창업가와 Q&A. 조 선일보.

4) 하광옥(2020. 4. 24.). After Corona19 소비트렌드는?. 팜인사이트.

5) 서정덕(2020. 6. 24.). 째깍악어, 경력단절에 따른 재취업 문제 해결사로 나서. 서울경제TV.

6) 이윤주, 박소영(2020. 4. 24.). 온라인 개학 이후 돌봄교실 이용 급증 …… 민간 돌봄서비스 이용도 급증. 한국일보.

7) 네이버 트렌드 검색어 트렌드 이형기 자체 조사

8) 김문선(2021. 8. 9.). 째깍악어, 70억 원 규모 시리즈 A 브릿지 투자 마무 리 …… 누적 투자금 150억 원. Platum.

9) 김문선(2021. 8. 9.). 째깍악어, 70억 원 규모 시리즈 A 브릿지 투자 마무 리 …… 누적 투자금 150억 원. Platum.

10) 김명희(2021. 8. 1.). '돌봄'도 플랫폼 고도화 …… 째깍악어, 메타버 스·알고리즘 개발 추진. 전자신문.

11) 세바시 https://www.youtube.com/watch?v=-kX-PbwB46c

12) 세바시 https://www.youtube.com/watch?v=-kX-PbwB46c

13) 부모님 만족도 평균 9.9점/10점, 째깍악어 자체 발표자료 https://www.youtube.com/watch?v=o-8fD_WXgU

14) 이진호(2020. 7. 20.). 개학 연기에 온라인 수업까지 ⋯⋯ 코로나19로 숨가빴던 1학기. 조선에듀.

15) 이승훈(2021. 10. 20.). 청담러닝, 찐 메타버스 플랫폼 기업이 온다. IBK투자증권.

16) 이수호(2020. 10. 28.). 코로나에 웃는 에듀테크 ⋯⋯ 청담러닝 학생 수 +영업이익 껑충. TechM.

17) 윤필호(2020. 12. 22.). '언택트 안착' 청담러닝, 재원생 5만 명 시대 연다. the bell.

18) 크레버스 공식 블로그 https://blog.naver.com/chungdahmlearning

19) 윤다정(2021. 11. 15.). 청담러닝, 3분기 영업益 89억 8952만 ⋯⋯ 전년 比 88%↑. 뉴스1.

20) 크레버스 https://www.creverse.com/

21) 한경닷컴 사전 https://dic.hankyung.com/apps/economy.view?seq=5578

22) 이승훈(2021. 10. 20.). 청담러닝, 찐 메타버스 플랫폼 기업이 온다. IBK투자증권.

23) 윤다정(2021. 11. 15.). 청담러닝, 3분기 영업益 89억 8952만 ⋯⋯ 전년 比 88%↑. 뉴스1.

24) 김지수(2020. 9. 7.). [김지수의 인터스텔라 59] 스타 강사에서 지식 유튜버 된 김미경 "디지털 세상 신입생, 5% 노하우와 10명만 있으면 돼". 이코노미조선.

25) 김지수(2020. 9. 7.). [김지수의 인터스텔라 59] 스타 강사에서 지식 유튜버 된 김미경 "디지털 세상 신입생, 5% 노하우와 10명만 있으면 돼".

이코노미조선.

26) YES24 www.yes24.com

27) 서민준(2021. 7. 13.). 스타 강사 김미경, 교육업계 첫 AI 휴먼 된다. 한국경제.

28) 조선일보DB archive.chosun.com

29) 김다린(2021. 11. 18.). [김홍일 혁신우혁신] 아날로그 스타 강사 김미경이 딥테크 CEO가 된 이유. 이코노미스트.

30) MKYU https://www.mkyu.co.kr

31) 송의달(2021. 5. 14.). [CEO에 묻다] 1년 전 수입 0원 → 145만 명 구독자 …… '국민 강사' 김미경의 대반전. 조선일보.

32) 김다린(2021. 11. 18.). [김홍일 혁신우혁신] 아날로그 스타 강사 김미경이 딥테크 CEO가 된 이유. 이코노미스트.

참고문헌

강상구(2009). 어려울수록 기본에 미쳐라: 성공의 99%는 비범함이 아니라 기본
　　이다. 서울: 원앤원북스.

강상구(2016). 힘들수록 기본으로 돌아가라. 서울: 원앤원북스.

노희영(2020). 브랜딩 법칙. 경기: 21세기북스.

더글라스 B. 홀트 저, 윤덕환 역(2021). 브랜드는 어떻게 아이콘이 되는가: 성
　　공으로 가는 문화 마케팅 전략. 서울: 한국경제신문.

성욱제, 정은진(2020). 코로나19 관련 허위정보의 유형 및 대응방안 분석.
　　방송문화연구, 32(2), 7-54.

안규호(2021). 더 보스. 서울: 떠오름.

유은아, 최지은(2020). 소셜미디어 인플루언서의 특성과 소비자의 설득지
　　식이 구전의도에 미치는 영향: 유튜브의 뷰티 인플루언서를 중심으로.
　　한국광고홍보학보, 22(4), 36-61.

이시내, 민동원(2016). 브랜드 진정성이 구전 및 구매의도에 미치는 영향:
　　노력 절감과 브랜드 신뢰의 매개효과. 경영학연구, 45(4), 1279-1307.

최재붕(2019). 포노 사피엔스. 서울: 쌤앤파커스.

Claeys, A. S., & Cauberghe, V. (2012). Crisis response and crisis timing strategies, two sides of the same coin. *Public Relations Review, 38*(1), 83-88.

Faraji-Rad, A., Melumad, S., & Johar, G. V. (2017). Consumer desire for control as a barrier to new product adoption. *Journal of Consumer Psychology, 27*(3), 347-354.

Galoni, C., Carpenter, G. S., & Rao, H. (2020). Disgusted and afraid: Consumer choices under the threat of contagious disease. *Journal of Consumer Research, 47*(3), 373-392.

Ho, J. K. K. (2014). Formulation of a systemic PEST analysis for strategic analysis. *European academic research, 2*(5), 6478-6492.

Megarani, S., & Dini, J. (2021). An Analysis on K-Pop Fandom Slang Word-Formation in the Drama 'Her Private Life'. *International Review of Humanities Studies, 6*(1), 390-412.

Ralston, D. A. (2008). The crossvergence perspective: Reflections and projections. *Journal of International Business Studies, 39*(1), 27-40.

찾아보기

저자 소개

민병운(Min Byung Woon)

서강대학교에서 신문방송학을 전공했고, 연세대학교 경영전문대학원에서 경영학 석사학위, 서강대학교 신문방송학과에서 광고학 박사학위를 받았다. 주요 경력으로 삼성전자 본사 인사팀, 브랜드 컨설팅 회사 에프오티 기획이사를 거쳐 현재 테미스코프 리서치 앤 컨설팅 대표이사와 서강 트렌드 사이언스 센터 선임연구원을 맡고 있다. 현재까지 삼성전자, 신세계백화점, SSG닷컴, 스타필드, 한화호텔&리조트, 코오롱, 카카오, SM엔터테인먼트, 동서식품 등 주요 기업의 마케팅 컨설팅과 Bitfinder, Chegg 등 실리콘밸리 스타트업의 마케팅 자문을 진행했다. LG, 롯데, 한국문화관광연구원, 휴넷, 스마트리테일 핵심전략 콘퍼런스 등에서 강의를 했고, 서강대학교 지식융합미디어학부에서 학생들을 가르치고 있으며, IBK 경제연구소, 한국경제, 롯데하이마트, 한국제지, 퍼블리 등에 마케팅과 트렌드 칼럼을 기고하고 있다. 저서로는 『코로나 시대의 역발상 트렌드』, 『코로나19 이후 지속가능한 소비와 광고』 등이 있다. 여러 연구 성과와 저서를 바탕으로 서강언론학회 신진연구자상을 수상했다.

Instagram @reverse_insight

이형기(Lee Hyeong Ki)

중앙대학교에서 광고홍보학을 전공했고, 졸업 후 공보장교로 공보업무를 담당했다. 이후 신세계백화점에서 SNS 셋업 및 IMC 캠페인 실무자를 거쳐 콘텐츠 디렉팅을 담당하고 있다. VIP와 대중의 취향에 맞는 콘텐츠의 높낮이뿐만 아니라 식품, 리빙, 문화, 예술 등 다양한 영역을 다루기 위해 직접 경험한 시간들을 블로그에 기록하고 있고, 이에 대한 경험과 영감을 실무에 적용하여 기존 유통업계가 다루지 않던 영역을 콘텐츠화 중이다.

현재 네이버 인플루언서로도 활동 중인데, 연동채널 기준 약 3만 명의 팔로워, 블로그 조회 수 약 1,000만 회 이상을 기록 중이다. 소니코리아의 카메라 에세이 작가, 스테이폴리오의 트래블 작가로 기고하고 있고, 자아성장 큐레이션 플랫폼 밑미에서 1일 1포스팅 리추얼 메이커로도 활동 중이다. 메인 및 서브 직업을 병행하는 시간관리 방법과 인사이트들을 원티드, 한국마케팅협회 등에서 강의를 했으며, 한국마케팅협회 대한민국마케팅대상 한국의 마케터로 선정되었다.

Instagram @instant_curation

blog https://blog.naver.com/ungsblue

문지현(Moon Ji Hyun)

이화여자대학교에서 사학을 전공했고, 서강대학교 경영전문대학원에서 경영학 석사학위를 받았으며, 동대학원 마케팅전공 박사과정을 수료했다. 현재 서강 브랜드 리서치 센터에서 브랜드 상징성 및 가상현실 소비환경에 대한 연구를 진행 중이다. 주요 경력으로 삼일제약 기획실 광고담당, 마케팅실 덴탈파트 PM, 인츠닷컴 마케팅전략실 포탈사업전략 및 로봇완구 마케팅 PM을 담당했고, 청담러닝(현 크레버스) 마케팅실 브랜드전략 파트장을 역임했다. 그리고 한국조사연구학회와 메타브랜딩에서 KOTRA 보증브랜드 전략, SK계열사 M&A 브랜드 전략, LG계열사 글로벌 마케팅 전략 등의 프로젝트를 수행했다. 관심사는 대학 시절 한문고전 강독 동아리 활동을 바탕으로 동양사상과 인문학 서적을 꾸준히 읽는 것이다. 이런 과정을 통해 형이상학적 본질에 기반한 사유방식을 장착하고, 인문학과 마케팅의 연결을 늘 고민하면서, 마케팅 현장의 실무 경험과 연구 컨설팅의 전략적 사고 통합을 위해 노력하고 있다. 프랜차이즈 산업연구원 전문위원으로 위촉되어 최고경영자 대상의 브랜드 전략 강의를 진행하였으며, 한국방송통신대학교 국제광고 강의를 진행한 바 있다.

리:티핑 포인트
–위기 극복의 11가지 반전 포인트와 45가지 실전 전략–

Re: Tipping Point
–11 Reverse Points and 45 Practical Strategies to Overcome the Crisis –

2022년 5월 20일 1판 1쇄 인쇄
2022년 5월 25일 1판 1쇄 발행

지은이 • 민병운 · 이형기 · 문지현
펴낸이 • 김진환
펴낸곳 • ㈜ **학지사**
04031 서울특별시 마포구 양화로 15길 20 마인드월드빌딩
대표전화 • 02-330-5114   팩스 • 02-324-2345
등록번호 • 제313-2006-000265호

홈페이지 • http://www.hakjisa.co.kr
페이스북 • https://www.facebook.com/hakjisabook

ISBN 978-89-997-2478-7 03320

정가 17,000원

출판미디어기업 **학지사**
간호보건의학출판 **학지사메디컬** www.hakjisamd.co.kr
심리검사연구소 **인싸이트** www.inpsyt.co.kr
학술논문서비스 **뉴논문** www.newnonmun.com
교육연수원 **카운피아** www.counpia.com